KB143325

ESSAYS BY
DONALD RICHIE

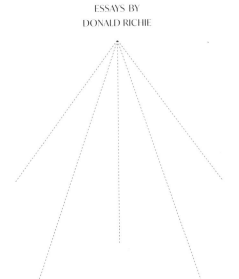

도널드 리치의 일본 미학

경계인이 바라본 반세기

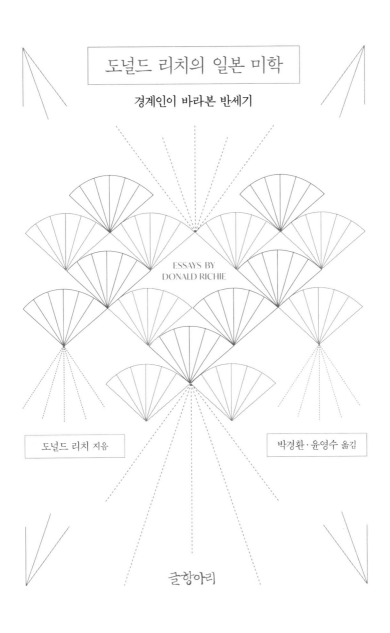

ESSAYS BY
DONALD RICHIE

도널드 리치 지음

박경환·윤영수 옮김

글항아리

옆에서 보아야만 깊게 들여다보인다.

_E. M. 포스터

옮긴이 서문

낭만주의자의 거울

7   이 책은 도널드 리치가 1960년대부터 50여 년에 걸쳐 일본 문화의 다양한 단면에 관하여 쓴 에세이 가운데 스무 편을 모은 것입니다. *A Lateral View*와 *Viewed Sideways*에서 짧은 에세이 열아홉 편을 시대순으로 추렸고, 스무 번째 글 '일본 미학 소고'는 말년인 2007년 일본 미학에 대해 자신의 생각을 집대성한 단행본 수필인 *A Tractate on Japanese Aesthetics* 전체를 완역한 것입니다.

도널드 리치는 22세이던 1946년 일본에 도착해 2013년 89세의 나이로 세상을 떠날 때까지 삶의 대부분을 일본에서 보낸 사람입니다. 태어난 곳은 미국 오하이오주에 있는 인구 5만 명의 작은 도시 리마. 그는 단조로운 일상에서의 유일한 탈출구라고는 영화관밖에 없던 그곳을 일찌감치 벗어나고 싶어했던 것 같습니다. 일본에 도착하기 전 이미 미 해군상선의 일원으로 4년간 전 세계를 돌아다녔다고 하니까요. 패전의 폐허 속에 재건이 한창이던 일본, 모든 것이 미국과는 '거꾸로 돌아가는' 듯한 일본에서 그는 무엇을 보았던 것일까요. 일본에 도착하고 얼마 지나지 않아 맥아더 점령군GHQ의 군무원으로 취직하여 정착합니다.

글과 영화와 음악에 관심이 많았던 도널드 리치는 곧 도쿄에서 미 육군 신문인 『퍼시픽 성조기Pacific Stars and Stripes』의 정식 필진이 되어 영화평론을 쓰는 것으로 작가로서의 삶을 시작합니다. 그러다 제대로 된 글쓰기 교육의 필요 성을 느끼고 1949년부터 1954년까지 미국으로 돌아가 컬럼비아대학에서 영문학을 공부하고 오죠. 1968년에도 뉴욕 현대미술관MoMA의 영화 큐레이터로 초빙되어 4년간 일하기는 했지만 그 기간들을 제외하면 60년이 넘는 세월을 온전히 일본에서 보냈습니다. 그러면서 일본의 도시와 사회와 사찰과 정원과 음식과, 그리고 무엇보다 일본의 영화에 관해 수없이 많은 글을 남겼습니다. 오즈 야스지로와 구로사와 아키라의 영화가 서양세계에 지금처럼 알려지게된 데에는 도널드 리치의 공이 가장 크다고 합니다. 특히 1977년에 출판된 『오즈 야스지로의 영화세계Ozu: His Life and Films』는 아직까지도 오즈의 영화를 이해하는 데 필수적인 텍스트로 읽히고 있습니다. 우리나라에도 2002년 제7회 부산영화제에 뉴커런츠 부문 심사위원장으로 방문했던 바 있죠.

일본의 무엇이 그를 그토록 사로잡았던 것일까요. 일본에 관한 여러 베스트셀러를 저술한 또 다른 작가인 이안 부루마는 자신이 일본에 머물렀던 1970년대를 회고한 글에서 도널드 리치가 자신에게 이런 말을 들려준 적이 있다고 말합니다.

일본에서 살려면 낭만주의자가 되어야 해. 자신이 누구인지, 세상에서 내가 있어야 할 곳이 어디인지 질문하지 않고 현실에 만족하는 사람이라면 일본이 싫을 거야. 이토록 근본적으로 이질적인 문화에 항상 노출되어 사는 것이 견딜 수 없어지겠지. 하지만 다른 존재 양식에 열린 마음을 가진 낭만주의자에게 일본은 놀라움으로 가득한 곳이야. 그렇다고 자네가 일본의 일원으로 받아들여질 거라는 얘기는 아니네. 하지만 어쨌든 자유로워질 수 있을 거야. 어딘가의 일원으로 소속되는 것보다는 자유로운 편이 낫지. 여기서는 자네가 원하는 그 무엇이든 될 수 있어.(*Tokyo Romance*, Penguin Press, p. 36)

소도시 리마의 답답한 생활을 벗어나고 싶어했던 도널드

리치는 일본에서 일종의 해방감을 느꼈던 것 같습니다. 온갖 규칙으로 가득한 일본에서 해방감을 느꼈다는 것이 언뜻 역설적이지만, 이것은 그가 외국인이기 때문에 가능한 일이었습니다. '우치內'와 '소토外'의 경계가 분명한 일본 사회에서 외국인은 예외 취급을 받는 일이 많습니다. 현지인의 깊숙한 삶에 잘 끼워주지도 않지만, 현지인처럼 규칙을 엄격하게 지킬 것을 기대하지도 않죠. 점령군인 미국인 신분이라면 이 중에서 장점만을 취하기가 더 좋았을 것입니다.

또한 타고난 관찰자였던 도널드 리치는 미국과는 모든 면에서 너무나 다른 일본을 관찰하면서 거기서 패턴을 발견하는 일에 진실로 흥미를 느꼈던 것 같습니다. 점령군 시절 일본어를 전혀 몰랐음에도 열심히 극장을 드나들던 도널드 리치가 일본 영화의 비언어적 요소들을 관찰하다가 그 독특한 문법에 빠져들었다는 이야기는 유명합니다. 그는 또한 "일본의 풍경은 그 평범한 겉모습 때문에 관찰하고자 하는 욕구를 강하게 불러일으킨다"고 말하기도 합니다.(7장 '일본을 말하다')

그렇게 도널드 리치는 이방인의 시각으로 일본을 관찰했습니다. 미국과 지구 반대편에 있는 나라 일본. 아무런 변화가 없는 소도시 리마와 달리 폐허로부터 모든 것을 새로 짓고 있던 대도시 도쿄. 사람들의 생김새도 생활 습관도 생각하는 방식도 모두 너무나 다른 그곳에서 차분한 거리를 두고 현지인들이 사는 모습을 물끄러미 들여다봅니다. 거기서 패턴을 발견하고 감탄합니다. 그리고 그렇게 바라보는 자신의 자리를, 때로 쓸쓸하고 때로 외로운 그 자리를 즐겼던 것 같습니다.

이런 종류의 관찰은 낯선 곳을 여행하면서도 가능합니다. 여행은 그런 호기심을 충족시키기 위해 떠나는 것이니까요. 도널드 리치가 남달랐던 점은 한곳에 머물며 그것을 평생의 업으로 삼았다는 점입니다. 그렇게 해서 그는 단순한 관찰자의 자리를 뛰어넘을 수 있었습니다. (사실 일본에는 20장 「일본 미학 소고」에 등장하는 여러 인명을 통해 짐작할 수 있듯이 오랜 세월 일본에 머무르며 글을 썼던 서양 작가와 학자들의 계보가 있습니다.) 책에는 "패턴"이라는 단어가 자주 등장합니다. 도널드 리치는 일본의 미학이 자연의 패턴을 관찰하여 그것을 현실세계에 단순하면서도 우아하게 구현해내는 데 있다고 말합니다.

> 일본의 패턴은 자연을 본떠 그린 것이다. 논밭이 그런 모양인 것은 산을 관찰하고 계곡을 따라 논밭을 일궜기 때문이다. 풍경이 펼쳐진 곡선을 따라 집을 만들고, 나무를 베기보다는 지붕에 구멍을 내던 나라이기 때문이다.(1장 '일본의 형태')

자연을 이루고 있는 것은 우주의 법칙들이다. 하지만 일본에서는 누군가 자연을 관찰해서 그것을 구현하지 않는 한, 자연 스스로 그 법칙들을 드러내보이지는 않는다. 일본의 정원은 그 안에 있는 모든 것을 움직여서 배치하기 전까지는 자연스럽지 않다. 꽃 역시 꽃꽂이를 통해 배열되지 않으면 자연스럽지 않다.(7장 '일본을 말하다')

일본인들이 자연을 오랜 세월 관찰하여 이상적인 패턴을 재구성하듯, 도널드 리치는 일본 문화를 평생 관찰하여 그 본질을 자신만의 글로 표현해냈습니다. 이때 일본인들에게 자연이 그저 객체일 수 없듯이, 일본 문화도 도널드 리치에게 피사체만은 아니었을 것입니다. 결국 그에게 일본이란 타인의 모습을 들여다보는 유리창이 아니라 자신을 들여다보는 거울이지 않았을까요. "오하이오에 줄곧 살았더라면 아마 신발가게의 점원이 되었을" 낭만주의자 소년(14장 '일본: 반세기의 변화')은 그렇게 지구 반대편에서 자유로운 자신의 모습을 찾았습니다. 그 장소가 그에게는 일본이었을 뿐입니다.

고향을 아늑하게 느끼는 사람은 연약한 초보자다. 이미 강하게 단련된 사람은 모든 객지를 고향처럼 여길 줄 안다. 하지만 온 세상을 객지로 여기는 이야말로 완벽하다.(12장 '친밀함 그리고 거리두기: 일본에서 외국인으로 산다는 것')

도널드 리치가 보여주는 일본 미학의 세계에 초대합니다.

옮긴이
박경환 윤영수

13

차
례

옮긴이 서문 낭만주의자의 거울 _7

1 일본의 형태 (1962) _16
  Japanese Shapes

2 일본 영화에 대한 어떤 정의 (1974) _26
  A Definition of the Japanese Film

3 표지판과 문자 (1974) _44
  Signs and Symbols

4 파친코 (1980/1986) _56
  Pachinko

5 패션의 용어 (1981) _72
  The Tongue of Fashion

6 일본의 키스 (1983) _89
  The Japanese Kiss

7 일본을 말하다 (1984) _99
  Japan: A Description

8 일본의 리듬 (1984) _112
  Japanese Rhythms

9 워크맨, 망가, 사회 (1985) _121
  Walkman, Manga and Society

10 무너져가는 문화적 내면화 (1991) _128
The Coming Collapse of Cultural Internalization

11 비움으로 채우는 공간 (1992) _137
The Nourishing Void

12 친밀함 그리고 거리두기:
일본에서 외국인으로 산다는 것 (1993) _146
Intimacy and Distance: On Being a Foreigner in Japan

13 일본 영화에 등장하는 열차 (1993) _156
Trains in Japanese Film

14 일본: 반세기의 변화 (1994) _166
Japan: Half a Century of Change

15 일본과 이미지 산업 (1996) _190
Japan and the Image Industry

16 일본의 자동차 문화에 대한 단상 (2002) _204
Some Thoughts on Car Culture in Japan

17 경계 넘나들기: 일본의 사례 (2004) _224
Crossing the Border: the Japanese Example

18 사회와 영화에서의 일본 여성 (2005) _241
Japanese Women in Society and in Film

19 일본 영화에 등장하는
삶과 죽음에 대한 단상 (2006) _255
Some Notes on Life and Death in the Japanese Film

20 일본 미학 소고 (2007) _268
A Tractate on Japanese Aesthetics

용어 사전 _337

일본의 형태

JAPANESE

1962

SHAPES

동물 중에 유일하게 사람만이 패턴을 만들어낸다. 그리고 16
사람 중에서도 일본인은 패턴을 가장 잘 만드는 축에 속한
다. 일본인은 패턴화된 나라에서 살고 있는 패턴화된 사람
들이다. 일본에서는 습관이 발전해 의례가 되고, 모범이 되
는 전형이라는 것이 여전히 존재한다. 모든 것에 대한 전형
이 있고 이상을 적극적으로 추구한다. 일본에서는 생각이
나 행동의 형식이 그 내용만큼이나 중요하다. 정해진 형식
에 따라 각 부분의 모습이 정해지고, 그러한 삶의 모습이
모여 일본이라는 나라의 전체적인 틀을 만든다.

일본이라는 나라의 틀은 겉으로 드러나 있다. 일본을 떠
올린다는 것은 형식을 떠올리는 일이다. 그러나 그 아래로
가면 각종 사회활동의 패턴이라는 것 또한 존재한다. 일본

에는 전화를 거는 마땅한 방법이 있고, 쇼핑을 하는 마땅한 방법이 있고, 차를 마시는 마땅한 방법이 있고, 꽃꽂이를 하는 마땅한 방법이 있고, 돈을 빌리는 마땅한 방법이 있다. 절대적인 형식이라는 것이 존재하고 추구된다. 사회의 혼란을 막기 위해서는 사회활동의 형식을 따라야만 한다. 다른 나라들도 무질서한 삶에 어떤 질서를 부여하기 위해 나름의 의례를 갖고 있지만, 일본에서는 이것이 행위의 예술이 된다. 일본어를 보면 이것이 잘 반영되어 있다. 일본에서는 형식적인 관용구가 많이 쓰인다. 만나고 헤어질 때 사용하는 관용구만 있는 것이 아니라, 용서를 구할 때, 슬픔을 표현할 때, 화를 내거나 놀라움을 나타내거나, 심지어 사랑을 표현할 때조차 사용되는 관용구가 있다.

패턴에 대한 이러한 익숙함은 다른 부분에서도 드러난다. 일본은 여전히 제복을 입는 몇 안 되는 나라다. 소방관이나 경찰관뿐 아니라 학생과 노동자에게도 제복이 있다. 하이킹을 하는 복장이 있고, 파업하는 복장이 있고, 야쿠자임을 나타내는 확실한 복장이 있고, 그와 짝을 이루는 타락한 여성의 복장이 있다. 옛 일본에서는 이러한 복장의 패턴이 훨씬 더 명확히 드러났다. 어부들이 입는 옷이 달랐고 야채장수가 입는 옷이 달랐으며, 사무라이들만의 복장이 있었듯 게이샤의 복장이 있었다.

당시의 일본은 여러 사람이 모여 있는 광경을 그린 족자 그림 속에 사람마다 꼬리표가 달려 있는 모습과 흡사했을 것이다. 혹은 체스와 비슷한 게임인 장기를 닮았을 것이다. 장기에서는 각각의 말에 이름이 붙어 있어서, 그 이름에 따라 사전에 결정되고 인정받은 방식으로만 움직일 수 있다.

일본이 패턴의 필요성을 느끼고 그것을 적용하려던 집념은 중국보다 강했고 심지어 아랍보다 강했다. 행위의 규범을 강조하던 공자의 사상은 중국보다 일본에서 더 살아 숨쉬고 있다. 일본인들이 엄격한 규범으로 가득한 코란을 알았더라면 아랍인보다 그것을 더 적극적으로 받아들였을지 모른다.

형식을 극히 중시하는 일본의 태도는 주로 눈으로 볼 수 있는 것에 반영되어 있다. 의례라는 것은 인간에 의해 변형되고, 윤리라는 것은 즉흥성에 의해 훼손되기 마련이다. 그러므로 일본에서는 패턴을 눈에 보이는 형태로 만들고, 이름은 글로 써서 읽을 수 있을 때에만 기억된다. 귀로 듣는 것은 신뢰하기 어렵고 눈으로 보는 것이 확실하다. 일본은 명함과 온갖 광고의 나라다. 아마추어 화가와 사진가들의 나라이기도 하다. 모두 그림을 그릴 줄 알고 사진을 찍을 줄 안다. 시각적 감각은 가르치는 것이 아니라 저절로 아는 것이다. 마치 절대음감과도 같다.

패턴을 만든다는 것은 패턴을 발견해서 따라한다는 뜻이다. 형태를 만들었을 때에는 그 뒤에 원형이 암시되어 있다. 일본에서는 아랍 국가들의 패턴이 주는 폐쇄공포증(기하학적 황야)이나, 미국의 패턴이 주는 현기증 나는 다양성(모든 개인이 저마다의 창작을 한다)에 시달리지 않아도 된다. 일본 패턴의 원형이 되는 모델은 자연 그 자체이기 때문이다.

공중에서 내려다보면 여전히 그 점이 잘 드러난다. 한 나라의 패턴에 입문하고자 할 때 언제나 좋은 방법은 공중에서 내려다보는 것이다. 잘 개간된 일본의 땅은 산과 산 사이사이로 논밭이 가득해 뱀처럼 구불구불한 모양을 이룬다. 혹은 격자무늬와 삼각형들로 저지대를 수놓은 이불 같다. 독일의 반듯반듯한 사각형들과도 매우 다르고, 북미의 광활한 체스판과도 매우 다르다.

일본의 패턴은 자연을 본떠 그린 것이다. 논밭이 그런 모양인 것은 산을 관찰하고 계곡을 따라 논밭을 일궜기 때문이다. 풍경이 펼쳐진 곡선을 따라 집을 만들고, 나무를 베기보다는 지붕에 구멍을 내던 나라이기 때문이다.

자연스러운 것이 한때 아름다운 것으로 여겨졌고, 오늘날에도 형식적일망정 그런 생각을 존중한다. 하지만 과거에도 그렇고 지금도 그렇듯이 단지 자연스러운 것만으로는 충분히 아름답지 않다. 자연은 자연스러울 때만 위대하다고 한 18세기 영국 시인 바이런의 생각은 일본인에게 전혀 와닿지 않는다. 일본인의 이상은 바이런의 할아버지(해군 장교이자 탐험가였음)가 명령을 내려 만들어내던 풍경에 가깝다. 숲을 공원으로 만들고, 나무는 건물 벽에 붙여 타고 오르도록 하고, 꽃을 꺾어서 배치하는 풍경이다. 자연에 역행하는 것은 아니지만 자연을 이용하는 것이라고 할 수 있다. 자연에 손을 대고 꾸민다. 자연에는 잠재성만 있을 뿐이다. 사람이 거기에 형태를 부여하고 의미를 부여한다.

일본인들은 홀로 선 바위나 한 줄기 대나무 가지와 같은 자연의 형태를 전통적으로 가장 아름답게 여겼다. 그런 까닭에 일본 예술에서는 그런 것을 자연 상태의 혼돈으로부터 가져와 외로이 배치해서 의미를 부여하는 행위를 흔히 찾아볼 수 있다. 거기에는 규칙이 존재하지만 그것은 자연으로부터 유추해낸 규칙이다. 서양에서는 자주색과 빨간색이 어울리지 않는다고 보지만 일본에서는 그렇지 않다. 자연에서 그런 조합이 자주 보이기 때문에 그 어떤 인위적인 색의 법칙으로도 이 둘의 조합이 어울리지 않는다고 말할 수 없다.

장식을 놓기 위해 벽 한쪽에 틈을 낸 도코노마床の間에 놓인 나뭇가지 하나는 무엇에도 기대지 않은 채 균형을 잡고 있지만 그것도 잘못 놓인 것이 아니다. 정식으로 균형을

갖춘 것이 꼭 좋은 것은 아니라고 주장하는 규칙이 존재하기 때문이다. 일본의 정원은 프랑스의 정원과는 다르다. 프랑스 정원의 대칭은 자연에서 가져온 것이 아니라 자연 위에 인위적으로 부여한 것이다. 일본 정원의 비대칭이야말로 완전한 규칙과 완전한 혼돈 사이의 절묘한 균형점이다.

일본을 생각한다는 것은 형식을 생각하는 것이다. 패턴이 자주 그리고 충실하게 반복되고 있기 때문이다. 눈을 두는 곳마다 패턴이 보인다. 마치 정해진 규칙을 엄격하게 적용한 것처럼, 패턴은 일본의 모습에 일관성을 부여한다. 이러한 패턴과, 형태와, 형식과, 디자인이 끊임없이 만들어져 일본을 규정한다. 혼돈은 파괴되고 패턴이 점령한다. 이런 것이 없었다면 일본의 모습은 지금처럼 일관성을 띠지 못했을 것이다. 이 지점에서 흔히 예술을 예술로 만드는 스타일이라는 것이 생겨난다.

사찰이든 기모노든 목수의 톱이든, 모든 것에는 패턴이 존재한다. 새로운 것이 흔히 옛것의 모양을 띠고 있다. 사당을 제대로 짓는 방법은 오직 하나밖에 없으며, 오비(기모노의 허리끈)를 제대로 짜는 방법도 오직 하나밖에 없다. 전통의 이러한 엄격함은 주로 전체적인 틀과 윤곽에 적용되고, 집중과 이완의 기하학에 바탕을 두고 있다. 반면 장식에서는 개성의 표출이 허용된다. 끊임없고, 무수하고, 변화무

쌍한 창조가 거기에 있다. 사찰에 있는 종의 형태는 일관되지만 종 표면의 패턴은 다양하다. 다듬은 돌과 평평하게 깎은 나무, 천이나 도자기의 무늬 그리고 요즘에는 유리와 금속과 플라스틱의 매끄러운 표면이 스스로의 재질로 패턴을 드러낸다. 꾸밈없고 불변하는 틀이 독창적이고 개성적인 무엇으로 탈바꿈한다.

일본 디자인의 집중도와 훌륭함은 놀라움을 안겨준다. 옛 성에서도 부엌에서도 그런 놀라움을 발견할 수 있다. 거의 변하지 않는 틀과 완전히 다양화된 표면(형식화된 장식)의 조합이 '좋다'라고 부를 만한 일종의 퀄리티를 만들어낸다.

그러나 일본인들은 최근까지도 자신들의 디자인이 좋은 것이라는 사실을 알아차리지 못했다. 일본의 전통 디자인은 그들의 눈에 전혀 띄지 않았다. 호기심 많은 우리 외국인들 눈에 더 잘 띈다. 거꾸로 호기심 많은 우리 외국인도 전구나 숟가락 혹은 변기처럼 뛰어난 우리의 물건들을 처음 보거나 사용해본 적이 없다면, 아마도 아름답다고 느꼈을 것이다. 하지만 습관은 사람을 눈멀게 하고 실용적 지식은 감각을 흐리게 한다. 우리에게 일본은 여전히 저만치 떨어져 있는 존재이기 때문에 우리는 일본 디자인의 정수를 느낄 수 있다. 기능을 떼어놓고 보면, 사물은 실용적인 것이 아니라 형식적인 것이 된다. 형식만으로 하나의 개체가 되고, 거기에는 시각적인 특성만이 남는다.

　디자인은 또한 경제학의 문제이기도 하다. 변치 않는 경제는 변치 않는 디자인을 만들어낸다. 보통 디자인이란 재료의 성질에 최소한의 노력을 더하는 결합이다. 일본의 디자인이 예술과 다름없는 것은 최소한의 노력이 아니라 최대한의 노력을 더하기 때문이다. 따라서 일본의 장인들은 예술가들이 받는 만큼의 보수를 받고 일한다.

　근대 이전의 일본은 경제적으로 안정되어 있었기 때문에 공예품을 소비하는 계층이 생겨났을 뿐만 아니라 그러한 산업과 거기 종사하는 장인들의 수준 역시 유지될 수 있었다. 경제가 안정적으로 유지되고 외부로부터 방해받지 않는 한 유행이라는 문제는 존재하지 않는다. 두 세기 반 동안 일본은 외부세계로부터 닫혀 있었고, 그 전에도 (물론 중국과 한국으로부터 대규모 수입된 문화를 제외하고) 서양에서 유래했다 할 수 있는 유행의 영향을 거의 받지 않았다.

　셰익스피어의 시대로부터 테니슨의 시대까지, 프랑스의 루이 왕가와 영국의 조지 왕가가 대대손손 다하도록 일본은 스스로 문을 걸어 닫고 있었다. 19세기 후반의 메이지 유신 전까지 일본에는 아치도 주춧돌도 벽난로도 안락의자도 파딩게일(치마 안에 불룩하게 넣는 틀―옮긴이)도 없었다.

　그러므로 일본은 유행이 지난다는 개념과 씨름할 일이

전혀 없었다. 하나의 완전한 체계로서의 스타일이 사라졌다가 또 되돌아오는 일을 겪어보지 못했다. 사소한 표면적인 변화(기녀들의 새로운 머리 스타일, 가부키 배우나 스모 선수들을 위해 새로 나온 화려한 줄무늬의 기모노, 서양에서 암갈색으로 부를 법한 계피색의 음영이 유행하는 것처럼)를 제외하고는 오래된 것들이 계속 사용되었기 때문에, 구조적으로 오래된다는 개념이 거의 없었다. 골동품 가게 대신 중고품 가게와 전당포만이 존재했다. 오래된 귀한 물건들은 있었지만 항상 현재의 맥락에서 존재했다.

그런 오래된 물건들은 늘 '완벽한' 형태를 유지했다. 사용하는 방법에 맞게 꼭 맞춰져 있었고 자극과 반응이 계속되게 마련인 자연법칙에도 따랐다. 디자인은 화합과 권위라고 하는 유교적 기준을 모든 면에서 따랐다. 그런 면에서 일본은 각각의 모듈로 이루어진 것들의 원조이며, 최초의 조립식 건물의 땅이라고 할 수 있다. 형태는 표준화되어 있는 반면, 표면에는 개성이 허용되고 때로 고집스레 요구되기도 한다. 올더스 헉슬리가 마야 문명에 대해 했던 말을 일본인에게도 적용할 수 있을 듯싶다. "화려하지만 예외 없이 꾸밈이 없다. 이보다 더 소박한 화려함은 결코 상상해본 적이 없다."

외형적 틀과 표면적 장식이라는 구분법은 형식과 내용의

구분만큼이나 인위적이고 임의성이 강하지만, 일본의 디자인은 원형적 패턴들을 수용할 뿐 아니라 고집하고 있으며, 그 모든 원형적 패턴은 비슷한 형태의 분할과 경향을 보여준다고 말할 수 있다.

　이런 자연과의 닮은꼴은 모든 곳에서 발견된다. 루이스 멈퍼드(19세기 미국의 사회학자, 역사가, 철학자—옮긴이)는 비행기를 아름답다고 하는 이유가 갈매기와 닮았기 때문이라고 말한 바 있다. 일본은 자연과의 닮은꼴을 그 어느 나라보다 더 인정하고 또 드러내고자 한다. 그러므로 일본 디자인이 이처럼 아름다울 수 있고(그 훌륭함과 튼튼함), 일본의 형식과 일본의 경제와 일본의 거대한 존재감이 이렇게 널리 퍼진 이유 중 하나는, 예술가이건 일반인이건 일본의 모든 사람이 아직까지도 태고의 교훈을 기억하고 있는 몇 안 되는 집단이기 때문이다. 자연이 모든 창조의 스승이라는 교훈 말이다.

일본 영화에 대한 어떤 정의

A DEFINITION OF

1974

THE JAPANESE
F   I   L   M

간혹 일본 영화를 정의해달라는 질문을 받는다. 조지프 26
앤더슨과 함께 1959년 『일본 영화: 예술과 산업The Japanese
Film: Art and Industry』(프린스턴대학출판부)을 출간하면서 우리
는 이에 대한 일종의 답변을 생각해두었다. 미국 영화가 행
동을 다루고 있고, 유럽 영화가 캐릭터를 다룬다면, 일본
영화는 그런 것들의 조합이라고 할 수 있다. 즉, 일본 영화
는 정취를 다루고 있다고 해야 할 것이다.

그렇다고 해서 모든 일본 영화가 특정한 톤을 띠고 있다
든지, 동일한 감정적 반응을 불러일으킨다고 주장하려는
것은 아니다. 우리가 말하고자 하는 것은 일본 영화가 종
종 고조된 감각으로 현실을 묘사한다는 점이다. 우리는 그
것을 정취라고 불렀다. 일본 영화는 특정한 환경에서 특정

한 사람이 어떻게 행동하는지를 보여준다.

일본의 감독들이 어떻게 이런 '정취'를 만들어내는지를 설명하기 전에, 우선 일본과 서양 문화 사이에 뚜렷이 존재하는 차이점들을 지적하고 싶다. 이 차이점들이 왜 중요하냐면 이로 인해 영화를 대하는 태도의 차이가 만들어지기 때문이다.

가령 전통적으로 일본에서는 개인을 세상과 불가분의 관계에 있는 한 부분으로 본다. 그러므로 개인은 모든 것을 감싸고 있고 때로는 제한을 가하기도 하는 우주의 연장이다. 서양에서는 개인을 각자 자신의 우주에서 중심이 되는 고유한 존재로 본다. 그렇기에 아시아의 여러 지역과 일본에서는 자연이 개인과 보완적인 관계를 맺고 있다고 여긴다. 개인은 자연과 조화를 이루어 살아야 하는 것이다. 이러한 시각은 자연을 정복해야 하는 대상으로 보는 서양의 일반적인 전통과 대립된다고 할 수 있다.

이것이 사실이라면, 일본에서는 있는 그대로의 자연이 곧 그래야만 하는 당위다. 달갑지 않은 자연 현상이라도 존재하는 이상 받아들여야 한다. 반면 서양에서는 있는 그대로의 자연을 거부한다. 서양인들은 있는 그대로가 아닌 그래야만 하는 세상, 더 나은 세상을 만들어야 한다.

그렇기 때문에 일본인들은 이중의 속성을 인정한다. 개

인은 개인임과 동시에 사회를 이루는 요소의 하나다. 만약 개인이 자신에 대한 충성과 사회에 대한 충성 사이에서 하나를 골라야 한다면 보통 개인을 희생하는 쪽을 택한다. 하지만 서양의 개인들은 자신을 그 어떤 사회적 개념의 일부도 아닌 고유한 인격으로 생각한다. 사회적인 자아를 희생해야 하는 경우에도, 그런 행위가 오히려 개인의 개별성을 확인해줄 뿐이다.

일본인들은 이러한 태도로 인해 제약을 받는다. 일본인들은 평균이라는 것에 안도하고 평범함을 정상으로 여긴다. 서양인들도 마찬가지로 제약을 받지만, 제약을 뛰어넘으려 하고 평균이나 평범함에서 그 어떤 위안도 얻지 못한다. 일본인들은 자연 안에서 그리고 사회적 의무 안에서 자신이 무언가 더 큰 존재의 일부라는 소속감을 찾는다. 때로 이를 통해 자신의 개별성을 확인하기도 한다. 그에 반해 서양인들은 개인으로서의 자아에 대한 개념만이 강하고, 그렇기 때문에 쉽게 소외감을 느끼기도 한다.

영화를 포함한 예술을 대함에 있어서도 일본인들은 전통적으로 있는 그대로의 상태를 받아들이는 태도를 취했다. 이것이 일본 영화에서 드러나는 '정취 중심의 사실주의'를 설명해준다. 보통 서양 영화는 있는 그대로의 상태를 받아들일 수 없는 경우가 많기 때문에, 정취라는 복합적인 요소보다는 스토리, 플롯, 액션이 더 중요하다.

그 결과일지 모르겠으나 일본 영화는 전통적으로 사색적이고 템포가 느리다. 이야기의 전개가 장황한 것이 담으로 둘러싸인 일본식 집과 거기 딸린 정원을 보는 것 같다. 서양 영화는 상대적으로 구성이 탄탄하고 실용주의적 접근을 한다. 마치 서양식 집이나 미국식 고층빌딩 같다.

일본의 전통 영화들을 보면 이들은 현실이란 겉으로 드러난 것이 전부라는 사실을 인지하고 있는 듯하다. 뒷면에 숨겨진 현실이라든가 가치 판단에 대한 고려가 느껴지지 않는다. 일본인은 개인으로서의 죄책감은 없으나 사회적 수치심은 갖고 있는 사람이라고들 하지 않던가. 이와 대조적으로 서양에서는 드러난 현실만이 유일한 현실이라고 믿지 않는다. 개인적 양심을 강조하고, 뒷면에서 배회하는 현실에 주목한다. 따라서 서양인들은 사회적 수치심을 거의 느끼지 않고 대신 개인적인 죄책감에 훨씬 더 민감하다. 비록 과감하게 일반화하고 단순화하기는 했지만, 동서양의 이런 전통적인 차이는 영화의 정취와 그것을 어떻게 만들어내는가 하는 문제와 밀접한 연관이 있다.

전통적인 일본의 영화감독들은 흔히 공간을 제한함으로써 영화의 정취를 만들어낸다. 서양 영화 중에도 공간을 일부러 제한적으로 사용하는 경우가 있지만, 그런 사례는 일본 영화에 훨씬 더 많은 것 같다. 언뜻 떠오르는 사례로는 영화의 거의 모든 내용이 한 채의 집 안에서 펼쳐지는 나루세 미키오成瀬巳喜男 감독의 「산의 소리山の音」(1954) 또는 작은 여관에서의 일을 다룬 고쇼 헤이노스케五所平之助 감독의 「오사카의 여관大阪の宿」(1954)이 있다. 오즈 야스지로小津安二郎 감독의 「도쿄 이야기東京物語」(1953)는 두 집 안의 풍경을 보여주고, 구로사와 아키라黒澤明 감독의 「붉은 수염赤髭」(1965), 이마이 다다시今井正 감독의 「밤의 북夜の鼓」(1957), 고바야시 마사키小林正樹 감독의 「할복切腹」(1962)은 각각 병원, 사무라이의 집, 영주의 저택과 같이 하나의 구조로 이루어진 장소에서 벌어지는 사건을 다룬다. 이런 식의 예는 얼마든지 있다. 이들의 공통점은 영화의 배경으로 선택된 공간을 (실내이건 실외이건) 항상 영화의 뗄 수 없는 일부이자 꼼꼼하게 통제된 요소로서 다루고 있다는 것이다.

한정된 공간을 영화적 도구로 사용하는 것은 간접적인 표현을 선호하는 일본인의 성향을 반영한다. 도요다 시로豊田四郎 감독의 「묵동기담濹東綺譚」(1960)에서는 한 채의 집 안에서 영화의 주요한 전개가 일어난다. 감독은 오직 모호한 표현만을 사용해 심플한 이야기를 풀어나가며, 집을 그곳에 살고 있는 여인의 연장선으로 사용한다. 두 시간 남짓의 영화를 보며 관객은 집 위아래 층에 대해 속속들이 알게 된다. 그리고 집의 존재와 친숙해지면서 자연스레 그곳에 살고 있는 여인과도 친숙해진다. 존재감이 명확한 공간에 조금씩 사실주의적인 디테일이 덧입혀지며 거기서 이 영화만의 정취가 생겨난다. 그리고 그것은 다시 인물의 캐릭터를 형성한다. 대단히 그럴듯한 분위기를 매개로 여인은 관객이 간접적인 방식으로 감정을 이입할 수 있는 존재가 되어가는 것이다. 물론 이것이 일본의 전통적인 영화들에만 국한된 얘기는 아니다. 서양 영화에도 많은 비슷한 사례가 있다. 나는 단지 일본에 이런 경향이 더 흔하다고 생각할 뿐이다.

일본의 전통 예술에서는 덜어낼수록 좋다고들 말한다. 이런 규칙은 영화에도 종종 적용된다. 일본인들은 구로사와 아키라 감독이 딱히 자국의 전통 영화계를 대표한다고 생각하지는 않지만, 그의 영화 「밑바닥どん底」(1957)과, 막심 고리키의 같은 소설을 원작으로 만든 프랑스의 장 르누아르 감독의 「밤주막Les Bas-fonds」(1936)을 비교해보라. 구로사와의 버전이 훨씬 더 간결하게 구성되어 있음을 알 수 있다. 하숙집과 바깥의 마당, 하늘, 인물의 캐릭터들이 전부다. 반면 르누아르는 캐릭터들에만 관심이 있어서 영화의 시작부터 클로즈업 장면들이 등장한다. 구로사와의 영화에는 클로즈업 화면이 거의 나오지 않는다. 등장인물은 두셋

씩 무리를 지어 나오고 항상 집이라는 공간 안에서 등장한다. 구로사와의 버전은 덜 보여주지만 더 많은 것을 암시한다. 관객들이 이런 영화를 볼 때면, 예상했던 것보다 보이는 것이 적기 때문에 스스로 더 생각하고 느껴서 영화에 다가가야 한다. 여기서 관객은 카메라의 렌즈와도 같다. 주변의 빛이 적을수록 렌즈를 더 열어야 한다.

감독이 제약을 가함으로써 영화를 더 확장하는 방법에는 여러 가지가 있다. 제약을 가하는 대상이 공간이 될 수도 있고, 주제가 될 수도 있으며, 묘사하는 방식이 될 수도 있다. 미조구치 겐지溝口健二 감독(1898~1956)은 영화의 32 정취를 만들어내기 위해 두 가지 방식의 제약에 의존한다고 말했다. 카메라가 인물들의 행동을 멀리 떨어져서 잡고, 한 장면을 롱테이크로 오랜 시간 보여주는 것이다. 좋은 예로는 「우게츠 이야기雨月物語」(1953)에 나오는 풀밭 장면이 있다. 카메라로부터 멀리 보이는 풀밭에서 연인들이 장난을 치고 있다. 다른 사건은 일어나지 않은 채 이 장면이 한동안 계속된다. 그걸 보노라면 관객은 천천히 이 장면의 아름다움을 흡수하고, 멀찍이 보이는 저 연인들에게 그 순간이 어떤 의미인지를 깨닫는다. 그들이 느끼는 것과 같은 정취를 느낄 수 있다. 미조구치 감독은 관객에게 별다른 볼거리를 제공하지 않음으로써 관객이 볼 수 있도록 유도한다.

오즈 야스지로 감독의 말년 작품들은 일본이 이처럼 의미심장한 제약에 얼마나 재능이 있는지를 보여주는 특히나 좋은 사례다. 카메라의 시선은 한곳에 고정되어 움직이지 않는다. 장면과 시퀀스는 동일한 형태로 구성되어 있다. 장면과 장면은 별다른 연결 장치 없이 곧바로 이어진다. 오즈의 영화를 보다보면 그가 창조해낸 세계 안으로 빠져들지 않을 도리가 없다. 관객은 섬세한 연출로 만들어진 집과 거기 사는 가족들에게 완전히 몰입한다. 이런 어쩔 수 없는 몰입에 빠져드는 이유는 오즈가 그럴듯한 정취를 창조해내기 때문이기도 하지만 또한 그가 영화의 속성을 이해하고 있기 때문이기도 하다.

영화의 가장 큰 힘은 삶의 겉모습을 있는 그대로 완벽하게 기록할 수 있다는 점이다. 영화는 그 이상을 기록하지는 않는다. 그렇기 때문에 우리는 겉으로 드러난 현실의 모습 그 이상의 것을 영화로부터 기대해서는 안 된다. 서양 영화(그리고 일부 동양 영화)에 등장하는, 감정으로 일그러진 얼굴의 요란한 클로즈업 장면들을 본다 한들 등장인물의 고통이나 슬픔이나 행복이 느껴지지는 않는다. 그러한 이미지들을 통해 보이는 것은 피부의 모공과 마스카라와 코털뿐이다.

하지만 영화예술은 상징적인 것이므로 우리는 화면을 무

지막지하게 채우고 있는 분장한 얼굴이 인간의 감정을 전달하고 있다고 받아들인다. 오즈 야스지로 감독의 「가을햇살秋日和」(1960)의 마지막 장면에서는 어머니 역의 하라 세쓰코原節子가 팔짱을 끼고 눈을 내리깐 채 저만치에 홀로 앉아 있다. 우리는 그 장면을 보며 슬픔이라는 감정에 진실로 다가선다. 그렇게 느끼는 이유 중 하나는 오즈가 우리에게 감정을 강요하지 않기 때문이고, 그로 인해 우리는 역설적으로 더욱 감정에 빠져든다. 더 중요한 것은 오즈가 철저하게 삶의 겉모습만 보여주는 방식을 통해, 그 아래에 담겨있는 깊은 감정을 효과적으로 암시하고 있다는 사실이다. 오즈는 겉으로 봐서는 짐작만 가능한 감정들을 직접 느낄 수 있도록 해준다. 오즈가 적게 보여줄수록 관객은 더 많이 느낀다. 오즈는 이러한 방식을 통해 영화라는 매체의 본질에 경의를 표하고, 나아가서는 자신과 관객에게 경의를 표한다.

34

오즈는 삶의 본질 자체를 존중했기 때문에 영화의 본질 또한 존중할 수 있었다. 다른 모든 영화감독과 마찬가지로 오즈의 목표는 완벽하게 그럴듯한 이야기를 만들어내는 것이다. 전통적인 일본인인 오즈는 그런 면에서 다른 나라 감독들보다 더 잘 준비되어 있다. 우리는 이미 오즈가 그럴듯한 이야기를 만들기 위해 공간의 분위기를 이용하고, 관객의 몰입을 유도하기 위해 무엇을 어떻게 보여줄지에 의도적으로 제약을 가한다는 것을 살펴보았다. 여기서 우리는 감독의 삶에 대한 존중의 태도가 결과적으로 영화에 대한 존중으로 이어진다는 것을 알 수 있다.

또다시 오즈의 영화로 예를 들어보자. 오즈 영화의 전형적인 장면은 다소 단도직입적으로 시작해서 한두 화면 정도를 더 보여주며 이야기가 전개된다. 그러다가, 보통의 영화감독이라면 장면을 마무리하고 다음으로 넘어갈 시점에, 등장인물 하나가 다른 등장인물에게 몸을 돌려 날씨 얘기를 하거나 혹은 가만히 앉아서 바라본다. 카메라는 이 상황을 포착해 기록한다. 사운드가 멈추고 화면 속의 움직임이 정지한다. 이는 다음 장면으로 넘어가기 전에 쉬어가는 일종의 침묵의 순간이다.

이런 조그맣고 공허한 순간들은 오즈의 영화에 숨 쉴 공간을 제공하는 모공과도 같다. 그 공허함으로, 그 존중과 배려로 영화를 규정한다. 오즈의 이런 솜씨를, 일단 플롯의 전개가 끝나면 가차 없이 장면을 끝내버리는 보통의 감독들과 비교해보라. 마치 등장인물이 아니라 플롯 자체에만 관심이 있다는 듯한 태도가 아닌가. 이들은 그렇게 플롯만을 중시하다가 해당 장면의 가장 의미 있는 부분을 놓쳐버리는 것인지도 모른다.

플롯의 구축은 일본 전통 영화들의 강점이 아니다. 플롯이란 무엇인가를 이해하기 위해 영국의 극작가 E. M. 포스터(1879~1970)의 정의를 참고해보자. 왕이 죽고 왕비가 죽었다라고 말하는 것이 스토리다. 왕의 죽음으로 인해 왕비도 죽었다라고 하면 플롯이 된다. 스토리는 단순한 현실을 나타낸다. 플롯은 동기를 부여하고 연관된 행위를 제시함으로써 그 현실에 해석을 더한다. 항상 삶의 겉모습을 기록하는 데에 집중해야 할 영화가 플롯을 주된 관심사로 삼아서는 곤란하다. 영화 예술은 삶을 그대로 받아들여서, 삶의 본질을 해치지 않는 방식으로 거기 패턴을 부여하는 것을 목표로 삼아야 한다. 플롯은 바로 그 본질을 해치는 존재다. 플롯은 행위와 사건을 필요로 하고, 그것은 눈에 보이는 현실을 기록한다는 영화의 본질을 바꿔버린다.

전통적인 일본 영화들은 플롯보다는 스토리를 강조하곤 한다. 일본 최초의 중요한 영화라고 일컬어지며 아직까지 필름이 남아 있는 1921년작 「길 위의 영혼路上の靈魂」(무라타 미노루村田實, 오사나이 가오루小山內薰 공동 감독)에는 두 가지 스토리가 뒤섞여 있다. 영화를 편집하는 과정에서 무라타와 오사나이 감독은 두 스토리에 드러난 생각이나 관념을 대조시키는 데는 관심이 없었고, 두 개의 감정과 분위기를 쭉 평행으로 보여주는 데 집중했다. 대략 비슷한 시기에 만들어진 D. W. 그리피스 감독의 무성영화 「웨이 다운 이스트Way Down East」(1920)는 복잡한 플롯으로 이루어진 멜로드라마다. 둘 사이의 서사 구조 차이는 영화의 엔딩에 고스란히 반영되어 있다. 「웨이 다운 이스트」의 엔딩은 극적이고, 논리적이고, 격식을 갖추고 있다. 「길 위의 영혼」은 그 어떤 형식을 갖춘 종지부도 없이 그냥 끝나버린다.

이 두 영화는 각각 어떤 전형을 보여준다고 할 수 있다. 물론 형식을 갖춘 슬픈 엔딩으로 끝나는 일본 영화도 해피엔딩으로 끝나는 서양 영화만큼이나 많다. 하지만 많은 일본 영화가 엔딩의 형식을 갖추지 않고 어떤 결론도 내리지 않은 채 끝난다. 해피엔딩이냐 새드엔딩이냐 하는 것은 삶을 정형화한 형태로 보여주는 플롯 위주의 영화에 해당되는 얘기다. 반면 스토리 위주의 영화는 그런 결론을 필요로 하지 않는다. 몇 가지 에피소드를 보여주다가 그냥 멈출 뿐이다.

스토리가 전개되다가 잠깐 멈추는 순간들이 있고, 등장인물들의 삶이 잠깐 멈춘다. 그리고 다음의 에피소드가 나오려나 하는 순간 엔딩 크레디트가 올라온다.

일본의 전통 영화들이 또 하나 다른 점은 영화의 느낌을 완전히 전달하는 데 시간이 걸린다는 것을 인지하고 있다는 사실이다. 최근까지도 이 사실을 인정하여 실제 영화에 반영하는 것은 일본 영화가 거의 유일했다. 모든 일을 서두르는 서양에서 일본 영화의 장면 길이, 시퀀스의 전개 방식, 완성된 편집의 형태는 여전히 불평의 대상이다. 러시아의 유명한 영화감독 프세볼로트 푸돕킨(1893~1953)은 "일본 영화의 러닝타임은 쓸데없이 너무 길다"고 말한 적이 있다.

그러나 일본 영화의 긴 러닝타임은 언제나 목적을 갖고 있다는 사실을 기억할 필요가 있다. 그 목적이란 관객에게 느낌을 전달하는 것이다.

오즈의 1949년작 「만춘晩春」에 이와 같은 전통적인 시간의 활용법을 보여주는 전형적인 시퀀스가 등장한다. 오즈는 이 시퀀스를 통해 아버지가 지인과 아마도 재혼하고 싶어한다는 사실을 딸이 깨닫는 과정을 보여주고자 했다. 여기에는 여러 섬세한 감정이 얽혀 있기 때문에 오즈는 대화라고 하는 단도직입적인 방식을 사용하고 싶지 않았다. 그는 말하기보다는 보여주고 싶었다. 이를 위해 전통극 노能의 공연장을 장면으로 택했고, 따라서 이 장면에서 들리는 소리라고는 노의 공연 소리뿐이다. 시퀀스는 이렇게 펼쳐진다.

공연을 보고 있는 아버지와 딸의 상반신을 보여주는 미들숏
노 공연 장면

오즈 야스지로의 「만춘晩春」에서
공연을 관람 중인 아버지와 딸을 보여주는 미들숏

아버지와 딸을 포함한 관객들을 보여주는 롱숏

아버지의 얼굴을 보여주는 클로즈업

노 공연을 하고 있는 배우의 상반신을 보여주는 미들숏

또 다른 배우와 연주자들의 미들숏

아버지와 딸의 미들숏

노 공연 장면

배우들의 미들숏

노 공연 장면의 롱숏

아버지가 누군가에게 예의 바르게 고개를 끄덕인다

딸이 알아차리고 아버지를 따라 예의 바르게 고개를 끄덕인다　　40

상대방도 답례로 고개를 끄덕인다

딸이 고개를 돌려 아버지를 바라본다

상대방이 노 공연을 보고 있다

딸이 눈길을 떨군다

아버지와 딸의 미들숏

아버지를 바라보는 딸의 얼굴 클로즈업

공연을 보고 즐거워하는 아버지 클로즈업

슬픈 표정의 딸 클로즈업

공연을 보고 있는 상대방 클로즈업

슬픈 표정의 딸 클로즈업

아버지와 딸을 포함 관객들을 보여주는 롱숏

노 공연 장면의 롱숏

고개를 숙이고 있는 딸의 클로즈업

노의 음악이 흐르는 가운데 바람에 흔들리는 나무의 모습

이 시퀀스는 3분 정도 펼쳐지고 26개의 숏으로 이루어져 있다. 이를 통해 감독은 원하는 효과를 이뤄내고 여기에는 단 한순간도 낭비되지 않는다. 각각의 숏이 시퀀스 전체가 드러내는 감정의 깊이를 보여주는 데 역할을 한다. 서양이라면 (혹은 요즘의 일본이라면) 이런 시퀀스를 대여섯 개의 숏으로 구성할 것이다. 캐릭터마다 한두 개의 숏을 보여주고 노 공연을 보여주는 숏 몇 개 정도. 홀로된 아버지가 아마도 재혼을 생각하고 있음을 딸이 달가워하지 않는다는 사실을 빨리 보여주고는 다음 시퀀스로 급하게 넘어갈 것이다. 영화의 마지막에 이르면 관객은 그 시퀀스 자체를 이미 기억하지 못할 것이고, 기억한다 해도 복잡한 플롯의 일부로만 기억한다.

하지만 「만춘」의 그 시퀀스는 잊을 수 없다. 그 이유는 말할 것도 없이 오즈가 그것을 보여주는 방식 때문이다. 오즈는 화가가 붓으로 하나하나 덧칠하듯 컷들을 더해나가고, 각각의 컷은 전체적인 느낌을 전달하는 데 제각기 역할을 한다. 여기서 오즈의 편집은 장면들을 대조시키기보다

는 서로 비교해주는 효과를 내고, 각각의 장면이 서로를 떠받쳐주는 점진적인 구조를 만든다. 그 과정을 통해 오즈는 현실감을 만들어내고 스토리를 전개시킨다. 충분한 시간을 들여 관객으로 하여금 화면에서 일어나고 있는 일을 납득하도록 하고, 결국 그 일이 딸에게 어떤 의미를 갖는가를 깨닫도록 한다. 마지막으로 가장 중요할 수도 있는 부분은 노의 음악이 계속되는 가운데 흔들리는 나무를 보여주는 맨 끝의 숏인데, 이것으로 오즈는 물리적 세계가 정신적인 상태와 겹쳐지는 보기 드문 경지를 잉태해냈다.

물론 내가 여기서 논하는 것은 일본 영화의 극히 일부의 모습일 뿐이다. 일본 영화에는 훨씬 더 많은 측면이 있고 예외를 적용해야 할 내용도 많다. 오즈의 영화 한 편을 논할 때마다 영화의 본질을 알지도 못하고 개의치도 않는 수십 편의 영화를 예로 들 수 있다. 「오사카의 여관」 같은 걸작이 있는가 하면, 할리우드나 치네치타Cinecitta(로마에 있는 유럽 최대의 영화 촬영소―옮긴이)의 평범한 영화만큼이나 현실을 보여주는 데 둔감한 영화들도 넘쳐난다.

앞에서는 언급하지 않았지만, 전통적이건 그렇지 않건 일본 영화에는 거부감을 주는 특징들도 존재한다. 설명에 과도하게 의존하려는 경향이라든지, 어색한 줄도 모르고 신파적 감정 그 자체를 남용하는 것 등이다. 그리고 내가 지금까지 설명한 미덕들은 이제 일본 영화에서 상당 부분 사라지고 없다. 일본인의 삶에서 그런 미덕들이 사라지고 있기 때문이다. 여기에는 물론 경제적인 이유가 크지만, 아무리 설득력이 있다고 해도 경제적 관점의 설명만으로는 충분처 않다.

현실을 대하는 일본의 태도는 달라졌다. 자연을 더 이상 존중하지 않고 오늘을 항상 내일의 기준으로 바라보게 된 곳에, 예술 창작의 원천이 되는 진실을 아끼는 마음은 더 이상 발붙일 곳이 없다. 공감할 수 있는 정취를 만들어내는 것의 중요성이 제일 먼저 자취를 감춘다.

표지판과 문자

SIGNS AND

1974

SYMBOLS

일본을 방문하는 사람들은 곧 주위를 둘러싸고 있는 수없
이 많은 표지판과 문자를 발견하게 된다. 보이는 모든 곳에
표지판과 문자가 있는 듯하다. 조금이라도 공간이 있는 표
면에는 뭔가 메시지가 쓰여 있으나 여행객들이 그걸 해독
해낼 도리는 없다.

만약 그걸 읽을 수 있다면 자신들의 나라에 널려 있는
표지판과 문자와 마찬가지로 대수롭지 않게 여길 것이다.
그렇다고는 해도 일본의 표지판과 문자는 명백히 환경의
기능적인 일부이며 저마다의 뚜렷한 메시지를 전달하고 있
다. 게다가 종종 아름답기까지 하다. 여행객들은 일본 문자
의 추상적인 형태와 그 서법의 정교함에 감탄한다. 일본에
서 표지판과 문자를 미학적인 대상으로 여겨왔던 전통을

생각하면 그러한 감탄은 당연한 것이다. 하지만 그 문자를 읽을 수 없는 여행객은 여전히 많은 것을 놓친다.

물론 어떤 표지판은 어디를 가나 통용된다. 빨간색은 가지 말라는 뜻이고, 초록색은 가도 된다는 뜻이며, 노란색은 경고의 의미다. 빨간색은 뜨겁고 파란색은 차갑다. 이런 정도는 여행객들도 안다. 일본은 국제적으로 통용되는 픽토그래프(그림문자)를 사용하기 때문에 남녀 화장실도 구분하기 쉽다. 하지만 이런 것들을 제외한 대부분의 표지판은 모호한 의미로 다가온다. 일본인에게는 그 뜻이 너무 뻔해서 눈에 잘 띄지도 않는 듯하지만.

45

여행객이 일본에서 어느 정도 지내다보면 서서히 메시지들을 구분할 수 있게 된다. 어린이들이 하는 것처럼 표지판을 각각의 그룹과 계층으로 나누는 것이 그 출발점이다. 모양을 기준으로 나누는 게 아마 가장 일반적인 방법일 것이다. 예를 들어 교통 표지판은 보통 거기 쓰인 내용만이 아니라 표지판의 모양에 의해 구별된다. 미국에서는 이런 방법이 표준화되어 있다. 멈춤 표지는 팔각형이고, 양보 표지는 정삼각형, 경고 표지는 다이아몬드 모양이다. 일본에도 이와 유사한 모양의 기준이 있어 누구나 쉽게 파악할 수 있다.

텍스트는 이보다 훨씬 더 어렵다. 일본의 문자는 표의문자와 표음문자의 조합이다. 중국의 문자(한자)에 두 가지 표음문자를 더해 이루어져 있다. 첫 번째 표음문자인 히라가나는 일본 고유 단어들의 소리를 표시하는 데 쓰이고, 또 다른 표음문자인 가타카나는 보통 외국어로부터 들여온 단어들을 표시하는 데 쓰인다.

한자의 각 글자는 대개 하나의 완전한 개념을 표시하고 있다. 그 자체로 하나의 완전한 단어이고, 따라서 복잡한 문장 구조가 별로 필요하지 않은 언어 체세다. 일파벳에 의존하고 있는 언어에서는 조금이라도 복잡한 생각을 표현하려면 문장이 필요하다. 한자 문화권에 속하는 나라에서는 문자 자체가 모든 것을 표현할 수 있고, 그것만으로 충분하다. 수세기 동안 이런 언어를 사용해오다보면 한자를 읽는 것은 물론이요, 각각의 한자를 둘러싸고 미묘한 색채를 부여하는 뉘앙스와 함축적 의미를 파악하는 특별한 능력을 갖게 된다.

서양인들도 어쩌면 비슷한 사고를 하는데, 가령 '상쾌한 이 순간The Pause that Refreshes'(1929년 코카콜라의 유명한 광고 카피—옮긴이)이라는 문구를 읽으면 나도 모르게 커다랗고 얼음 낀 차가운 병을 떠올리는 것이 그렇다. 그러나 일본인들이 '酒'라는 한자를 보면 서양인들이 'whiskey'라는 단어를 볼 때보다 훨씬 더 강하게 술자리의 유쾌함, 따뜻함, 위

46

로, 즐거움과 같은 느낌을 떠올린다고 감히 말할 수 있다.

서양의 단어들은 알파벳 문자들의 조합인 반면(우리가 갖고 있는 거의 모든 단어가 그렇다), 한자는 문자 자체가 더 강하게 의미를 대변한다.

일본인들은 단어의 뉘앙스에 민감한 만큼 단어가 어떤 글씨체로 쓰였는지에 대해서도 민감하다. 서양에서는 출판업이나 인쇄업에 종사하지 않는 이상 아무도 글자의 다양한 폰트와 스타일이 주는 영향에 그다지 민감하지 않다. 뉴스의 헤드라인을 굵은 글씨로 쓴다거나 결혼 청첩장에는 화려하게 굴린 글씨체가 쓰인다는 것을 아는 정도일 뿐이다. 그리고 요즘에는 거의 모든 커뮤니케이션이 기계로 인쇄되었거나 화면에 타이핑되어 있기 때문에 우리는 손글씨의 섬세한 뉘앙스에 둔감해져 있다. 하지만 일본에서는 서법이 여전히 중요한 위상을 차지한다.

표지판과 문자가 얼마나 효과적인지는 그것을 둘러싼 요소들이 서로 어떻게 결합되어 있는가에 좌우된다. 우리는 문자를 보면서 그 문자가 대변하는 의미와 관련된 모든 특징을 함께 떠올린다. 기본적인 의미에 더해 글씨 자체의 형태가 울림을 준다면 더 많은 뉘앙스가 생긴다.

명확한 이해를 위해 서양 문화에서 비슷한 사례를 하나 찾아보자. 미국에서 '전통 영국 찻집Ye Olde English Tearoome'이라고 클래식한 글씨체로 쓰인 간판을 보면 우리는 그 찻집에서 차 말고도 또 무엇을 파는지 알 수 있다. 에드워드 7세 시대의 글씨체와 엘리자베스 1세 시대의 스펠링이 고상함을 전달해주고, 과거와 연륜에 대해 일종의 경의를 표하고 있다. 그곳의 분위기는 밋밋하게 '먹거리EATS'라고 고딕체 대문자로만 쓰여 있는 식당과 비교하면 훨씬 더 경건하고 인위적일 것이다. 우리는 간판을 딱 보면 이처럼 복잡한 함축적인 의미를 대번에 파악할 수 있다. 굳이 생각해보지 않아도 완전한 메시지를 이해할 수 있다. 간판을 쓴 사람이 의도한 메시지를 받아들이는 것이다. 단번에 그 장소에 대한 좌표를 갖게 된다.

일본도 비슷하다. 하지만 문자를 읽고 해석하는 과정에서 좀더 복잡한 종류의 이해가 생겨난다. 이것은 일본에 각기 다른 뉘앙스를 가진 다양한 서체가 존재하기 때문이다.

먼저 중국의 한나라 이전에 만들어져 바위나 도장에 글을 새길 때 사용되던 예서隷書체가 있다.(역시 엄격한 한자체이자 비슷한 형태인 전서篆書체도 있다.) 두 번째로는 한나라 말기에서 유래된 해서楷書체가 있다. 일본의 가타카나는 바로 이 해서체로부터 만들어졌다. 세 번째는 대부분의 현대 일본인이 사용하는 서체인 행서行書체다. 네 번째는 흘려쓰는 스타일의 초서草書체로, 히라가나가 여기서 만들어졌

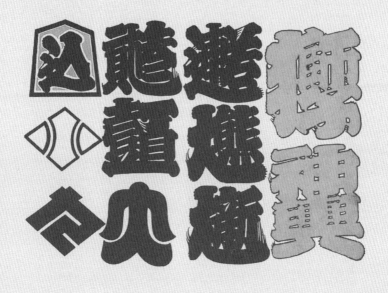

에도 시대에 쓰였던 에도 문자는 오늘날에도
일본의 간판이나 가부키, 스모계에서 일본색을 드러내는
한자 서체로 널리 쓰인다.

다.(히라가나는 예전에는 헨타이가나変態がな라고도 불렸다.) 초서체는 읽기가 힘들기 때문에 일본인들은 초서보다 더 흘려 쓴 글씨는 해독이 불가능하다고 말한다.

아래의 예를 잘 보면 각 서체의 차이가 분명히 드러날 것이다. 예로 든 것은 보통 일본에서 '쓰키つき'라는 훈음으로 읽는 한자인 달 월月 자로, 그림 맨 오른쪽에 히라가나로 그 발음이 쓰여 있다. 점을 중심으로 위아래로 나뉘어 쓰인 한 쌍의 가타카나는, 같은 한자에 대한 두 가지의 다른 독음(그리고 의미)을 보여준다. 첫 번째 발음은 '게쓰ゲッ'로, 월요일을 뜻하는 게쓰요비月曜日의 그 게쓰다.(영어도 약간 비　슷하다. 먼데이Monday에는 달moon을 뜻하는 단어가 변형된 형태로 들어 있다.) 두 번째 가타카나인 '가쓰ガッ'는 또 다른 발음과 의미를 갖는다. 일 년의 매 달을 부르는 이름에 접미사로 쓰인다. 이치가쓰一月, 니가쓰二月, 산가쓰三月 등등. 이것이 달 월 자가 의미하는 바다.

50

각기 다른 서체는 여기에 또 다른 뉘앙스를 암시하거나 만들어낸다. 이것을 설명하기 위해, '쓰키月'라는 같은 이름을 가진 네 곳의 식당이 있다고 생각해보자. 이들이 모두 같은 한자를 쓰되 위의 그림 예에 나온 네 가지 다른 서체를 사용해서 광고를 만든다고 하자. 이를 보고 사람들은 각각 어떤 분위기의 식당을 떠올릴까?

예서체   해서체   행서체   초서체   인쇄체

서로 다른 서체는 서로 다른 뉘앙스를 만들어낸다.

예서체로 쓴 식당을 보면 일본인은 중국 식당이나 매우 오래된 가게를 떠올린다.(실제로 오래된 가게이건 오래된 느낌을 주려는 가게이건.) 앞서 말한 미국의 '전통 찻집Olde Tearoome'과도 조금 비슷한 느낌일 것이다. 일본에게 옛 중국이라고 하면 미국에게 옛 영국과도 같은 느낌이다. 해서체로 간판을 쓴 식당은 파악하기가 쉽지 않다. 해서체는 여러 간판에 널리 쓰이는 서체이기 때문이다. 느껴지는 뉘앙스는 '전통적'일 수도 '일상적'일 수도 있다. 어느 쪽이건 간에, 도쿄와 관련이 있고 이 '새로운' 수도가 상징하는 문화가 연상된다.

반면 행서나 초서로 쓰인 간판은 '옛' 수도인 교토를 생각나게 하고, 교토의 부드럽고 그윽한 분위기를 떠올리게 한다. 행서로 쓰인 간판에는 일정 수준의 교양과 여성적일 것으로 짐작되는 일종의 섬세함이 깃들어 있다. 일본인들이 읽기 힘들어하는 초서는 의식적인 우아함을 드러내기도 하고, 거기에는 아마도 예술적 감각이 느껴지는 무언가가 있다.

이 모든 것이 서양인들에게는 이해하기 어려울 수도 있겠지만, 이것은 겨우 시작일 뿐이다. 각각의 서체는 여기서 또 하위 분류를 갖고 있다. 예를 들면 에도 문자江戸文字라고 불리는 서체가 있다. 에도 문자는 도쿄가 여전히 에도라고 불리던 18세기의 도쿄와 관련 있다. 에도 문자에는 또 간테이勘亭, 요세妖精, 조루리小瑠璃, 가고籠, 가쿠 문자角文字라고 불리는 하위 분류가 있다.

이 각각의 서체로부터 또다시 다른 서체들이 생겨난다. 가령 간테이 서체는 가부키 관련된 용도로만 쓰이는 가부키 문자歌舞伎文字를 만들어냈다. 주로 스모와 연관된 스모 문자相撲文字나 치카라 문자力文字도 있다. 또한 에도 시대에는 붓의 획 하나하나가 보이는 히게髭(수염) 문자라는 것도 인기 있었다.

행서와도 비슷한 느낌으로 흘려 쓰던 히게 문자는 즉흥적이고 자유분방해 보이지만 사실은 엄격한 스타일을 따른다. 붓이 지나간 곳에는 반드시 일곱 줄의 뚜렷한 붓 자국을 남겨야 하고, 글자의 가느다란 획에는 다섯 줄, 종이에서 붓을 뗄 때는 세 줄을 남겨야 한다. 중국에서 들여온 이 7-5-3 원칙은 길한 숫자의 조합으로 여겨져서 여러 경우에 쓰였다. 예를 들어 어린아이들이 세 살, 다섯 살, 일곱 살이 될 때는 반드시 신사에 참배를 간다.(이런 풍습을 시치고산七五三이라고 한다.—옮긴이)

이 모든 것이 서양의 여행객들에게는 낯설기만 하다.(덧붙이자면 요즘의 일본인들에게도 낯설어지고 있다.) 하지만 일본인들에게는 여전히 표지판과 문자로부터 익혀서 모두 서로 공유하고 받아들이는 의미의 보물상자가 있고, 이로 인해 풍부한 뉘앙스가 넘쳐난다.

이 과정은 생각보다 복잡하지 않은 것이, 이런 종류의 독해를 하는 데는 의식적인 사고를 할 필요가 없기 때문이다. 이런 뉘앙스들은 곧바로 느껴지거나 아예 느껴지지 않거나 둘 중 하나다. '생각'보다는 '느낌'에 가까운 연상 작용의 결과이기 때문에 그걸 말로 표현하자면 실제보다 훨씬 더 딱딱하게 느껴진다.

일본에 표지판과 문자가 범람하는 현상은 상업 광고 쪽을 보면 말할 필요도 없이 명확하게 드러난다. 광고를 보는 주체는 잠재적 고객군만이 아니고 사실상 모든 사람이다. 사회 전체가 광고를 소비하며, 여기에는 (상업적으로 판매되는 제단까지 생각하면) 신들도 포함된다. 일본의 광고는 단지 대중 예술이 아니라 가공할 문화적 파워다.

이러한 광고라는 예술의 밑바탕에는 서예의 전통이 깔려 있다.

글자를 표현하는 수단이 묵이냐 네온사인이냐에 관계없이 서예의 미학은 일본인에게만큼 외국인에게도 깊은 감동을 줄 수 있다. 글자의 아름다운 형태가 그 뜻만큼이나 울림을 준다. 일본인들 사이에서는 여전히 글씨로 사람을 평가한다. 모르는 사람에게 받은 편지를 읽을 때면 그 내용만이 아니라 어떤 글씨로 쓰여 있는지도 본다. 악필인 사람은 아직까지도 나쁘거나 혹은 최소한 나약하게 여겨지고, 보기 좋고 깔끔하고 심지어 우아한 손글씨가 여전히 필수 조건이다. 미적인 기준이 도덕적인 기준이 되고 미가 곧 정직이 된다.

얼마나 더 그럴 수 있을까. 디지털 소통의 시대에는 아무도 더 이상 손글씨를 쓰지 않는다. 키보드로 글을 쓴다. 표지판과 문자로 이루어진 일본의 우아한 세계가 압박을 받고 있다. 지금 미국의 가장 어린 세대는 스펠링을 신경 쓸 필요가 없다. 스펠링 체크 기능이 있기 때문이다. 모두 계산기를 갖고 있으므로 간단한 산수능력조차 더 이상 필요하지 않다. 이런 세상에서 일본의 신비한 소통 방법은 과연 살아남을 수 있을까.

파친코
PACHINKO
1980/1986

.

거의 평면으로 놓여 있는 기계에서 느긋하게 즐기는 게임
인 핀볼과는 달리, 파친코 기계는 수직으로 서 있고 플레
이어의 키보다 크며 시끄러운 소리를 낸다. 핀볼에도 번쩍
이는 불빛과 벨 소리가 있기는 하지만 구슬이 움직이는 소
리 자체는 패딩이 덧대어진 장애물들과 고무로 된 칸막이
로 인해 부드럽게 들린다. 하지만 파친코는 애초에 시끄러
운 소리를 내도록 설계되어 있다.

파친코라는 이름 자체가 소음을 묘사한다. 시끄럽게 움
직이는 구슬(파친)과, 구슬이 바닥을 쳤을 때 내는 소리(코)
를 합쳐 만든 의성어다. 게임에서 이기면(스코어의 개념은 없
고, 이긴 사람은 그냥 구슬을 더 많이 받는다) 녹아내리는 소용
돌이와도 같은 소음을 내며 구슬들이 바닥에 있는 금속 트

레이로 쏟아져 내린다. 보통 파친코 업소 한 군데에 수백 대의 기계가 놓여 있으며, 일본 전역에 1만 개가 넘는 업소가 있다. 업소의 소음은 어마어마하다. 핀들 사이로 수직으로 쏟아져 내리는 구슬들이 폭포와 같은 소리를 내고, 이게 무더기로 트레이에 떨어질 때는 불협화음을 만들어낸다.

이런 청각적 아수라장의 한가운데에 손님들이 줄지어 앉아 있다. 자신의 기계 앞에 앉아 옆 사람의 존재를 망각하고 있다. 이런 광경은 19세기 공장의 끔찍했던 모습을 떠올리게 한다. 미친 듯이 돌아가는 그곳 생산 라인에서는 사람이 반쯤 기계가 되어 있다. 바쁘게 움직이는 손과 공허한 눈빛을 보면 종교 의식인가도 싶다. 만다라가 잘 보이는 곳에서 마니차摩尼車(돌리며 기도하도록 만든 원통형 불교 도구. 경전을 적은 종이가 있다—옮긴이)들이 정신없이 돌아가는 티베트 불교와도 살짝 닮았다.

그런데 이 사람들은 이 상황을 즐기고 있는 것처럼 보인다. 이들은 여기 앉아서 레버를 당기는 특권을 누리기 위해 돈을 내고 들어왔다. 따라서 이들 가운데 다수는 불편과 소음을 견디며 여기 몇 시간이고 앉아 있다. 처벌과 신의 계시, 파친코의 즐거움은 그 중간 어디쯤에 있다.

사람들이 파친코라는 도박을 즐기는 동기는 얼핏 물질적인 보상인 것처럼 보인다. 파친코 구슬 25개의 값은 100엔

파친코에 빠져 있는 사람들

에 불과하다. 100엔이면 껌 한 통 값이고, 전철 한 번 타는 요금에도 못 미치고 담배 한 갑보다 훨씬 싸다. 25개의 구슬을 잘 사용하면 대박을 바랄 수 있다고들 한다.

분명 이런 바람이 작용하고 있기 때문에 파친코를 업으로 하는 '파치프로'(파친코 프로)들이 온갖 기교와 전문성을 동원하는 것이리라. 어떤 업소를 골라야 하는지, 또 어떤 날에 어떤 기계를 골라야 하는지 아는 안목, 언제 게임을 시작해서 언제 끝낼지에 대한 판단, 이 기계가 저 기계보다 확률이 높을 가능성을 한눈에 알아보는 능력 같은 것이다.

그렇다고는 하더라도 이렇게 다양한 방식으로 돈과 시간을 투자해서 게임을 잘하게 되면 그에 상응하는 보상이 있는 것일까. 구슬을 잔뜩 땄다고 하더라도 법적으로는 생활용품(치약, 비누, 수건 등)과 담배로만 교환할 수 있다. 불법 현금 환전도 가능하다고 한다. 비밀 표식을 받아 어두운 골목 끝에 있는 문을 두드리면 현금으로 바꿔준다. 반합법적인 방법도 인기가 많다. 경품으로 받은 비누와 담배 같은 것을 업소 옆에 있는 작은 가게에 가져가면, 물건의 시가보다 훨씬 더 낮은 가격으로 사준다.

파친코를 드나드는 손님이 과연 얼마나 돈을 벌 수 있느냐는 의문이지만, 파친코 회사가 돈을 많이 번다는 데는 의심의 여지가 없다. 문화평론가 릭 케네디는 연간 파친코 산업의 매출이 7조 엔에 달한다고 했다. 예를 들어 비교하자면 1986년 한 해 일본에서 생산된 비디오카메라의 총 가치가 3조 엔이었다. 그리고 일본에서 생산되는 전체 담배의 20퍼센트가(결코 적은 숫자가 아니다) 파친코 업소의 경품으로 사용된다. 그걸 보면 사람들은 틀림없이 돈을 따려는 목적에서만 파친코에 오는 것은 아닐 것이다.

보통 서양에서 핀볼의 매력은 사람들과 어울리는 데 있다. 핀볼 기계 근처에는 여럿이 모여 있기 마련이다. 플레이하는 사람들의 커다란 몸동작을 주의 깊게 바라보며 응원의 감탄사들을 교환한다. 기계를 두드리거나 혹은 다른 방 60 식으로 기계를 격려하기도 한다. 기계 주변에는 가벼운 간식거리들이 있어서 편안하게 플레이할 수 있는 분위기가 갖춰져 있다. 간혹 혼자 핀볼에 몰입해 있는 광경이 보이기도 하지만, 보통은 여럿이 모여 편안하게 플레이한다. 그리고 핀볼이 있는 장소에는 술을 마실 수 있는 바나, 다양한 다른 오락기계들 또는 매력적인 타인과의 만남 등 또 다른 유흥의 대상이 있기 마련이다. 편안하고 친근하고 사교적인 분위기다.

파친코 업소는 완전히 다르다. 거기에는 끝도 없이 늘어선 파친코 기계만이 있을 뿐이다. 기계를 빼면 손 닦는 세면대, 화장실, 공중전화, 현금 계산대가 전부다. 오락시설은 없고 필수 시설만이 있다. 무얼 먹거나 마시는 사람도 없을 뿐더러 시끄러운 소리 때문에 대화도 불가능하다. 은은한 불빛 대신 머리 위로 내리쬐는 조명만 있다. 느긋한 배경음악 대신 소음 사이로 간간이 가장 절도 넘치는 전쟁 행진곡들이 무수히 반복된다.

그런 곳에 수백 명의 사람이, 일본 전체로 보면 수백만 명의 사람이 앉아 있다. 다들 술 한 방울 마시지 않은 멀쩡한 정신으로 진지한 표정을 하고 기계 앞에 앉아 은색 구슬들을 집어넣고 있다. 대화도 없고, 사람의 소리는 아예 들리지 않는다. 기계를 함부로 다루면 안 되기 때문에 커다란 몸동작도 볼 수 없다. 파친코 기계는 하인이 아니라 동등한 존재다. 다들 진지하게, 어떻게 보면 헌신적인 태도로 자신만의 움직이는 만다라 앞에 앉아 있다. 소음만 들리지 않는다면 이곳이 교회가 아닌가 싶을 만큼 다들 각자의 행위에 몰두해 있다. 끝없이 늘어선 고해성사 칸막이에 앉아 있는 것처럼 보인다. 닫혀 있고, 고독하고, 심지어 적대적으로 느껴지는 분위기다. 파친코는 지독하게 개인적인 작업이다. 사교적인 요소라고는 조금도 없다.

그러나 서로 팔꿈치를 맞댈 만큼 가까운 간격으로 나란히 앉아 있는 이 사람들은 어쩌면 일종의 사교적인 행위에 몰두해 있는 것인지도 모른다. 물론 사람들은 서로 대화도

61

없고, 눈을 마주치지도 않고, 다들 혼자임이 명백해 보인다. 일행으로 들어온 사람들조차 금세 흩어져서 각자의 자리에 홀로 앉아, 파친코에 있는 순간만은 자신만의 기계와 대면할 뿐이다.

꼭 경품이나 돈을 따기 위해서가 아니라 자신만의 관념적인 이유로 게임에서 이기는 것이 목적이라면, 기술이나 행운을 좇아야 한다. 하지만 파친코에서는 기술이나 행운을 좇지 않는다. 덜그럭대는 구슬들을 솜씨 좋게 쏘아보낼 수 있는 기술이란 없다. 마찬가지로 사람들은 확률과 정황이 행복하게 맞아떨어지는 단순한 행운을 바라는 것 같지도 않다.

사람들이 바라는 것은 승률이 좋은 파친코 기계다. 파친코를 둘러싼 신화 중 하나는 어떤 기계들이 다른 기계들보다 높은 승률을 가지고 있으므로 자신에게 맞는 기계를 찾아야 한다는 것이다. 사람들은 이를 위해 우선 몇 대의 기계를 시험 삼아 플레이해보고 나서 자신에게 맞는다고 느껴지는 기계를 택한다. 그러고 나서는 특별히 실망해서 구슬을 다른 기계로 옮기는 상황이 오지 않는 이상 꾸준히 그 기계에서 플레이한다.

파친코에 숙련된 사람들은 기계를 불과 몇 차례만 플레이해보면 판단할 수 있다고 한다. 어떤 이들은 기계를 쳐다보기만 해도 자신에게 맞는 기계인지 아닌지 느낌이 온다고 한다. 마치 사랑에 빠지는 것과도 같다. 그러나 삶은 불친절한 것이라 진정한 사랑은 다양한 시련을 겪게 마련이다. 여기에 관해서는 온갖 민간 신앙이 존재한다.

파친코 업소들이 기계를 조작해 승률을 높이거나 낮춘다는 것이 그중 하나다. 예를 들면 월급날 직전에는 기계들의 승률이 올라간다는 말이 있다. 땡볕 뒤에 소나기가 내리면 기계 내부에 영향을 미쳐 승률이 올라간다는 말도 있다. 또한 고장난 기계는 고장 표식을 붙여놓으므로, 그걸 봐두었다가 그 기계들이 새로 수리된 직후에 게임을 하는 것이 좋다. 구기시釘師(바늘 기술자)라는 사람들도 조심해야 한다. 이들은 특정 기계의 특정 핀들의 각도를 조정하기 위해 업소가 고용하는 전문가다. 이 작업은 항상 밤에 이루어지는데, 특정 기계가 승률이 좋다고 알려져서 너무 인기를 끄는 사태를 방지하기 위함이다. 어제 구슬을 많이 딴 사람은 오늘도 같은 기계를 찾아오기 마련인데, 그때 기계는 이미 달라져 있다.

특정 기계들이 항상 승률이 좋다는 믿음은 기계가 아주 살짝만 기울어 있어도 승리에 영향을 줄 수 있다는 신념에 기인한다. 이걸 믿는 노련한 플레이어들은 아래쪽 트레이에 구슬을 잔뜩 쌓아놓아 그 무게를 이용해 기계의 좌우

균형을 조정하려고 한다. 이 균형을 절묘하게 맞추면, 밤새 구기시가 다녀가지 않은 이상 승률을 대폭 높이게 된다.

하지만 파친코에서 이긴다는 것은 무슨 의미인가? 경품을 따기 위한 것은 아니다. 그런 물건들은 밖에서 더 싸게 판다. 명예도 아니다. 아무도 남의 플레이를 보지 않는다. 사람들이 상상하는 기술이나 행운의 성취도 아니다. 그것을 넘어서는 무언가가 있다. 승률이 좋은 기계를 가장 성공적으로 찾아내는 것도 그 자체로는 최종 목적이 아니기 때문이다.

그렇다면 파친코를 찾는 사람들의 진정한 목적은, 이들 64 이 애써 이루려는 것처럼 보이는 겉보기의 목표와는 별 상관이 없을지도 모른다. 어떤 이들은 파친코를 삶 자체에 대한 일종의 정교한 우화—매우 특이한 삶에 대한 특이한 우화—라고 설명하기도 했다. 하지만 이 질문에 대한 대답은 그보다는 덜 이성적이고, 더 정신적인 방향에서 찾을 수 있는 것이 아닐까.

흔히들 지적하듯 파친코에는 중독성이 있다. 일단 파친코를 하게 되면 아주 많이 하거나, 하더라도 거의 하지 않거나 둘 중 하나다. 물론 열차 시각을 기다리거나 약속에 늦는 친구를 기다리면서 파친코를 하는 사람들도 간혹 있기는 하지만, 대다수는 중독된 사람들이다. 이들은 알코올

중독자들이 술병을 찾듯 파친코 업소를 찾는다. 그렇게 중독된 수백만 사람의 존재가 국가 차원의 우려를 불러일으키지 않는다는 것은 둘 중 하나다. 사람들이 파친코의 영향을 전혀 해악이라고 여기지 않거나, 아니면 파친코의 영향을 필요로 하는 것이다.

날이 차건 덥건, 소음으로 가득한 파친코 업소에 습관처럼 앉아, 수천 개의 구슬이 핀 사이로 떨어지는 것을 쳐다보고 있는 것은 무엇 때문일까. 그 어떤 보상도, 심지어는 상징적인 보상조차 받을 기약이 없는데 말이다. 그런 생각을 하다보면 우선 파친코의 기원을 들여다보게 된다.

제2차 세계대전 이전의 질서정연한 일본에는 파친코라는 것이 존재하지 않았다. 파친코는 전후에 생겨난 게임이고 바로 패전의 폐허에서 튀어나온 것이다. 파괴된 도시들이 제대로 복구되기도 전부터 파친코 업소들이 여기저기 생겨났다. 언론에서는 이를 저렴한 가격에 유흥을 즐길 수 있는 장소로 묘사했다. 낙이라고는 찾아볼 수 없고 가난에 찌든 일본 땅에 파친코는 단순한 즐거움을 가져다준 것이 분명하다. 오늘날에조차 파친코 업소에 가면 종전 직후의 그어떤 분위기가 있다. 저급할지는 몰라도 대체로 절제된 인테리어 디자인, 필수 시설만 갖추어놓은 업소 내부, 길게 늘어선 사람들의 우울한 줄, 내부에 울려퍼지는 전쟁 행진곡

같은 것들을 생각해보라. 파친코 업소는 수많은 사람이 무언가를 추구하기 위해 방문하고 또 찾아가는 곳이다.

이들이 파친코에서 찾은 것은 즐거움이 아니라 망각이다. 이러한 망각의 추구가 여전히 계속되는 것은 애초에 그걸 존재하게 했던 삶의 조건이 여전히 지속되고 있기 때문이다. 전쟁이 끝나고 지난 수십 년 동안 일본은 딱 하나만 빼고 모든 면에서 눈부시게 발전했다. 1945년 여름까지 일본인들은 세계에서도 거의 유일무이하게 정서적·영적 확신을 누리고 있었으나, 그걸 대체할 만한 것을 아직까지 전혀 찾지 못하고 있다.

66

전 세계에서 가장 큰 단일 가족이라고 해야 할 일본인들은 서로 끈끈하게 엮여 있는 사람들이다. 그런 이들이, 신앙심 깊은 사람이 갑자기 무신론자가 된 것과도 같은 내적 트라우마를 겪었다. 일본은 자신들의 신을 잃어버렸고, 신성이 떠나면서 남긴 구멍은 여전히 메워지지 않았다.

일본인들이 잃은 것은 천황도 아니요, 천황이 갑자기 보통 인간으로 격하되어 생긴 상실도 아니다. 일본이 상실한 것은 천황과, 천황의 질서정연한 전전戰前의 제국이 상징하던 그 모두다. 일본이 상실한 것은 확실성이다. 확실성이라는 것이 무엇이냐에는 이견이 있을 수 있겠지만, 전후의 새로운 세계에는 과거의 확실성을 대체할 만한 것이 없었다.

일본 사회의 조직은 더 잘게 파편화되었다. 개인끼리 의지하는 것이 절대로 허용되지 않았던 일본인들은 전후에도 서로 의지하는 방법을 배우지 못했다. 그러고는 국가나 마을이나 도시, 종국에는 가족들과도 그 어떤 진정한 정서적 유대도 맺지 못하게 되었다. 그리고 그러한 과정을 불과 30년 동안의 세월에 거쳤다. 전통적인 일본이었다면 300년 혹은 그 이상의 시간이 걸렸을 일이다.

따라서 일본에서는 도시생활에서 오는 각종 스트레스가 강하게 느껴진다. 파친코는 대도시에서 시작된 오락인데 지금은 일본 전역의 교차로마다 파친코 업소들이 들어서 있다. 심지어 파친코가 처음 등장한 곳은 산업도시 중에서도 가장 낡은 나고야다. 원래 파친코를 드나들던 사람들은 일자리도 희망도 없던 사람들이었을 것이다. 이제는 일자리만으로 만족하지 못하는 사람들이 파친코에 출입한다. 이들이 파친코로 몰려가는 것은 다른 이들이 다른 종류의 중독성을 구하는 장소, 예를 들면 술집으로 몰려가는 것과 마찬가지다.

술집에 있는 사람들처럼 파친코 업소에 있는 사람들도 고통을 느끼지 않는다. 고통이 아니라 일종의 희열을 경험한다. 왜냐하면 이들은 자신이 무엇을 하고 있는지 혹은 지금 하는 일이 무슨 의미인지를 걱정하지 않은 채, 무언가에 몰두하는 쾌락의 상태에 빠져 있기 때문이다. 이들은 걱정근심을 꺼버리는 방법을 배웠다.

이런 상태에 도달하려면 지루함이 필수다. 그러나 지루함의 와중에도 기도를 낮게 읊조리거나, 기계의 단조로운 소리를 듣거나, 염주를 세거나 혹은 구슬을 덜그럭대는 것과 같은 행위 또한 필요하다. 이러한 의식은 공허해 보이지만 사실은 그렇지 않다. 그것은 무無로 채워져 있다. 사람을 망각에 다다르게 해준다.

그러므로 파친코는 다른 모든 주요한 몰입 활동과 마찬가지로 겉보기의 모습이 전부가 아니다. 파친코의 진정한 목적은 겉으로 보이는 것보다 훨씬 더 거대하다. 그것은 다름 아닌 소멸이다. 자기 소멸은 지극한 쾌락의 경지다. 이 경지에 도달한 사람은 그 상태가 무한히 계속된다. 여기에 도달하기 위해서는 자신에게 잘 맞는 기계를 찾아야 한다. 그런 기계는 나에게 맞춰 반응해주는 것 같은 조용한 벗이라고 할 수 있다. 당신과 기계 사이의 이런 말없는 교감은 당신을 망각으로 이끈다. 당신은 지금 하고 있는 행위를 반쯤만 의식하게 된다. 파친코 기계 앞에서 겉으로 행하는 행위의 목적은 의식하고 있지만, 동시에 진짜 이유는 기꺼이 망각해버린다. 파친코 업소에서 나올 때는 기운을 되찾은 새로운 모습이다.

이렇게 생각하면 종교적인 행위를 떠올리지 않을 수 없다. 파친코 업소는 어떻게 보면 일종의 사당이나 사찰이기 때문이다. 경전을 읊조리거나 좌선 명상을 행하는 종교 행위들이 추구하는 목적 중 하나는 자아를 정화함으로써 자아로부터 해방되는 것이다.

명상할 때는 생각을 하지 않는다. 명상이 표방하는 목표는 고삐 풀린 마음이 제멋대로 생각의 가지를 뻗어나가는 일반적인 경향을 제어하는 것이다. 마음은 생각이나 자아를 통제하는 유일한 기관이고, 명상은 마음의 행위를 제한하려고 한다.

여기서 동원되는 수단은 모호함이다. 스승은 숙련된 명상가에게 얼핏 무의미해 보이는 수수께끼나 화두公案를 던져 마음속에서 계속 되새겨보도록 한다. 이렇게 하면 머리의 활동은 바빠지지만, 생각이 이전에 만들어진 패턴에 따라 방황하는 것을 막아준다. 머리는 그런 패턴을 자아라고 생각한다. 수수께끼에 대한 해답은 사실 무엇이건 상관없다. 그런 상관없음에 대한 깨달음은 마음으로부터, 그리고 마음이 가는 길로부터 어느 정도 자유로워질 때 비로소 얻게 된다.

그런 면에서 파친코 기계도 아무래도 상관없는 대상일 수 있다. 아무도 어떤 의미에서건 파친코에서 승리하지 않는다. 그런 것보다, 파친코는 당신의 주의력을 사로잡고 그 결과 당신의 마음을 사로잡는다. 두 눈과 머리는 시끄럽고 번쩍거리는 기계의 겉모습에 단단히 고정되어 있고, 생각하는 능력은 다행히 잠잠해져 있다. 파친코 기계의 수수께끼와도 같은 얼굴은 당신의 얼굴과 융화되어 하나가 된다. 소음에 잠식되고 번쩍임에 사로잡힌 당신은 혼자다. 그렇게 특이점에 도달한 사람들의 무리 속에서, 갈등에 시달리던 당신의 익숙한 자아는 휴식을 취해도 된다. 그런 면에서 파친코는 음주뿐 아니라 마약, 섹스, 과속 운전이나 종교와도 닮았다. 제한적이고 동원된 삶을 살고 있음에도 안 전과 확실성에 대한 보장이 없던 자아가 이제 소외라고 부를 수 있는 상태에 도달하면서 자아로부터의 구원이 일어난다. 그렇다면 파친코가 습관성 중독이 되는 것도 놀라운 일이 아니다. 파친코는 삶으로부터의 유예다.

유예 그 이하도 이상도 아니라는 것이 파친코의 한계이기도 하다. 좌선은 마음에 마땅한 고요함이 찾아온 후에야 시작된다. 파친코는 고요함이 마땅히 찾아온 뒤에도 아무것도 시작하지 않는다. 좌선은 진정한 치료 약이고, 파친코는 단지 임시처방일 뿐이다.

그럼에도 파친코는 궁전이나 병영 같은 거대한 형태를 이루어 마치 공립 병원과도 같은 시설이 되었다. 물론 아주 저렴한 가격에 이루어지는 파친코 치료법은 한 번도 공개적으로 인정된 적이 없다. 공식적으로 파친코는 무해한 오락 정도로 치부된다. 사람들은 파친코를 무시할망정 장려하지는 않는다. 파친코를 하고 있는 사람들에게 뭘 하냐고 물으면 언제나 그냥 시간을 죽이고 있을 뿐이라고 대답한다.

하지만 그들이 죽이고 있는 것은 단지 시간만이 아니다. 이들은 성가시고도 불만에 찬 자아를 억누르고 있다. 마음을 집중한 채 바로 현재의 순간을 삶으로써 그렇게 하고 있다.(여기서도 불교와의 유사성이 눈에 띈다.) 파친코를 하고 있는 사람은 차분하고, 느긋하고 평화롭다. 속세와 단절된 채 마법의 파친코 기계 앞에 앉아서, 마치 도인들이 세상의 밀물과 썰물을 무심히 바라보듯 구슬들이 오가는 것을 본다. 여기서 얻는 득도는 비록 오래가지 않지만, 계속되는 파친코의 어마어마한 인기가 방증하듯 없는 것보다는 낫다.

패션의 용어
THE TONGUE
1981
OF FASHION

우리는 행동과 말과 제스처와 같은 여러 방법으로 의사를
표현한다. 의사 표현은 일종의 프레젠테이션이다. 우리는 우
리가 누구이고, 어떤 사람으로 받아들여지기를 바라는지
표현한다. 표현에는 다양한 시스템이 존재하고, 그중 어떤
것들은 잘 알려져 있으나 어떤 것들은 거의 알려져 있지
않다. 말과 글은 연구가 아주 잘 되어 있는 표현 시스템이
다. 반면 일부 표현 시스템에 대해서는 거의 연구가 이루어
져 있지 않은데, 감정 및 생각을 표현하는 시스템으로서의
옷차림이 그중 하나다. 이런 자기표현 수단으로서의 옷차림
은 가장 흔히 볼 수 있는 제스처 언어다. 완전히 코디해서
입은 옷은 그걸 입고 있는 사람을 있는 그대로 표현해주는

하나의 문단과도 같다. 무언가를 표현하려 의도하고 있지만 그러나 그 표현의 언어는 좀처럼 연구되지 않는다.

상징들을 드러내고 표지판과 문자를 눈에 띄게 전시하는 일본에서는, 옷차림의 언어 또한 다른 많은 나라보다 더 코드화되어 있다. 따라서 일본인들은 그 코드를 더 잘 알고 있고 더 의식적으로 사용한다. 초기 민속학자인 야나기타 구니오柳田國男(1875~1962)는 "옷차림이야말로 사람들의 일반적인 사고방식을 직접적으로 보여준다"고 말했다. 다수의 일본인은 이런 주장에 공감한다. 적어도 일본의 전통적인 옷차림만이 패션의 유일한 의사소통 수단이던 과거에는 그랬다. 실제로 과거에는 옷차림이 일본과 일본인에 대해 많은 것을 말해주었다.

기모노에는 사이즈가 두 개밖에 없다. 남성용 사이즈와 여성용 사이즈. 기모노가 옷을 입는 사람의 사이즈에 맞추어 디자인되는 일은 거의 없었다. 오히려 사람을 기모노에 맞추려 했다고 해야 할 것이다. 여기에는 우리 일본인은 성별과 같은 중요한 차이를 빼면 모두 같다는 생각이 깔려 있다. 진정한 독창성이 흔히 묵살되곤 하는 일본에서 개인의 특성을 살려 맞춤옷을 만든다는 개념은 중시되지 않았다. 그보다는 화합이 만사의 목표였기 때문에, 사람들은 복장에서도 기꺼이 동질성을 드러낸다.

물론 사소한 변형은 가능하다. 젊은 여성은 밝은 색의 기모노를 입음으로써 자신의 젊음을 드러내고, 나이가 많은 여성은 절제된 색의 기모노를 입음으로써 자신의 연배를 드러낸다. 부유하지만 계급이 낮았던 상인들은 전통적으로 자신의 처지를 나타내기 위해 평범한 모양의 기모노를 최고급 원단으로 만들어 입었다. 기모노의 무늬와 머리 스타일은 일반적으로 그 사람의 사회적인 지위를 나타냈다. 게이샤의 차림새는 양갓집 유부녀의 차림새와 상당히 다르지 않았겠는가.

다른 모든 복장과 마찬가지로 기모노 또한 보이는 것 이상의 메시지를 담고 있다. 다른 모든 언어가 그렇듯 옷차림에 관련된 언어는 뉘앙스로 가득 차 있다. 그러므로 기모노는 여러 의미로 옷의 주인을 정의한다. 몸에 딱 맞춰 만들어지지는 않지만, 기모노는 그 어떤 옷과도 다른 방식으로 몸을 휘감고, 제한하고, 받쳐준다.

몸과 전혀 접촉하지 않고 덮기만 하는 아랍의 카프탄이나 페르시아의 차도르와는 대조적으로 기모노는 입는 이의 몸을 자세히 묘사한다. 특히 여성의 기모노는 몸에 꽉 끼는 데다 겹겹으로 덧입은 속옷 위에 비로소 기모노를 입기 때문에 마치 몸의 형태를 기록해놓은 껍데기 같다.

그러나 여기서 기록하는 몸은 서양에서 강조하는 가슴

이나 엉덩이와 같은 부위가 아니고 몸통 자체다. 몸통을 꼭 죄는 기모노는 움직임을 옥죄기 때문에 걷고 서고 앉고 무릎 꿇는 동작 외에는 다른 행동을 하기가 힘들다. 인간 신체의 잠재성을 생각하면 이는 매우 제한적인 동작이라고 하지 않을 수 없다. 이렇게 꽉 끼고 제약이 많은 옷은 마치 바닷가재의 단단한 껍질처럼 그 안의 부드럽고 연약한 무언가를 감싸기 위한 것이 아닐까 하는 생각에 이르게 된다.

그런 의미에서 기모노는 일본인들이 스스로에 대해 갖고 있는 생각을 은유적으로 표현한 것이라고 볼 수 있다. 우리 일본인은 사회적 자아로서의 자각이 최소한 개인으로서의 자각만큼이나 강한 사람들이다. 우리는 순응을 강조하는 엄격한 사회를 이루고 산다. 강한 사회적 자아와 또 그만큼 강한 사회적 규율이 필수인데, 그것이 없다면 우리는 우리가 누구인지 알 수 없을 것이기 때문이다. 바닷가재처럼 우리는 안의 내용이 아니라 바깥의 틀에 의해 규정되며, 바깥의 틀은 곧 사회활동과 복장을 통해 규정된다. 우리의 생각과 우리의 옷차림은 바깥으로부터 영향을 받는다. 우리는 그렇게 사회적 자아를 표현하는데, 왜냐하면 어떤 의미에서 그것만이 전부이기 때문이다.

한편 사회적 계약에는 많은 빈틈이 있기 때문에 기모노를 입을 때에도 개인적인 표현을 할 수 있는 무수한 방법이 있다. 사회와 규칙의 맥락 안에서 표현하기만 한다면 우리의 감정, 우리의 정체 모를 두려움과 희망, 이런 모든 것을 표현해도 된다. 따라서 그 표현은 우리의 국가적 의상인 기모노에서도 드러나는 것이다.

표준화된 옷은 사회적으로는 기성화된 사상이나 마찬가지다. 존재만으로 자명하다. 그것을 더 이상 믿지 않게 되었을 때 비로소 그 옷의 의미가 무엇인지 따져보게 된다. 마찬가지로 기모노의 의미가 희미해지자 많은 이가 기모노를 입지 않게 되었다. 당연한 얘기지만 기모노를 아직도 입는 사람들은 옛날의 사고방식을 갖고 있는 이들이다. 동시에 기모노에는 자연스레 어떤 고상한 분위기가 있기 때문에 잘 교육받고 자란 젊은 여성이라면 기모노를 갖고 있기 마련이다. 이들은 평소에는 청바지를 입고 지내겠지만 결혼식, 다도, 꽃꽂이 수업, 신년 인사와 같은 특별한 때에는 기모노를 입는다. 나는 전통적인 교양을 지닌 사람이지만 또한 현대적인 사상을 갖고 있는 사람이라는 것을 드러낸다. 단지 옷을 잘 차려입었다거나, 실제 내 모습은 이렇게 다르다는 사실을 드러내려는 것은 아니라고 생각한다. 레이스와 베일이 달린 길게 끌리는 흰색의 전통 드레스를 입고 결혼하는 미국의 젊은 여성은 그럴지도 모른다. 하지만 일본의 젊은 여성은 자신이 현대적이면서도 전통적 교양이 있다는 사실을 드러내는 것뿐이다.

오랫동안 일본인들이 고민해오던 소통 문제(기모노이건 청바지이건)에 대한 해결 방안 하나에 대해 얘기해보려고 한다. 옷을 통해 자기를 표현해야 하는데, 그 수단이 되는 옷이 사라지고 있다면 어떻게 해야 하는가 하는 문제다.

근대화가 시작됐던 100년도 더 전의 시절, 일본인들은 많은 실수를 하곤 했다. 치마 뒤의 불룩한 엉덩이받이를 앞으로 돌려 입는다든지 하는 식이었다. 그들이 아직 서양 복식의 법칙을 제대로 해석할 준비가 되어 있지 않았기 때문이다. 예상할 수 있듯이 일본인들이 처음 선택한 서양 복식은 때와 장소에도 어울리지 않고 지나치게 격식을 갖춘 정장 차림이었다. 원래 귀족들이나 갖춰 입는 아이템이라는 뉘앙스를 지닌 모자와 장갑과 지팡이 같은 것을 일본 남성들은 돈만 있으면 모두 갖춰 입었다. 일본 여성들 또한 항상 과도하게 차려입었다. 일본 황궁의 비공식 행사들만 봐도 당시의 흔적을 찾을 수 있고, 외국에 사는 일본인들은 현지인 기준으로 보기에 항상 지나치게 차려입고 나타난다. 일본인이 서양식 정장을 입으면 늘 결혼식이나 장례식에 가는 사람처럼 보인다는 것은 오래된 얘기이기도 하지만 여전히 어느 정도 유효하기도 하다.

여기에는 그럴 만한 이유가 있다. 기모노의 엄격한 격식

메이지 유신에 참여했고 육군장관과 육군참모총장 등을 역임한
군인 오야마 이와오大山巌(1842~1916)의 정복 차림

을 외국의 정장을 입는 데에도 적용했던 것이다. 행사를 위해 옷을 과도하게 차려입는다는 것은(모든 종류의 정장은 그런 목적을 위한 것이다) 그 자체로 사회적 자아를 드러내기 위한 행위다. 행사에서 나누는 대화들이 사교적이되 개인적 정감이 배제되어 있듯 정장 또한 그렇다.

반면 요즘 서양에서의 패션은 개성을 빼면 아무것도 남지 않는다. 패션이 하나의 언어 체계가 되었다. 항상 성공하는 것은 아니지만 패션을 통해 개성을 추구하며, 정장 드레스와 같은 사회적 복장은 거의 사라졌다. 자신들의 전통 의상은 던져버리고 서양식 정장의 다양한 뉘앙스를 다루는 데도 어쩔 수 없이 서투름을 보여주었던 일본인들은 이제 대단히 개인화된 패션 스타일만 남은 서양식 의상을 갖고 사회적 자아를 어떻게 표현하는가 하는 새로운 문제에 봉착했다.

하지만 서양의 패션이라는 것 자체가 현대 일본인들에게 어느 정도는 선택의 여지를 주었다. 서양 패션은 언어로 따지자면 언론의 자유와도 같다고 할 수 있으나, 시즌이 바뀔 때마다 사람들에게 유행에 따라 똑같은 이야기를 하도록 하는 것이 그 진정한 목적이다. 원래의 옷 자체는 매우 개성적인 뉘앙스를 갖고 있을지라도 모든 사람이 대체로 비슷한 옷차림을 하고 있다면, 옷을 통해 어떻게 사회적 기

79

준을 표현해야 하는가라는 일본의 문제는 해결된다.

청바지를 예로 들어보자. 청바지는 모든 나라에서 젊은 이들의 유니폼이 되었다. 유니폼이라는 뜻은 청바지를 입은 젊은이들은 모두 같은 표현을 하고 있다는 말이다. 원래 미국에서 청바지 패션은 급진적인 것을 의미했고("우리는 차려입지 않고, 농경시대의 뿌리로 돌아간다. 평등주의를 실현할 것이다"), 어떤 면에서는 혁명적이기도 했으나("정장을 타도하자, 엘리트 사상을 타도하자, 문명을 타도하자"), 청바지는 어느덧 사회적으로 기성화된 사상이나 마찬가지가 되었다. 성공한 초창기 청바지 메이커의 이름을 따 요즘에는 리바이스라는 이름으로 대표되는 청바지의 소비가 보편적으로 받아들여진다. 왜 청바지를 입는지 이유를 대라고 묻는다면 사람들은 청바지가 저렴하고, 세탁하기 쉽고, 다림질할 필요가 없고, 다들 입기 때문이라고 대답할 것이다.

청바지는 일본에서도 소개되자마자 젊은이들의 유니폼이 되었다. 젊음의 반항이라는 원래의 메시지도 함께 들어왔다. 그러나 이윽고 청바지는 기모노와 비슷한 존재가 되었다.(항상 한 치수 작은 걸 사고 그게 또 빨면 줄어든다.) 청바지는 물리적으로는 편안하게 몸에 꼭 맞고, 추상적으로는 사회적 화합의 메시지를 준다─모두가 같은 것을 말하고 있다면, 아무도 말하고 있지 않은 것이나 마찬가지다.

다른 나라에서는 이런 현상이 나타나지 않았다거나, 다른 나라들이 청바지와 같이 나무랄 데 없는 사회적 유니폼이 주는 안정성과 안전함을 원치 않는다는 것은 아니다. 다만 일본에서는 그 결과가 훨씬 더 눈에 잘 띄고 그 메시지가 너무 당연하다는 듯 전달되기 때문에 사람들이 거기에 순응한다. 우리는 화합에 위협이 되는 일은 하지 않겠습니다라는 메시지다. 그리고 근대의 서양 패션을 '해석'하는 과정에서 과거 일본이 마주쳤던 어려움을 상기해보면, 요즘의 일본이 저지르는 실수는 때때로 유용한 정보를 알려준다.

글자가 새겨진 티셔츠를 예로 들어보자. 티셔츠에 글자를 새겨넣는 패션이 시작됐던 미국에서 코카콜라 슬로건이 들어간 티셔츠를 입는다는 것은 곧 콜라를 습관적으로 마시는 행위에 동반되는 제도화된 습관에 따르지 않겠다는 것을 의미했다. 미국의 패션이 대체로 그렇듯 역설적인 의도가 반영되어 있다. 예일이나 하버드 티셔츠를 입고 있는 사람은, 그런 고등교육 기관에 다닌 적도 없을 뿐 아니라 그 이름이 주는 가치에 대한 역설적인 비웃음을 표현하는 것이었다. 남아도는 미군 군수품을 입는다는 것은 베트남전에 반대하고 따라서 군대에 반대한다는 뜻이었다.

하지만 일본에서 코카콜라 티셔츠를 입는 사람들은 코

카콜라를 사랑한다. 나는 현대적인 사람이라는 표시다. 가슴에 예일이나 하버드 로고가 새겨진 셔츠를 입고 다니는 소년은 정말로 그런 대학에 다니고 싶어한다. 그 정도로 국제적이라는 것은 또한 진보적이라는 뜻이다. 남아도는 군복(언제나 일본 군복이 아닌 미 군복)을 입고 있는 것은 그저 애매모호하게 "나는 유행을 선도한다"는 의미다.

그리고 아무도 티셔츠에 새겨진 영어 문구를 읽거나 이해할 수 없기 때문에, 영어 티셔츠를 입고 있다는 사실 자체가 현대적이고 진보적인 생각을 가졌다는 메시지를 준다. 그렇게 패션 아이템이 되어버린 영어 티셔츠의 문구 중 일부는 정말로 깜짝 놀랄 지경이다. "움직이면 빨아버려If It Moves Suck It"라는 문구가 가슴에 적힌 티셔츠는 냉소적인 미국 남자 대학생이 입기에는 어떨지 몰라도 순진한 일본의 여고생에게는 아니다.(실제로 본 적이 있다.) 미국 젊은이들 사이에 흔한 놀리는 듯한 응원이나 조롱의 맥락을 일본에서는 완전히 놓치고 만다.

표면적인 메시지는 놓쳤을지라도, 그 밑에 깔린 메시지는 유효하다.("우리가 새로운 지식인이고, 우리가 유행을 선도한다.") 도처에 만연한 영어 티셔츠는 너도나도 모두 괜찮은 사람이라는 의미다. 일본에서 외국어가 적힌 티셔츠는 글자의 원래 뜻과는 무관하게 그 존재만으로 "나는 구닥다리

가 아니고 보수주의자도 아니야. 나는 세련된 사람이야"라
는 선언을 한다. 외국어 단어들(요즘 일본에서는 영어 단어들)
에는 한때 미국의 메뉴판에 적힌 프랑스어가 가졌던 것과
같은 과시성이 있다.

같은 사물이나 태도를 두고 일본과 미국이 보이는 차
이는 흔히 그 해석 때문에 생긴다. 한때 잠시 유행했던 대
형 사이즈 룩을 예로 들어보자. 일부러 몇 사이즈 위의 옷
을 입거나, 헐렁한 바지나 치마를 허리에서 벨트로 묶거
나, 코트나 블라우스 소매가 손을 훌쩍 가리도록 늘어지거
나, 길어서 축 늘어진 어깨품 같은 패션이다. 우디 앨런의
1977년 영화 「애니홀Annie Hall」에서 다이앤 키턴의 패션이
대표적이다.

영화에서 그 패션이 진짜로 주는 메시지는, 너무 큰 남
자 옷을 입고 나오는 여주인공의 캐릭터와 마찬가지로, 남
성 위주의 세상에서는 여성이 남성의 역할을 하려고 아무
리 애써도 '너무 커서 맞지 않는다'는 것이었다. 하지만 이
것이 일본으로 수입되자 원래의 메시지가 나왔던 사회적
맥락은 완전히 사라져버렸다. 당시 일본 여성은 아직 남성
의 역할에 도전할 만큼의 자신감을 갖기에 한참이나 모자
란 상태였다.

그런데 일본에서도 뭔가 유사한 현상이 발생했다. 외국

83

패션으로서의 대형 사이즈 룩은 아무런 비판적 검토 없이 들어왔지만, 곧 일본만의 수요에 맞춰 변형되었다. 대형 사이즈 룩이 등장하기는 했는데 오로지 남성(혹은 소년) 사이에서만 등장한 것이다. 패션에 민감한 상당수의 청소년이 허리에 묶은 바지와 축 늘어진 코트를 입고 다녔지만, 서양에서 그런 옷차림은 패션에 민감한 소녀들의 전유물이었다.

그러나 일본에서는 미국에서의 원래 메시지를 일본식으로 딱 맞게 편집했다. 일본의 젊은 남성들은 "아버지의 바지(자리)"를 채울 수 없었던 것이다. 대형 사이즈 룩의 옷과 그것이 상징하는 사회적 책무는 그 옷을 입는 이들에게 '너무 큰' 것이다. 그런 옷차림은 아버지의 정장을 패러디한 것이고, 아버지가 물려준 책임을 아들이 떠맡을 능력이 되지 않는다는 뜻이다.

가끔은 패션이 주는 메시지가 서양과 일본에서 일치하기도 하지만 대부분은 그렇지 않다. 조젯georgette(여름용 얇은 직물—옮긴이)과 벨벳처럼 유행이 지난 소재로 구성된 옷을 의도적으로 촌스럽게 코디하는 미국의 패션을 예로 들어보자. 주름 잡힌 목과, 펑퍼짐한 퍼프소매 옷에 쪽진 머리를 하고 할머니 안경을 쓴다든지 하는 식이다. 이것이 주는 메시지는, 우리는 중요한 일이 많기 때문에 패션 따위에는 신경 쓰지 않고(실제로는 이러한 코디가 한때 패션으로서 유행하기도 했지만), 우리만의 방식으로 진정한 가치를 발견해냈고 그걸 아낀다는 뜻이다. 그 가치는 우리의 부모 아니 조부모들이 중시하던 가치다. 더 나아가 우리는 깨어 있고, 진정한 가치를 알아보며, 그러한 태도를 옷차림을 통해 분명하게 드러낼 만큼 솔직하다.

이토록 복잡한 옷차림의 은유가 일본에서 제대로 읽힐 리 없다. 일본인에게 서양 전통 복색들을 둘러싼 각각의 결을 다 이해하라고 할 수는 없지 않은가. 하지만 결국 패션은 패션일 뿐이기 때문에 이 '원조 히피 할머니 룩'은 한동안 일본의 큰 도시들마다 유행했다.

여기서도 물론 약간의 변화가 더해졌다. 일본에는 특정 스타일의 패션이 격하된 적이 한 번도 없었기 때문에(기모노조차 여전히 때와 장소만 잘 맞추면 훌륭한 복장이며 따라서 아직 유행한다고 할 수 있다) 서양에서처럼 아이러니가 끼어들 여지가 없다. 따라서 일본은 촌스러운 원조 히피 룩을 단순히 일본에서 유행하던 패션 중 하나가 계속되고 있는 것으로 본다. 벨벳으로 만든 소녀용 드레스는 19세기 말 처음 일본에 수입되었고, 여전히 유행이 지나지 않았을 뿐인 것이다.

미국의 원조 히피 룩이 가장 많은 영감을 받은 것은 1930년대의 패션 스타일이었다는 사실이 일본에는 알려지지 않았으며, 따라서 거기에 동반된 향수도 느껴지지 않는다. 그렇게 해서 미국의 원조 히피 룩은 자연스럽게 일본의 미소녀 룩의 연장선상에서 취급되고 있다. 미소녀 룩이 표현하는 바는 이런 것이다. 나는 순진한 묘령의 소녀다. 좋은 집안에서 자랐고 내가 귀엽다는 사실을 너무나 잘 알고 있다. 나는 너희가 숭배하고 호감을 가져야 할 대상이다. 미소녀 룩에서 할머니 안경과 퍼프소매는 발목까지 오는 파티 드레스 및 머리에 묶은 리본과 잘 어울리는 패션이다. 보니와 클라이드의 보니 스타일(베레모에 A라인 치마를 즐겨 입은 보니는 1930대 미국에서 패션 아이콘이었다—옮긴이)에 케이트 그린어웨이Kate Greenaway(19세기 영국의 삽화가. 18세기 여왕 스타일의 그림으로 유명하다—옮긴이)의 패션을 그대로 얹은 격이다.

　일본은 서양의 패션을 다르게 해석하거나(청바지), 창의적으로 해석하거나(대형 사이즈 룩), 잘못 해석할 뿐만 아니라(촌스러운 원조 히피 룩을 귀여운 패션으로), 한 번도 서양의 패션들을 '마음 편하게' 느꼈던 적이 없고 지금도 그러지 못한다. 일본인들이 완전히 받아들여 자연스럽게 입는 서양의 유일한 복장은 제복이다.

　외국 대부분의 나라에서는 간호사나 승무원과 같은 특정 직군에서만 제복을 입는다. 그리고 제복을 입는 것은 보통 여성들이다. 그러나 일본에서는 제복이 도처에 널려 있다. 일본의 모든 요리사는 흰색에 커다란 모자를 갖춘 '셰프복'을 입는다. 대부분의 중고등학생은 검은색 모직에 높은 칼라가 달린 프로이센풍 교복을 입는다. 일용직 노동자들도 전형적이고 똑같은 복장을 만들어 입는다. 심지어 스키나 하이킹을 즐기러 가는 일반인들도 스포츠웨어를 위아래 풀세트로 갖춰 입는다. 여기서 우리는 불가피한 결론에 도달한다. 일본인들은 서양의 의상이 제복의 일종일 때에만 진정으로 마음 편하게 여긴다.

87   앨리슨 루리(1926~2020, 퓰리처상을 수상한 미국의 소설가—옮긴이)는 제복을 입는다는 것이 '편집되고 검열된다는 뜻이다'라고 썼다. 틀린 말은 아니다. 한편 제복을 입는다는 것은 또한 규정된다는 뜻이기도 하다. 바로 이 규정의 필요성(그것이 비록 편집과 검열을 동반할지라도)이 현대 일본인들에게 호소력을 발휘하는 것 같다.

젊은 시절의 청바지를 언제까지고 입을 수는 없는 일이다. 따라서 자연스러운 세월의 흐름에 따라 짙은 색의 똑같은 정장을 입고, 예외 없이 하얀 와이셔츠에 진지한 넥타이를 매고, 옷깃에는 회사 배지를 단다. 일본식으로 말하자면 규정된다는 것은 내가 사회적으로, 심지어는 사회학적으로 누구인지 아는 것이다. 이것은 일본에서 어마어마한 중요성을 가진다. 그렇기 때문에 모두 똑같은 내용을 '말하며', 그 '대화'는 가장 안전한 관용구만을 사용해 이루어진다. '나는 이런 사람이다who I am'라는 것이 전 세계에서 패션이 던지는 메시지라면, 패션은 또한 '나는 누구인가who am I'라는 훨씬 더 중요한 문제에 대한 답이 될 수도 있다. 이 문제에 관해 일본의 답은 다음과 같다. 보이는 나의 모습이 바로 나이고, 내가 입고 있는 옷이 나의 역할과 기능이다.

그러므로 순전히 일본적인 맥락에서는 모호함, 솔직하지 못함, 아이러니, 혹은 의도와 해석(앨리슨 루리가 패션을 얘기할 때 사용할 단어의 후보로 언급한 것들이다)과 같은 문제가 패션에 존재하지 않는다. 마찬가지로 젊은이들조차 결국에는 너무나 뻔한 패션으로 귀결될 것이기 때문에, 여기에는 화려함이나 위트는 고사하고 심지어는 기본적인 정보 외의 그 어떤 것도 설 자리가 없다. 여전히 일본 패션의 이상으로 군림하고 있는 것은 타의 추종을 불허하는 동질성이다. 가장 엄격한 의미에서 일본적인 복장인 기모노가 점점 눈에 띄지 않는다는 현실이 마음 아프기는 하지만.

일본의 키스

T H E
1983
JAPANESE KISS

100년도 더 전에, 정확히는 1883년 5월 31일에, 프랑스의 소설가 공쿠르 형제는 저녁 식사 자리에서 키스에 관해 대화를 나눴다며 일기에 이렇게 썼다. "일본에서 오래 살았던 사람에게 들었는데 일본에서는 섹스를 할 때 키스를 하지 않는다고 한다." 서양에서는 키스를 대하는 일본인들의 기묘한 태도에 대해 이렇게나 일찍부터 알고 있었다.

물론 오늘날에는 일본에도 키스가 넘쳐난다. 주위의 광고판과 잡지와 텔레비전을 둘러보면 온통 키스하는 장면과 그보다 더 야한 장면들이 있다. 그러나 예전부터 항상 그래왔던 것은 아니며, 지금의 일본에서도 키스는 서양에서의 키스와 똑같은 의미를 띠진 않는다.

우선 과거 일본에는 키스라는 행위가 적어도 공식적으

로는 존재하지 않았다. 중국에서와 마찬가지로 일본에서도 키스는 보이지 않는 곳에서 하는 행위였다. 연인들은 절대 공공장소에서 키스하는 법이 없었다. 가족끼리는 절대 키스하지 않았다. 입술끼리 닿는 행위에 대해 유럽과 미국에서 오랜 세월 문화적으로 부여해온 의미가 일본에서는 생겨나지 않았다.

하지만 과거에도 어떤 일본 사람들은 키스를 했다. 성인용 목판화를 보면 알 수 있다. 그러나 여기에서조차 제대로 된 키스는 드물다. 키스는 서양에서처럼 일상적인 행위가 아니라, 드문 행위이거나 변태적 열정의 표출인 것처럼 묘사되어 있다. 확실히 키스는 열정에 걷잡을 수 없이 휩싸였을 때에만 나오는 행위이기는 했다. 그렇기 때문에 일본에서 키스는 오로지 섹스와 연관된 행위로만 남았다.

그렇다면 외국을 방문한 옛 일본인들이 얼마나 놀랐을지 한번 상상해보라. 엄마들이 아이들에게 키스하고 아빠들이 엄마들에게 키스하고 있다. 그것도 전부 사람들이 보는 앞에서. 정치가이자 교육자인 후쿠자와 유키치는 1860년 쇼군이 파견한 사절단의 수행원으로 미국에 가서 사람들이 키스하는 광경을 보았던 때의 놀라움을 일기에 적어놓았다.

정치가이자 외교관답게 후쿠자와는 자신이 보고 있는

것이 이문화의 현상이라는 것을 깨닫고 있었다. 서양인들이 서로 입을 무차별적으로 부비는 행위는 그를 충격에 빠트리지 않았다. 그는 이 행위를 당시 미국인들이 에스키모가 자기네끼리 코를 비벼대는 것을 관찰했듯 그렇게 보아넘겼다.

빠르게 근대화하던 일본에 수입되던 해외 풍습 중 키스는 포함되지 않았다. 하지만 키스는 서양 세계의 워낙 중요한 습관이었기 때문에 그럼에도 계속해서 일본에 비집고 들어왔다. 일본어로 번역되던 서양의 근대 소설이 그 좋은 예다. 도널드 킨(1922~2019, 미국의 저명한 일본학자—옮긴이)은 에드워드 리턴(1803~1873, 『폼페이 최후의 날』로 유명한 영국 작가—옮긴이)의 소설 『성실한 맬트래버스Earnest Maltravers』의 초기 일본어 번역본을 그 예로 든다. 이 소설은 당시에 어울리게 『화류춘화花柳春話』라는 제목으로 번안되었다.

책에는 주인공이 "그 산호색의 입술에 키스할 수만 있다면" 얼마나 좋을까 하고 말하는 구절이 있다. 번역가는 틀림없이 한동안 고민을 거쳐 이 구절을 "당신의 붉은 입술을 한번만 핥을 수 있다면"이라고 옮겼다. 사전에는 이미 '키스'라는 단어가 존재했음에도, 이 번역가는 굳이 '히토나메ー舐め'(글자 그대로 한 번 핥는다는 뜻)라는 단어를 택했다. 그래도 키스보다는 핥는 것이 덜 남사스러운 행동이라고 생각했을 것임에 틀림없다.

소설 속에서는 키스 직전, 산호색 입술의 주인공인 앨리스가 "얼굴을 손으로 가렸다"라고 되어 있다. 그러나 일본어판에서 앨리스는 "소매로 얼굴을 가리고는 무언가 말을 하고 싶었으나 할 말을 찾을 수 없었다". 키스할 뻔했던 상황에 너무 놀랐기 때문일 것이다.

또 하나의 사례로는 초기 에디슨의 영화 「미망인 존스 부인The Widow Jones」에서 메이 어윈과 존 라이스의 키스신을 들 수 있다.(영화 최초의 키스 장면으로 알려져 있다.—옮긴이) 이 긴 포옹 장면은 1886년 뉴욕에서는 별다른 반응을 불러일으키지 않았지만 1887년 오사카에서는 센세이션을 일으켰다. 영화는 대단한 히트작이 되어 사람들이 이 엄청난 장면을 보려고 구름처럼 몰려들었다고 한다. 그 소식을 듣고 경찰도 출동했는데, 벤시弁士(변사. 초기 일본 영화 산업의 해설자이자 통역자)가 키스는 서양에서 흔한 인사법이라고, 이 사람들은 그냥 인사하고 있을 뿐이라고 설명해서 가까스로 소동을 면했다고 한다.

그러나 얼마 지나지 않아 키스를 공공장소에서 보여주는 행위는 더 철저하게 비난의 대상이 되었다. 심지어는 법에 명시한 위반 사항이 되어 공공장소에서 '저지르면' 벌금이나 구류의 처벌을 받을 수 있었다. 도대체 어떤 사건이 있었기에 이렇게 키스에 관한 법률 규정까지 필요해졌는지에 대해서는 기록이 남아 있지 않다. 하지만 이 규정은 1920년대 초부터 1945년까지 효력을 발휘했고, 결국에는 미군정에 의해 폐지되었다.

이 규정은 효력을 발휘하던 동안에도 물의를 빚곤 했다. 1930년대에 로댕의 유명작 「키스Le Baiser」의 전시를 앞두고 유명한 사건이 있었다. 완전히 발가벗은 남녀가 키스하고 있는 모습을 조각한 작품이다. 경찰이 신속히 개입해 전시를 금지시켰다.

93   일본 당국은 이런 노골적인 조각이 대중 앞에 버젓이 전시될 거라는 사실에 발칵 뒤집혔다. 프랑스 당국은 이게 전시되지 않을 것이라는 사실에 발칵 뒤집혔다. 외교적 압력이 쏟아졌고 경찰 당국이 직접 해결책을 제시했다. 사회평론가 시바 긴페이(1903~1996)에 따르면, 일본 당국은 누드의 전시를 물론 허용할 수 있다고 했다. 그러니까 조각의 머리 부분만 어떻게 좀 가리면, 예를 들어 천으로 둘둘 감싸면 전시를 해도 괜찮지 않겠냐고 했다는 것이다.

결국 로댕의 이 작품은 태평양전쟁이 끝나고서야 전시될 수 있었다. 지금은 도쿄 우에노의 국립 서양미술관 앞 광장에 영구 전시되어 누구라도 볼 수 있다. 그렇다고 해서 일본에서의 키스가 완전히(서양의 관점에서) 정상화되었다는 뜻은 아니다.

정말이지 키스는 아직 가까스로 절반쯤만 받아들여진 습관이다. 그 증거로 일본에서 키스가 영화를 통해 공공장소에서 처음 선보였을 때의 혼돈을 떠올려보자.

물론 전쟁 전에는 외국 영화의 키스신들이 일상적으로 편집되곤 했고, 이는 영화 관람의 연속성에 커다란 위협이 되었다. 주인공 남녀가 서로의 눈을 그윽하게 바라본다. 두 사람은 점점 더 서로에게 가까이 다가간다. 그러다가 별안간 두 사람 사이가 잡아채듯 확 떨어진다. 어찌나 갑자기 잡아채는지 이빨이 흔들리지 않을까 걱정될 정도다.

그러나 전쟁이 끝나고 1945년 이후가 되면 서양의 개방적인 문화가 일본에 빠른 속도로 퍼지면서 키스의 시대가 열렸다. 1946년에는 다이에이 영화사가 '일본 영화에서의 첫 키스신'을 기획한다. 키스신은 「어느 날 밤의 입맞춤或る 夜の接吻」이라는 아주 적절한 제목의 영화에 삽입될 예정이었다. 하지만 막판에 영화사는 겁을 먹었다. 감독은 여배우가 결정적 순간에 부끄러운 듯 우산을 펼치게 함으로써 이 중요한 장면을 얼버무렸다.

첫 키스신의 영예는 결국 같은 해 쇼치쿠 영화사의 「스무 살의 청춘二十歲の靑春」에 돌아갔다. 이 영화에서는 부끄러움 없이 입술을 포개는 제대로 된 키스신이 나온다. 이 장

「스무 살의 청춘」의 키스신

면이 일으켰던 센세이션을 보면 일본에서 키스가 그때까지도 얼마나 낯선 일이었던가를 가늠할 수 있다. 언론에서는 오로지 키스신만을 언급했다. 그 키스는 '단지 상업적인' 것인가 아니면 '예술적 동기에서 비롯된' 것인가? 촬영은 '위생적으로' 이루어졌나? '성적인 욕망'이 관련되어 있나? 그리고 '일본적인가 일본적이지 않은가'?

모두가 수긍하는 답은 찾을 수 없었지만 대부분 그것이 위생적이지 않다는 데에는 동의했다. 얼마 지나지 않아 영화의 키스신들은 모두 가짜로 이루어졌고, 가짜라는 것을 알아차릴 수 없는 각도에서 촬영되었다. 그렇게 하기 어려운 상황에서는 배우들의 입술에 위생 처리된 거즈를 포개놓고 이 더러운 작업을 치렀다.

키스는 어쩐지 완벽히 일본적이지 않다는 느낌이 지금까지도 여전히 대중오락에조차 존재한다. 전후 시대 일본인이 온전히 마음 놓고 받아들였던 단 하나의 키스신이 '외국 배우'들의 키스신이었다는 사실은 시사하는 바가 있다. 「현란한 복수絢爛たる復讐」(1946)라는 영화에 그 키스신이 등장한다. 외국 이야기라는 설정 아래서 긴 키스신이 화면에 펼쳐진다. 배우들이 모두 외국인 역할을 연기하고 있었으므로 전혀 문제가 되지 않았다. 배역에 충실하게 입술을 서로 오래도록 포개고 있어도 괜찮았다.

이러한 차별은 계속된다. 예를 들면 일본어에는 '키스'에 꼭 들어맞는 온전한 단어가 있다. 셋분接吻이 그것이다. 그러나 이 단어를 실제로 사용하는 사람은 매우 드물다. 키스를 굳이 언급해야 할 일이 있으면 일본의 젊은이들은(키스를 실제로 하는 다수 그룹이다) '킷스キッス'라고 말한다. 영어를 사용하면 거리를 둘 수 있기 때문에 정화되는 느낌이 있다. 이것은 일종의 완곡어법이다. 마치 화장실을 손 씻는 곳手洗い이라고 부르는 것과 같다.(모든 언어에는 그런 장치가 있다.) 이는 어쨌든 표현할 수 있는 단어가 필요하기는 하지만, 그 단어가 가리키는 행위가 그다지 사회적으로 용인되고 있지 않다는 뜻이다.

일본에서는 키스를 괴상쩍게 여기는 반면 서양에서 그렇지 않은 이유는 서양이 키스에 대해 문화적으로 훨씬 더 많은 축적을 해왔기 때문이다. 서양은 키스라는 행위를, 말하자면 길들여왔다.

서양에서는 누구에게나 키스한다. 어머니, 아버지, 형제, 자매, 아내, 아이들—키스가 허용되지 않는 사람은 없다. 그러나 일본에서는 여전히 키스를 섹스에 따르는 이국적인 부속물 정도로 본다. 공공장소에서 커플이 키스한다는 것은 공개적으로 전희에 몰두해 있는 것이나 마찬가지다. 그렇다면 기차역이나 공항 로비에서 엄마에게 하는 키스가 어떻게 보이겠는가.

그렇기 때문에 일본에서 키스가 수행하는 사회적 역할은 매우 제한되어 있다. 일본의 키스에는 애정도 존경도 슬픔도 위안도 혹은 서양에서 갖는 그 어떤 의미도 담겨 있지 않다. 단 한 가지 의미만을 가질 뿐이고, 그것이 키스를 둘러싼 모순된 감정들이 존재하는 이유다.

일본을 말하다

JAPAN :

1984

A DESCRIPTION

99 일본은 문을 통과해 들어가야 한다. 명확하게 입장하는 순간이 있다. 도리이鳥居 게이트 아래를 지나 신토의 신사에 들어가는 것과 같다. 바깥이 있고 그렇기 때문에 안쪽이 있다. 일단 안쪽—신사의 안쪽, 일본의 안쪽—으로 들어오고 나서의 경험은 바라보는 방식에 대한 새로운 자각에서 시작한다.

안으로 들어오면 진지하게 관찰해야 한다. 당신은 신사의 정원에서 바위와 나무를 바라본다. 아, 자연이로구나, 하고 발길을 돌리다가 문득 멈춘다. 당신은 방금 바위와 나무가 누군가에 의해, 일본인의 손에 의해 거기 놓였다는 사실을 깨달았다. 그러면서 새로운 생각이 떠오른다. 일본의 자연은 있는 그대로의 모습이 아니라, 누군가에 의해 만들어진 자연이다. 거기서 새로운 법칙이 탄생한다. 자연스럽다라고 하는 것은 자연스럽게 보이도록 만들어졌기 때문에 비로소 자연스럽다.

이는 일본 바깥의 문화권에서 온 우리에게는 뜻밖의 법칙이다. 일본의 세계관은 의인화되어 있다. 거기에는 아무런 부끄러움도 없고 당당함만이 있다. 일본의 신들은 인간적이고 신들을 둘러싼 신화는 소박하다. 만약 우리가 일본의 풍경을 신비롭게 느낀다면 그것은 우리가 그러한 소박함을 신비롭게 생각하기 때문일 따름이다. 서양에서는 이토록 원인과 결과가 분명한 일은 눈에 잘 띄지 않게 되어 있다. 다시 한번 도리이 게이트를 바라보라. 받치고 있는 것과 그 위에 올려져 있는 것, 그게 전부다.

관찰하고, 인식하고, 그리고 그것을 통해 이해한다. 이런 과정은 당연하게도 일본뿐 아니라 어디를 가도 겪게 된다. 하지만 일본의 풍경은 그 평범한 겉모습 때문에 관찰하고자 하는 욕구를 강하게 불러일으킨다.

건축물들을 보라. 바닥 모양이 공간을 규정한다. 바닥으로부터 솟은 기둥이 대들보를 지탱하고 있다. 대들보 위에는 지붕이 전체를 품고 있다. 거기 숨겨져 있는 것은 아무것도 없다. 전통적으로 허울 따위는 없다. 이세신궁伊勢神宮을 생각해보라. 잘라 다듬은 목재, 왕골, 그 사이를 채우는

100

공기―그것이 전부다.

공간적 단순함은 일시적인 것이기도 하다. 이세신궁은 언제부터인지도 알 수 없는 옛날부터 20년을 주기로 허물었다가 똑같은 모양으로 다시 지어진다. 이러한 주기의 반복은 불멸성에 대한 더 단순한 해답이라는 점에서 피라미드와 비슷하다. 똑같이 다시 만들면 시간의 흐름은 잊힌다. 이세신궁은 100척 넓이의 공간과 20년 주기의 세월로 영원을 구현하는 방법을 보여주고 있다. 우리는 지금 거기 있는 것을 볼 따름이다. 그리고 그 뒤로 어떤 불멸의 원칙이 어렴풋이 엿보인다.

자연을 이루고 있는 것은 우주의 법칙들이다. 하지만 일본에서는 누군가 자연을 관찰해서 그것을 구현하지 않는 한, 자연 스스로 그 법칙들을 드러내 보이지는 않는다. 일본의 정원은 그 안에 있는 모든 것을 움직여서 배치하기 전까지는 자연스럽지 않다. 꽃 역시 꽃꽂이를 통해 배열되지 않으면 자연스럽지 않다. 하늘과 사람과 땅(천지인)―이것이 꽃꽂이를 이루는 전통적인 구조이지만, 이 중에 하늘과 땅이 만나도록 적극적인 중개 역할을 하는 것은 사람이다.

그리고 가지와 잎과 꽃에만 배치가 필요한 것이 아니다. 그 사이에 존재하는 여백에도 배치가 필요하다. 빈 공간도 면밀히 계산된다. 건축에서도 그렇고, 정원에서도 그렇고,

예절에서도 그렇고, 일본의 언어 자체에서도 그렇다. 일본인들은 가지 사이의 틈을 관찰하고, 기둥 사이의 공간을 관찰한다. 이들은 언제 대명사를 생략해야 할지, 언제 침묵을 지켜야 할지도 잘 알고 있다.

여백도 그 자체의 무게를 가진다. 빈 공간과 채워진 공간 (음과 양) 모두의 무게를 가늠해야 비로소 천의무봉의 인생이라고 하는 전체 그림을 이해할 수 있다. 세상에 서로 반대되는 것이라고는 없다. 고대 그리스 사람들(헤라클레이토스)은 이 사실을 알고 있었다. 하지만 서양에서는 이를 잊고 있다가 이제야 기억해내기 시작했다. 아시아에서는 이 사실이 잊힌 적이 없다. 일본은 항상 기억하고 있었다.

진정으로 반대되는 개념들이란 없다고 한다면, 인간과 자연은 서로를 구성하는 일부분이다. 정원에서 바라보면 집은 풍경의 일부분이다. 전통적인 지붕은 들판에서 무성히 자라고 있는 왕골로 만들어져 있다. 집은 나무로 만들어졌고, 바닥은 볏짚으로 만들어져 있다. 바깥의 재료가 안으로 들여져온 것이다.

정원은 집의 연장이다. 정원의 수풀은 방 안쪽 벽에 놓인 꽃꽂이를 확장한 것이다. 땅값이 너무 올라 정원이 드물어진 지금도 이러한 강박은 이어진다. 문앞에 있는 한줌의

102

땅에는 작은 나무나 꽃이 피는 덤불을 심는다. 그조차 불가능할 때는 작은 다다미 방의 한켠에 꽃 한 송이가 핀 어린 가지가 놓인다.

왕골이나 볏짚은 이제 집 짓는 재료로는 거의 사용되지 않지만 이를 사용했던 지붕이나 다다미의 형태는 계속된다. 인공적인 자연이 자연의 일부가 되어 공생관계가 지속된다. 서로 반대되는 것들이 사실은 하나라는 이상이 지금도 여전히 존재한다.

정원은 야생 상태의 있는 그대로가 아니다. 야생을 아름답다고 여기는 것은 낭만주의자들뿐인데, 일본인들은 낭만주의자가 되기에는 너무 실용적인 사람들이다. 또한 정원은 기하학적인 추상화도 아니다. 그런 것은 고전주의자들이나 매력을 느낄 만한 것으로, 일본인들은 이성적인 고전주의자가 되기에는 너무도 감정에 충실한 사람들이다. 정원은 자연을 재창조하기 위해(일본인들은 '드러내기 위해'라고 한다) 만들어진다. 있는 그대로의 자연이란 원래 존재하지 않는다.

이러한 패러다임을 생각해보자. 일본의 오래된 료칸에서는 아침에 일어나 목욕하러 갈 때의 당신은 보이지 않는 존재다. 아무도 당신에게 인사를 건네지 않는다. 목욕을 마치고, 옷을 입고, 머리를 빗고, 준비를 마치면 그제야 사람들이 당신에게 인사한다. 가다듬지 않은 자연과 마찬가지로 가다듬지 않은 당신은 거기 있지 않은 것이다. 잘 꾸며진 정원이 자연스러운 것으로 인식된다. 보이지 않던 것들이 드러나고, 그 안의 모든 것이 그제야 '자연스러운' 배치를 이룬다.

한때 보이지 않던 자연의 소재들도 마찬가지로 이제야 진정으로 보인다. 그 전까지 소리 없던 것들이 이제는 '들린다'. 돌과 바위가 눈에 들어온다. 나무껍질, 잎사귀, 꽃과 같은 텍스처가 갑자기 드러난다. 이렇게 가공을 거친 자연으로부터 자연스러운 요소들이 눈앞에 떠오른다. 나무를 깎을 때도 나뭇결이 보이도록 놔두어서 자연의 형태를 강조한다. 조각의 대가 미켈란젤로가 말했던 것처럼 일본의 목수들도 나무 안에 숨겨져 있는 형태를 보는 것이다. 바위에도 결이 있기 때문에 석공들도 돌을 깎아내 그 안에 숨겨진 형태를 드러낸다.

"메이드 인 재팬"은 이제 너무나 잘 알려진 문구로, 그 대상이 실리콘 칩이나 트랜지스터와 같은 것에까지 확장되어 있다. 나무를 다듬거나 돌을 깎는 일과는 다르지만 만드는 과정에서 작동하는 강박은 비슷하다. 이는 "자연은 인간이 사용하기 위한 것이다"라는 암묵적인 생각이 지배하는 나라에서 그닥 놀라운 일이 아니다. 모든 것은 가공

104

되지 않는 원재료라는 생각은 무생물뿐 아니라 생물에도 적용된다.

자연을 가꾸듯이 인간의 본성 또한 틀에 넣어 다듬는다. 서양 사람들은 분재나 꽃꽂이나 마사지해 키운 소고기까지는 받아들일지 몰라도, 사람에게 이와 비슷한 방식을 적용한다는 생각은 받아들이지 않는다. 서양의 전통은 그러한 통제에 반발한다. 하지만 일본은 반발하지 않고 오히려 적극적으로 받아들인다.

일본에서 사회란 형성되는 것이다. 형성하는 것이 곧 사회의 기능이다. 일본인들은 사회란 비슷한 사람들로 이루어진 하나의 가정이라고 말한다. 가정에서는 개개인이 져야 할 의무와 책무가 있다. 만족스러운 삶을 살고자 한다면, 우리 손으로 만든 사회가 제대로 작동하기를 원한다면, 우리는 사회가 요구하는 규칙을 따라야 한다.

손가락 하나가 나뭇가지를 구부리듯이, 사회의 손이 개인들을 유도한다. 자연 그대로의 나무가 자연스럽지 않다고 여겨지듯이, 자연 그대로의 삶은 사회에서 쓸모가 없다. 따라서 일본인들은 불가피한 일에 대해 저항하지 않는다. 방법이 있을 때조차 '어쩔 수 없다'고 말한다. 이렇게 단순화된 삶을 통해 이들은 스스로 추구하는 바에 몰두한다. 추구하는 대상은 꽃꽂이가 될 수도 있고 젠禪 철학이나 검도가 될 수도 있다. 소니나 도요타나 혼다 같은 회사에서 일하는 것도 또 다른 추구의 대상이다. 회사생활도 추구의 대상이라고 할 수 있다면 말이다.

받치고 있는 것과 그 위에 올려져 있는 것. 일본 사회의 구조는 드러나 있다. 감춰져 있는 것이 거의 없다. 가장 눈에 잘 띄는 것은 최소 단위를 이루고 있는 요소다. 다다미 한 장의 크기는 어디를 가나 똑같다. 미닫이문에 바르는 후스마襖 종이의 크기도 같고, 장지문의 크기도 같다. 내 것이 남의 집에도 들어맞고 남의 것이 내 집에도 맞는다.

사회의 최소 단위는 나카마仲間라고 불리는 그룹이다. 한 사람에게는 가정, 학교, 친목 단체, 회사 등의 장소에 여러 개의 나카마가 있다. 안(나카)에 있는 사람들이 모여 그룹을 이룬다. 최소 단위인 나카마는 수많은 형태를 띠고 있고, 이것들이 모여 사회 전체를 이룬다. 자연의 일부이지만 가공되지 않은 것, 따라서 보이지 않는 야생의 것은 일본의 나카마 영역 바깥에 있다. 야생에는 나카마가 아닌 모든 구성원이 포함되어 있고, 거기에는 물론 우리 같은 가이진(외국인)도 있다. 서양에도 가정과 학교와 회사가 있지만 그 구성원들의 유대란 얼마나 연약하고 느슨한가. 서양에는 일본 사회와 같은 응집력도, 구조적인 촘촘함도, 디자인의 극적인 단순함도 존재하지 않는다.

일본이 로봇 같은 사람들의 나라라고? 꿀벌과 개미 같은 일꾼들의 나라라고? 일본의 기능적이고 실용적인 사회 구조를 떠올리거나, 변증법적 사고의 부재를 생각하면(일본에는 적극적인 이분법도, 선악도, 플라톤식의 이상향도 없다), 그렇게 여길 수도 있다. 하지만 이는 정확한 비유가 아니다.

가장 뛰어난 통찰력으로 일본을 관찰했던 작가인 커트 싱어(1886~1962)는 서양인들에게 한번 진심으로 일본의 관습에 따라 생활해보라고 권한다. "그러면 잘 작동하고 있는 인체 안에서 인간 감정의 기본 조건을 갖춘 하나의 세포로 산다는 것이 어떤 느낌인지 대번에 깨달을 것이다"라고 말한다.

어딘가 익숙한 이야기이지 않은가? 이것은 서양인들을 포함해 인류가 한때 모두 누리던 것이다. 개인과 사회 사이에서 조화를 이룬 상태 같은 것이다. 개인은 모두 사회의 제약 속에서 살아간다. 제약이 없다면 자유라는 개념을 어떻게 규정할 수 있겠는가? 일본에서 그러한 제약의 결과는 개개인의 순응이다. 각각의 가정과 각각의 개인은 서로 다르지만 동시에 본질적으로 모두 같다. 꽃꽂이에서 손이 꽃의 모양을 정할지는 몰라도, 꽃은 여전히 꽃이다.

일본은 불멸을 이루고자 하는 염원에서 이세신궁을 허물고 똑같이 다시 짓는 해결법을 택했다. 개인과 다수(서양

미닫이문 격자와 후스마 종이, 그리고 여백에 들어찬 풍경

식 이분법)라는 문제에 대한 해결법, 개인의 필요와 사회의 필요를 조율하는 문제에 대한 일본의 해결법은 일본인이라는 정체성 안에서 개인과 사회가 하나가 되는 것이다.

일본이 증명해냈듯 이 둘은 양립 불가능하지 않다. 개인이라는 존재와, 그 개인이 자신에게 주어진 사회적 역할을 수행하는 것은 분리되지 않는다. 집과 정원이 분리되지 않는 것과 마찬가지다. 나카마는 그 존재 이유가 사라졌을 때는 순식간에 해체되고, 필요해지면 순식간에 형성된다. 그런 면에서 일본을 관찰한다는 것은 새로운 사고방식을 이해하는 일이고, 그동안 모순된다고 여겼던 생각들을 받아들이는 일이다. 스스로의 만족을 위해 자연을 임의로 가공했던 일본인들은 이제 개인에게 자연스러운 삶이란 무엇인지에 대해 규정하고 있다.

자연스러운 삶이란 자연을 삶 속에 구현하는 것, 즉 현실을 만들어가는 것을 뜻한다. 일본인은 인간화된 신을 믿는 경향이 대단히 강하기 때문에 따라서 대단히 인간적이다. 이는 또한 일본인들이 호기심이 많고, 소유 본능이 강하고, 미신을 잘 믿고, 자의식이 강하다는 것을 뜻한다. 일본의 정원에 대한 개념 중에는 교토의 엔쓰사圓通寺 같은 곳에서 여전히 발견할 수 있는 샤케이借景가 있다. 흔히 "빌려온 풍경"이라고 번역한다.

엔쓰사의 정원은 울타리에서 멈춘다. 울타리 너머에는 열린 공간이 있다. 저 멀리에는 히에이산比叡山이 보인다. 산은 절에 속해 있지 않지만, 정원의 일부다. 자연을 다듬는 일본의 손은 정원 밖으로 뻗어나가 가장 멀리 있는 풍경을 정원의 일부로 만든다. 밖에 있는 모든 것은 손이 만드는 자연의 일부가 될 수 있다. 결국 세상은 전체가 자연스럽게 연결된 하나다. 보이는 사람에게는 그것이 보인다. 관찰하고, 사고하고, 이해하려는 자세가 되어 있는 사람은 볼 수 있다.

111

일본의 리듬

JAPANESE

1984

RHYTHMS

모든 문화는 자신만의 리듬을 갖는다. 낮과 밤을 나누는
방법이라든지, 언제 속도를 내야 하고 언제 늦춰야 하는지
같은 것들 말이다. 문화권 사이에 존재하는 리듬에 대한
차이 중에는 우리에게 익숙한 것도 있다. 북반구와 남반구
의 시간에 대한 관념은 잘 알려진 대로 크게 다르다. 예를
들어 남반구에는 시에스타라고 하는 유명한 낮잠 시간이
있어서, 대낮에 밤이 다시 한번 찾아온다. 남반구를 찾은
북반구 사람은 이러한 습관의 차이에 항상 놀라고 종종 불
편해하기도 한다.

동양과 서양, 오리엔트와 옥시덴트 사이에도 널리 알려
진 차이가 있다. 서양에서는 느린 속도를 긍정적으로 얘기
할 때는 여유롭다고 하고, 부정적으로 얘기할 때는 나태하

다고 한다. 이런 식의 차이에는 다들 익숙하다. 하지만 차이를 융화시키고 간극을 메우는 문화들에 대해서는 익숙지 않다. 그중 가장 눈에 띄는 것이 일본의 문화다. 일본에서는 서양식 리듬을 엄격히 적용하면서도, 그 아래에는 오랜 아시아의 맥박이 여전히 뛰고 있다.

밖에서 보면 일본인의 시간관념은, 예를 들면 불교 성지인 스리랑카의 칸디나 미얀마의 만달레이보다는 뉴욕의 방식에 가깝다. 근면이 몸에 밴 듯한 일본에서는 시간에 관해서라면 서양에서 중시하는 가치들이 지배하고 있는 것처럼 보인다. 효율성이나 민첩함, 즉각성 같은 가치들이 그렇다.

하지만 안에서 보면 훨씬 더 오래되고 전통적인 아시아의 리듬이 여전히 자리잡고 있다. 하루의 시간을 인식하는 새로운 방식이 있지만 예전의 방식도 존재한다. 그리고 일본의 수많은 다른 측면이 그런 것처럼, 이 두 방식은 시간의 별개 층위에서 공존한다.

서양에서는 사회적으로 성공하기 위해서라면 일찍 잠자리에 들고 일찍 일어나는 것을 마땅한 행동으로 여긴다. 그리고 많은 이가 스스로에 대해 일찍 자고 일찍 일어나는 부지런한 사람이라는 이미지를 갖고 있다. 일본인들은 이런 서양식 근면의 이미지를 받아들여 내면화했다. 스스로를 열심히 일하는 사람이라 여기고 일중독이라는 소리를 듣는 것을 칭찬으로 여긴다. 새벽에 일어나 사무실로 직행해서, 하루 종일 일하고 서둘러 집으로 돌아와 보람찬 내일을 위해 일찍 잠자리에 드는 리듬이 규칙처럼 되어 있다.

이것이 공식적인 규칙이기 때문에 공식적으로 받아들여진다. 그리고 명목상으로는 모두 퇴근하여 집으로 돌아갔으므로 버스는 밤 10시 반이면 운행을 멈춘다. 전철은 자정에 끊기고 30분 뒤에는 기차도 멈춘다. 거리낌 없이 밤을 새는 올빼미족들의 도시인 뉴욕이나 파리와는 달리, 일본의 대중교통은 밤새 운행하지 않는다.

하지만 에도 시대에 그랬던 것처럼 지금의 일본 또한 자정이 되어도 거리에 사람들이 넘쳐난다. 유흥가에는 자정을 훨씬 넘긴 시간에도 사람이 가득하다. 이들은 보람찬 내일을 준비하기 위해 집에서 쉬지 않는다. 택시를 타고 돌아다니며 유흥가를 전전한다.

일본인들은 새벽에 일찍 일어나지도 않는다. 특히 요즘에는 많은 사람이 아침 10시가 되어야 출근한다. 10시는 미얀마의 양곤에서 시장이 열리는 시간이기도 하다. 물론 일찍 출근하는 사람도 있다. 아침에 가장 먼저 사무실에 나오는 행위는 일본 사람은 대단히 근면하다는 현대인들의 생각을 뒷받침해주기도 하고, 또 그런 생각을 형성하는 데

일조하기도 한다.

　가장 늦게 퇴근하는 행위도 그렇다. 자기 업무는 끝났을지라도 동료들과 사무실에 남아 있어야 한다. 그룹의 일원이라는 점이 중요하기 때문에, 혼자만의 이기적인 일정을 위해 서둘러 퇴근하는 행위는 눈살을 찌푸리게 만든다. 그렇게 하기보다는 조직의 시간표에 맞추어야 한다. 그러나 사무실에 남아 일을 열심히 해야 하는 것은 전혀 아니며, 남아 있다는 사실이 중요하다.

　현대 일본의 회사원들이 어떻게 하루를 보내는지 자세히 관찰해보면, 시간을 다루는 현대의 방식과 전통의 방식에 어떤 차이가 있고 또 이 둘 사이에 어떤 교집합이 있는지 알 수 있다.

　현대식으로 아침 일찍 우르르 출근하고 나서 일과가 실제로 시작되면, 시간은 곧 전통의 방식으로 바뀌어 흐른다. 수많은 대화가 이뤄지고, 차를 마시기 위한 수많은 휴식 시간이 있고, 요즘에는 사방에 널린 커피숍을 시도 때도 없이 찾아 더 많은 대화를 나눈다. 대화의 주제는 서양식의 좁은 기준으로 규정한 업무에 국한되어 있지 않다. 그보다는 대화를 나누는 행위를 통해 업무상 친목을 도모한다고 해야 할 것이다. 직원들 사이의 인간관계를 돈독히 한다는 중요한 목적을 띠고 있으므로, 친목 대화 또한 엄연한 업무다.

그렇기 때문에 일본의 직장인들이 서양에서 업무라고 부르는 것 자체에 쏟는 시간은 생각보다 훨씬 더 적다. 일본의 그 악명 높은 업무 효율은 시간에 관한 얘기가 아니다. 일본의 효율은 조직 내 갈등이 없다는 사실과(조직 내 경쟁은 넘쳐나지만), 미국인들과 대부분의 유럽인으로서는 거의 이해가 안 될 정도로 일본인들이 사상적 단결을 한다는 데서 힘을 발휘한다.

이는 주로(혹은 단순히) 같은 사람들이 한 팀으로 하루종일, 매일매일, 수년에 걸쳐 함께 일할 때 유용하다. 그룹을 형성하고 유지하는 데 도움이 된다. 긴 업무 시간 끝에 마침내 퇴근할 때에도 마찬가지다. 그 누구도 혼자 먼저 퇴근해서 팀 내 단결을 깨고 싶어하지 않기 때문에 모두 동시에 퇴근한다. 그러고는 곧 작은 그룹으로 나뉘어 각각 시내에 있는 술집으로 바로 향한다. 거기서 전통적으로 일본에서 그렇게나 중요시하는 친목을 더욱 돈독히 한다.

승진을 지향하는 일본인 남자 직원이라면 일찍 잠자리에 드는 것은 포기했더라도, 운이 좋으면 집에 가는 막차를 탈 수는 있다. 사무실 동료와 밤을 함께 보내야 하는 일도 심심찮게 생긴다. 그럴 때면 집에 있는 아내는 이 또한 남편이 따라야 하는 시간의 리듬이라고 여기고 받아들인다.

실제 업무 시간에 따라 낮과 밤이 나뉘는 곳에서라면(예를 들어, 잘 모르겠지만, 시카고), 시간의 패턴이 일본인들이 그토록 자랑하는 근면의 이상에 훨씬 더 가까울 수도 있으나 일본의 현실은 다르다. 일본의 시간은 방콕이나 자카르타를 포함해 아시아 전반에서 생각하는 시간에 가깝다. 아시아에서는 시간은 함께 보내는 것이라는 전제가 깔려 있다.

그래도 일본처럼 시간 관리에 철저한 문화권에서("시간은 돈이다"와 같은 글을 액자에 넣어 사무실 벽에 걸어놓곤 한다) 낭비되는 시간의 양은 놀라울 정도다. 이 또한 아시아 문화의 뿌리와 연관이 있다.

117 　약속 시간을 잡는 행위를 예로 들어보자. 서양의 요란한 비즈니스 세계에서 시간을 지킨다는 것은 신성불가침의 원칙이다. 실제로 그만큼 시간을 잘 지키냐 하면 그것은 별개의 문제지만, 시간을 지키는 것이 바람직한 일이라는 생각에는 모두 동의한다.

아시아에서는 그렇지 않다. 아시아의 대도시에서 비즈니스를 하다보면 기약도 없이 기다려야 하는 일이 종종 발생한다. 서양식 시간관념을 따르는 듯 보이는 일본에서도 예외가 아니다. 당신의 그룹에 속하는 사람을 만나기로 약속했다면 늦어도 된다. 그 사람은 당신을 기다려준다. 그룹에 속하지 않은 사람을 만나기로 약속했다고 해도 역시 늦어도 된다. 그 사람을 만나느냐 마느냐가 크게 중요하지 않기 때문이다.

일본인들은 만남에 있어 공간에 관해서라면 매우 효율적이다. 잘 알려진 만남의 장소들이 있다. 도쿄에서라면 긴자 와코 백화점 입구라든지, 롯폰기의 아몬드 커피숍이라든지, 시부야의 하치코 동상 앞에서 만난다. 하치코는 죽은 주인을 수년 동안이나 하염없이 기다린 충성스러운 개의 이름이다.

기다리는 일본인들은 대부분 하치코의 입장에서 기다린다. 제시간을 지키는 사람을 보기란 흔치 않다. 제시간에 도착하거나 상대를 기다리는 사람은, 을의 입장에 있거나 (일본에서는 항상 여자가 남자를 기다린다, 반대의 경우는 없다), 상대가 늦는 데서 뭔가를 얻기를 원하는 사람이다. 시간이 돈인 것은 맞지만, 약속을 잡는 데 들이는 공에 비하면 일본에서 시간을 지키는 데 적용하는 잣대는 파리나 런던보다는 우즈베키스탄의 사마르칸트에 가깝다. 그래도 여전히 의문은 남는다. 시간을 중시하는 나머지 그토록 세밀한 단위로 나누어 관리하는 일본이, 어쩌면 그토록 시간을 거리낌 없이 낭비할 수 있는가?

그것은 낭비되는 것이 본인의 시간이 아니라, 자기가 기다리게 만든 이의 시간이기 때문이다. 본인은 항상 시간에 쫓긴다. 그래서 약속에 늦는 것이 아니겠는가.

동상 앞에서 하치코를 추모하는 사람들

일본에서처럼 시간 관리에 대해 유난스럽지 않은 서양에서는 만약 한 시간 정도 상대를 기다리는 일이 생기면 모욕을 당했다고 느낄 것이다. 하지만 일본인의 다수는 상점 앞에서, 커피숍에서, 개 동상 앞에 서서 기꺼이 한 시간을 기다린다.

어쩌면 이것이 동양과 서양의 시간관념 사이에 존재하는 가장 큰 차이가 아닐까? 아시아에서는 시간에 도덕적 관념이 들어 있지 않고 무기로 사용하지도 않는다. 시간 자체로는 선도 아니고(근면, 효율) 악도 아니다(나태, 약속에 늦는 것).

120

그보다 시간은 우리가 숨 쉬고 있는 공기처럼 영속적으로 존재하는 물질과도 같다. 아시아에서는 시간과 함께 자연스럽게 살아가기 위해서는 시간을 의식하면 안 된다고 생각한다. 일본은 비록 고도로 현대화되었음에도 여전히 이런 오래된 전통을 따른다. 회사에서 흐르는 분초와 사무실에서 보내는 시간의 아래를 파고 들어가보면, 거기에 확고하고도 영속적인 시간 그 자체가 있다.

워크맨, 망가, 사회

WALKMAN,

1985

MANGA AND
SOCIETY

소비자 산업이 발달한 일본에서도 가장 성공한 제품 중 하나가 워크맨이다. 이 기계를 모르는 사람은 거의 없겠지만 워크맨은 휴대용 라디오나 카세트 플레이어에 이어폰이 달려 있는 기계다.(파나소닉, 산요, NEC, 소니와 같은 회사들이 각자의 상표를 내건 제품을 생산하지만, 소니의 상표인 '워크맨'이 이 기계를 가리키는 일반명사가 되었다.)

이름이 나타내듯 이 기계는 집이라는 사적 공간에서 사용하는 것이 아니다. 공공장소에서, 더 정확히는 걸어갈 때 혹은 어쨌거나 이동할 때 사용하는 물건이다.

광고를 보면 워크맨의 장점은 다음과 같은 것들을 포함하고 있다. 외국어 어학 테이프를 들으며 시간을 유용하게 보낼 수 있다. 음악을 들음으로써 이동을 더 즐겁게 한다.

최신 뉴스나 요리 프로그램을 통해 정보를 얻고 새로운 것을 배울 수 있다.

그러니까 사람들이 워크맨에 열광하는 이유는 자기계발이기도 하고 즐거움이기도 하다. 제조업체들도 그렇고 워크맨을 낀 채 걷고 있는 사람들을 세워놓고 물어봐도 그렇고, 모두 이 두 가지 이유를 힘주어 말할 것이다.

그러나 워크맨을 끼고 있는 무수한 남녀를 바라보면 이런 질문이 생겨나지 않을 수 없다. 워크맨을 사용해서 얻는 장점보다 단점이 더 많을 수도 있지 않나? 워크맨이 인기를 끌고 있는 진짜 이유는 귀에 무엇을 입력하는가에 있는 것이 아니라, 무엇이 귀에 입력되지 않도록 차단하는 것에 있지 않을까?

이런 질문이 생겨나는 이유는 두 가지다. 첫째, 나는 워크맨으로 어학이나 요리 수업을 듣는 사람을 보지 못했다. 워크맨 이용자들은 매우 높은 데시벨의 팝, 록, 엔카를 듣는다. 둘째, 만일 나의 입력 차단 이론이 맞는다면, 워크맨은 또 다른 소비재인 망가와 같은 쓰임새의 역할을 하고 있다.

망가는 일본에서 어마어마한 인기를 누리고 있는 대중 만화책이다. 주간이나 월간으로 찍혀 나오는 만화 잡지 수십 종이 각각 수십만 부씩 팔린다. 망가는 혼자 읽는 것이지만, 그 행위의 공공성은 의미심장하다. 어디를 가더라도 기차와 전철과 공원 벤치에는 망가를 편 채 고개를 떼지 못하는 사람들로 가득하다.

망가에 열광하는 이유는 자기계발이 아니다. 생각해보면 망가는 이미 이렇게나 인기가 있으니 자기계발을 내세워 광고할 필요도 없다. 그리고 어쨌든 한편으로는 그토록 어이없고 현실 안주의 내용으로 가득하고, 또 한편으로는 그토록 폭력적이고 외설적인 내용 일색인 망가가 자기계발에 도움이 될 것이라는 생각도 터무니없다.

그 대신 사람들은 망가가 오락적이라고 한다. 적어도 내가 물어보았을 때 사람들은 망가에서 눈을 떼고 그렇게 대답한다. 망가는 재미있다(오모시로이面白い)고 말한다. 사람들은 진정을 담아 그렇게 말할지 몰라도 이것은 뻔한 거짓이다. 그러나 성과 없는 연구를 거듭하고 수차례나 노골적인 무시를 당하며 망가를 읽는 사람들을 붙들고 물어보던 어느 날, 나는 새로운 깨달음을 주는 답을 들었다. 바로 망가는 일종의 휴대용 텔레비전이라는 답이었다. 앉거나 서거나 무언가를 기다릴 때 큰 부담 없이 뇌를 바쁘게 할 수 있는 도구다.

이런 연결이 가능하다. 망가가 눈을 위한 것이라면 워크맨은 귀를 위한 것이다. 둘 다 입력의 차단이라는 온전히 부정적인 이유로 각광받는다. 이들의 가장 핵심적인 기능은 알고 보면 입력이 아니라, 말하자면 입력이 가져오는 효과라고 할 수 있다. 망가와 워크맨은 텔레비전과 마찬가지로 무언가로부터 사용자를 격리하고 차단한다.

그렇다면 무엇을 그토록 성공적으로 차단하고 있는 것일까? 그것은 바로 일상 그 자체다. 서 있고 앉아 있고 인파에 끼어 있는 사람들. 도시의 번잡함과 어수선함과 답답함. 시골의 공허함과 한적함. 꽉 차 있으면서도 동시에 텅 비어 있는 주변 환경. 망가의 세계는 현실세계를 차단하고, 현실세계보다 차라리 나은 사소한 시각적 세계를 제시해준다. 워크맨이 제시해주는 사소한 청각적 세계 역시 현실세계의 불협화음과 적막을 가려준다. 워크맨도 망가도 현실세계의 대체물일 뿐 아니라 현실세계로부터의 격리 상태를 만들어준다.

그 결과 일종의 대안 현실이 탄생한다. 그리고 워크맨과 망가의 인기로 가늠해볼 때 사람들은 현실세계보다 대안 현실을 선호한다. 이러한 도구들의 목표가 현실세계로부터의 격리라는 점에서 그 사용자들은 시청각적 탈퇴자라고도 부를 수 있다. 그러나 한편 이들의 효용은 현실세계로부터의 도피에만 있지 않다. 비록 결과는 보잘것없을망정 사람들은 이 도구들을 통해 더 살기 좋은 장소를 찾으려고 시도하고 있는 것이다.

1979년에 나온 소니 워크맨의 첫 모델

서양에서 여기에 해당되는 도구로는 마약을 들 수 있다. 서양과 비교하면 일본의 마약 문제는 아주 작다. 하지만 망가와 워크맨의 효과는 마약이 가져다주는 효과와 어느 정도 비슷한 면이 있다. 두 경우 다 현실세계가 차단되고, 중독되면 현실세계보다 환각으로 인한 가짜세계를 선호한다. 여기서 또 하나의 유사점이 있다. 망가와 워크맨도 중독된다. 대안 '현실'이 훨씬 더 즐겁기 때문이다. 각성 효과가 있는 마약과 진정 효과가 있는 마약을 잘 섞으면 그렇듯, 평화로운 균형점을 찾을 수도 있다.

워크맨과 망가가 단지 젊은이들의 유행이라고 말하는 것은 현상에 대한 아무런 답도 되지 않을뿐더러, 현상이 제시하고 있는 궁금증만을 더 불러일으키는 듯하다. 유행 fashion이란 그 자체로 곧 미래다. 가장 극단적인 선언을 하는 듯한 유행도 필요에서 발생한다. 유행은 또한 비판이기도 하다. 유행은 '시대에 어울리지 않는' 현상에 대해 목소리를 낼 때만 의미를 갖는다.

워크맨과 망가(그리고 파친코)의 계속되는 인기에서 우리는 은밀한 비판을 읽을 수 있다. 일본을 지독한 소비지상주의의 나라로 만들어버린 사람들, 자연이 지금처럼 착취상태에 놓일 때까지 고의적으로 '개발'해온 사람들, 부의 축적만이 가장 지고한 열망이라고 철저하게 가르쳐온 사람들의 행위에 대한 사회의 목소리라고 할 수 있다.

　예전의 일본 사회에도 개발업자와 축재가들이 없었던 것은 아니다.(다른 사회도 마찬가지고.) 다만 현대 일본에서는 이러한 사람들이 최상위의 통제권을 갖게 되었다. 미학적인 목표를 위해 바위를 이리로 몇 뼘 옮기고 대나무 숲을 저리로 몇 뼘 옮기는 사람과, 경제적인 목표를 위해 바위를 완전히 없애고 대나무 숲을 베어버리는 사람 사이에는 근본적인 차이가 없다. 두 사람 다 원래 그대로의 모습을 존중하지 않는다. 두 사람 다 사람의 손(더 정확히는 일본인의 손)을 거쳐야 창조가 이루어진다고 주장한다. 단지 두 사람의 영역이 다를 뿐이다. 정원사의 목표는 미학적인 만족이고 개발업자의 목표는 경제적인 만족이다.

　오랜 세월 일본에서 비판의 표현은 침묵을 통해 이루어졌다. 사람들은 비판할 일이 있으면 반응하기를 거부한다. 침묵의 비판이 내는 소리는 더 크다. 이러한 보이지 않는 비판이 바로 지금 여기에 있다는 생각이 든다. 일본의 젊은 세대는 입을 닫고, 눈을 망가에 몰입시키고, 귀에 이어폰을 꽂고, 모든 감각을 차단하고 있다.

무너져가는 문화적 내면화
THE COMING COLLAPSE OF
1991
C U L T U R A L
INTERNALIZATION

나를 태우고 집으로 가는 택시 기사가 수다를 떨고 있다.
일본인들이 흔히 외국인들과 나눌 법한 대화다. 어느 나라
에서 오셨어요? 결혼은 했나요? 언제 돌아가요?

　그러다가 그가 갑자기 이렇게 말했다. "미국인들이 열심
히 해주세요. 더 밀어붙이라고요. 정부나 대기업에서 일하
지 않는 나 같은 사람 형편이 더 나아지려면 그 수밖에 없
다고요."

　나는 순간 깜짝 놀랐다. 일본은 무척 획일적이고 뻔하게
느껴질 수 있는 나라다. 사람들은 이도저도 아닌 표정으로
관용적인 문구들을 내뱉는다. 그러나 택시 기사가 보여주
었던 것처럼 실제 일본 사람들은 그렇지 않다.

　일본은 동질화된 거대한 조직이 아니다. 다른 모든 곳과

마찬가지로 풍부한 개성이 존재한다. 하지만 그것이 눈에 잘 띄지 않는데, 내가 택시 기사에게 놀란 것은 그 때문이다. 그가 갑자기 눈에 띄었기 때문이다.

다양한 개성이 눈에 띄지 않는 이유는 일본 사회가(그리고 일본 사회의 대변인인 일본 정부가) 그게 눈에 띄길 바라지 않기 때문이다. 다이묘들의 초기 집권 시기부터 전후의 여러 내각까지, 일본 정부는 부모 역할을 하려 했고, 권위주의적이고, 독재적이었다. 다들 공공질서를 유지하고, 조화를 이루어내고 그들의 표현을 따르자면 혼란을 회피하는 작업에 공을 들였다.

그럴수록 그에 걸맞은 폐쇄적인 단결을 통해, 분열되지 않은 대오를 이루고 이견을 억누르려고 했다. 수세기에 걸친 도쿠가와 막부의 통치와 수십 년에 걸친 태평양전쟁의 군부 내각은 경찰국가에 다름 아니었다.

이들은 공개적인 억압을 통해 운영되었고 억압의 프로세스는 점점 더 고도화되었다. 수세기가 지나면서 노골적인 압력은 불필요해졌다. 도쿠가와 막부 통치하의 일본인들은 통치자들의 기대를 내면화하도록 끊임없이 요구받았다. 그렇게 하는 것이 화합과 평화의 나라를 만드는 길이라고 믿게 되었다.

이런 종류의 압력은 다른 나라에서도 관찰되지만 이토

록 노골적으로 드러나 있는 곳은 아마도 일본뿐일 것이다. 어디를 가도 압력의 흔적이 눈에 띈다. 역사의 유물이 여전히 일상의 표면을 뚫고 불쑥불쑥 나타난다.

간단한 예를 들자면 '시카타가 나이仕方が無い'라는, '할 수 없다 혹은 방법이 없다'라는 뜻의 표현이 여전히 일상적으로 쓰이고 있다. 반대로 사실은 '할 수 있다'라는 생각은 표현할 도리가 없는데, 사전적 반대말인 '시카타가 아루仕方が有る'(방법이 있다)라는 표현이 일본어에는 존재하지 않기 때문이다. 압력에 관한 다른 예들은 이것 말고도 넘쳐나며 훨씬 더 복잡한 것도 많다. 그 결과 형성된 것이 시민들에게 사회적으로 용납될 수 있는 선이 어디까지인지를 알려주는 문화적 내면화다.

국민이 국가의 공식적인 명령을 내면화하면(프로이트의 용어를 빌리자면 부모 역할을 하는 국가가 개인의 초자아가 되면) 사람들 사이에 의견의 경직화가 일어난다. 그러나 이는 유연하게 적용되는데, 그렇지 않으면 삶이 견딜 수 없는 것이 되어버리기 때문이다.

이러한 내면화는 보편적인 실용주의를 만들어내고, 어떠한 범주의 행동이라도 그것이 위협이 되지 않는 한 참아내는 태도를 키워낸다. 모든 일은 최종 결론이 나기까지 결론 없는 케이스 바이 케이스다. 사람들은 어디까지가 넘지 말

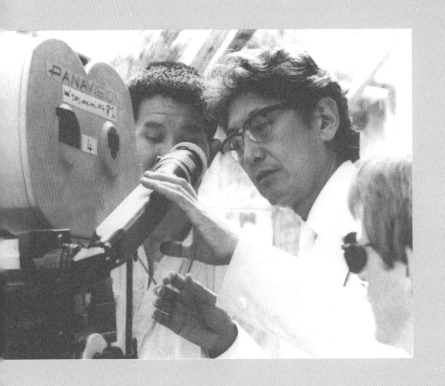

영화감독 오시마 나기사

아야 할 선인지 자연히 배운다. 그리고 위에 말한 택시 기사는 그 선을 막 넘은 것이었다.

선을 넘는 행위는 요즘 점점 더 자주 눈에 띈다. 물론 공공장소에서 속마음을 대놓고 말하는 일본인은 여전히 소수다. 나가사키의 용기 있는 시장이 바로 그런 소수였고(모토시마 히토시本島等는 시장 재임 중이던 1990년 천황의 전쟁 책임론을 주장했다—옮긴이), 그로 인해 그는 전체주의 사상을 신봉하는 극우단체의 총에 맞았다. 하지만 사적인 자리에서 심경을 토로하는 일본인의 수는 늘어나고만 있는 것 같다.

공적인 자리에 있지 않은 일본의 보통 사람들이 도쿠가와 막부식의 사고방식에 얽매이지 않고 마음속의 생각을 자유롭게 말하던 시기도 있었다. 영화감독 오시마 나기사는 두 시기를 언급한다. 하나는 19세기 중반 도쿠가와 막부가 무너진 직후 메이지 유신 초기이고, 또 하나는 20세기 중반 태평양전쟁의 막바지 시기다. 두 시기 모두 억압과 처벌의 주요 수단들이 붕괴된 상태였기 때문에 자유롭게 의견을 말하는 분위기가 형성되었다.

하지만 자유는 만만히 다룰 수 있는 물건이 아니다. 대부분의 사회는 혼란보다 타협을 선호하고 사람들은 평화를 원한다. 그렇기 때문에 이 두 시기가 지나고 나서는 다시 국가적 화합을 추구하는 정권이 들어서서 국민에게 충고와 가이드라인을 제시하기 시작했다.

일본이 이제 다시 개인적인 목소리를 밖으로 내는 것처럼 보인다면 그것은 아마도 문화적 내재화의 과정이 다시 한번 붕괴하고 있기 때문일 것이다. 일본은 지금 사회적 대변화의 시대를 지나고 있고 부모 역할을 하려는 옛 전체주의적 모델로는 거기에 대처할 수 없다.

그로 인해 나타나는 증상 중 하나가 최근 미일 관계에 나타나고 있는 균열이다. 빅브러더처럼 행동하는 정부와 기업, 경제적 실력만이 전부라는 생각, 편리함의 추구가 그럴듯한 국가적 목표라는 공감대, 발전은 예외 없이 모두 좋은 것이라는 착각이 그런 균열을 가져왔다.

이 균열의 결과이자 내면화의 붕괴의 신호로, 오로지 경제 발전만을 추구했더니 일부 심각하게 부정적인 결과를 가져왔다는 인식이 점점 더 커져가고 있음을 언론이나 사적인 대화에서 엿볼 수 있다.

요즘 일본에는 발전을 대놓고 반대하는 시민단체들이 있다. 이들은 더 이상의 상업지상주의적 세계 박람회를 거부하고, 골프장을 더 건설하는 것을 공개적으로 저지하려고 하며, 심지어는 땅을 개발할 수 없도록 자신들이 사들이기도 한다.

여기서 의식 있는 개인들이 아니라 의식 있는 단체들이 이런 일을 한다는 사실 또한 의미가 있다. 전체주의의 억압이 확실하게 남긴 교훈이 있다면 그것은 조직된 힘만이 또 다른 조직을 상대할 수 있다는 사실이다. 동시에 지금의 일본은 주류 모델의 방식에 동의하지 않는 이런 조직들이 존재하게 되었다는, 작지만 실감나는 혁명을 경험하고 있다.

일본에는 외세를 몰아내고 다시 한번 문화의 문을 걸어 닫고 싶어하는 옛 세력이 엄연히 존재한다. 엄밀히는 문을 활짝 열었던 적도 없지만(페리 제독은 겨우 문에 균열을 조금 내었을 뿐이다), 문을 완전히 닫는 것은 이제 불가능하다. 경제적으로 일본은 이미 세계의 일부를 이루고 있는 한 몸이다. 국가 간 무역 없이는 인구의 절반도 먹여 살릴 수 없고, 문을 걸어 닫은 채 무역을 할 수는 없는 노릇이다. 그렇기 때문에 정부 차원에서는 여전히 뒷걸음질 치려 하고 있지만 일본은 결국 다른 종류의 나라로 거듭나는 것 외에는 방법이 없다.

그 과정에서 일본은 많은 것을 잃을 것이다. 그러나 그중 상당 부분인 일본의 전통이라는 것이 이제 너무나 소외되고 변형되었기 때문에 그것이 더 이상 얼마나 유효한 개념인지 의문을 던질 수밖에 없다. 내면화 과정이 서서히 붕괴되어가면서 생각의 패턴과 문화적 전제 그리고 언어 자체도 변화하고 있다.

　나로서는 일본이 어떤 형태로 변화할지 짐작 가지 않는다. 어떤 일본 관찰자들은 형태는 변할지라도 정신은 남는다고 주장한다. 동네의 낡은 건물들을 허물고 나면 그 자리에 고층빌딩들이 다시 올라가지 않는가. 하지만 그토록 커다란 변화를 겪고 나서도 정신이 변함없이 유지될 수 있을까? 나는 뭔가 근본적인 것이 변하지 않을 수 없다고 생각한다.

　나는 또한 이것이 변화를 위해 치러야 하는 대가라고 생각한다. 그리고 지금 나라 안팎으로 가해지는 압력은 일본적 특성, 즉 두려움을 느끼도록 하는 개념적 틀이 여전히 건재하기 때문에 사람들이 대체로 자신의 목소리를 내기 어렵게 만드는 그 특성을 변화시키고 있다.

　어떤 종류의 일본인들이 목소리를 내기 시작할지는 더욱 모르겠다. 젊은 사람들일까? 그랬으면 좋겠다. 하지만 주변을 돌아보면 온순함을 강요하는 사회에서 자라난 젊은이들만 보이는 듯하다. 망가에 빠져 있고 게임에 중독된 청소년들이 이어폰을 낀 채 거리를 돌아다닌다. 예외에 해당되는 젊은이들도 물론 있겠지만, 어쩔 수 없이 눈에 더 띄는 것은 이런 지나친 온순함이다.

　분명한 의사표현을 하지 않고 불평도 하지 않는 대중이

135

야말로 모든 사회와, 따라서 모든 정권의 집단적인 소망에 대한 답이다. 그런 사회의 이상적인 시민들은 무조건적 화합이라는 이상에 모두 동의하고, 모두 소극적인 방식으로 기여한다.

하지만 대열에서 이탈하는 사람들이 보인다. 그리고 사람들이 전체주의적 방식에 의문을 던지면서 그 숫자는 점점 더 늘어날 것이다. 의식 있는 단체와 개인들(나가시마 오시마 감독, 나가사키 시장, 내가 탔던 택시의 기사)의 숫자와 목소리가 커져만 간다.

비움으로 채우는 공간

THE
1992
NOURISHING
VOID

프랑스의 철학자 롤랑 바르트(1915~1980)는 도쿄에서 처음으로 황궁 앞의 텅 빈 광장과, 가려서 보이지 않는 황궁과, 그 뒤로 펼쳐진 나무숲을 바라보고는 그의 책 『기호의 제국The Empire of Signs』에 이렇게 썼다. 도쿄에는 중심이 존재하지만 그 중심은 텅 비어 있다.

롤랑 바르트의 이 말에는 놀라움이 섞여 있었다. 바르트가 살던 유럽에는 중심이 비어 있는 법이 없었던 것이다. 하지만 그는 도쿄의 중심은 왜 비어 있고 그게 어떤 역할을 수행하는지 이해할 수 있었다. 텅 빈 중심은 곧 증발된 형태의 국가였다. 권력을 과시하기 위해서가 아니라, 그 비어 있음으로 도시의 모든 움직임을 지탱해주기 위해 존재해온 공백이었다.

공백으로 무엇을 지탱한다는 생각은 서양에서는 잘 찾아볼 수 없지만 아시아에서는 오랜 세월 동안 익숙한 개념이다. 일단 그 개념을 깨달으면 도처에 눈에 띈다. 옛 족자의 그림에도 있고 현대의 광고에도 있다. 왜 저렇게 빈 공간을 많이 놔둔 것일까? 왜 저 공백들을 채우지 않았을까?

공백을 채우지 않은 이유는 공백이 이미 공백 자체로 채워져 있기 때문이다. 공백이 구조적으로 전체를 받치는 역할을 한다. 족자 그림의 커다란 여백은 그림 속 조그만 다리를 건너는 아주 작은 사람을 뚜렷이 보여준다. 광고에서의 여백은 광고 아래쪽에 쓰여 있는 중요하고도 작은 문구를 강조해 보여준다. 두 경우 다 여백이 긍정적인 역할을 한다. 여백이 갖는 자체의 비중이 있고, 자체의 구체적인 무게가 있고, 자체의 존재감이 있다.

비어 있음에서 가득함을 보는 것은 창조적인 행위라고 생각한다. 아무것도 없는 무에서 무언가가 생겨난다. 그리고 일본은 전통적으로 비어 있음에 몰두하여 생겨나는 가득함을 통해 발전해왔다. 이 중요한 개념을 뒷받침해주는 사례는 많다. 아무것도 아닌 진흙은 넘쳐나지만 돈이 없다고? 그럼 중국이나 한국처럼 뛰어난 도자기를 만들어내면 된다. 집에 빈 공간은 많은데 가구가 없다고? 그럼 공간 자체의 미학을 살려 마間라는 개념을 만들어내면 된다. 일자리 없는 사무라이들의 시간이 남아돈다고? 그럼 행위를 의례화하고, 속세의 루틴을 고양시켜 투명하게 느껴질 정도로 만드는 공간, 즉 다도를 만들어내면 된다. 다도에서는 시간이 남아도는 손님들이 둘러앉아 공허함을 음미한다.

공허함을 찬양하는 일련의 문화는 다도로부터 탄생했다. 이는 세심하게 낡고, 과시적으로 가난하고, 요란하게 정갈한 식탁과 같은 형태로 드러난다. 와비侘び, 사비寂び와 같은 개념이다. 최소한의 재료로 만들고, 눈이 번쩍 뜨이는 단순함이 있다. 금이 간 항아리에 들꽃이 꽂혀 있는 모습이다.

이러한 발명은 비록 결과적으로 일종의 시크함을 불러일으킬지라도, 필요에 의해 생겨난 것이다. 아무것도 없는 무에서 무언가가 생겨나는 까닭은 필요하기 때문이다. 일본 목수들이 만드는 나무 상자는 텅 비어 있지만 나무의 결을 아름답게 드러낸다. 일본의 정원사들은 주변의 돌과 나무만을 사용해 빈 공간에 이상적인 무언가를 창조한다. 그들은 그것을 자연이라 부르지만 사실은 그들의 미학에 다름 아니다.

비어 있음은 다른 방식의 미덕도 될 수 있다. 젠의 고안公案(화두) 같은 경우, 비움을 위해 만들어진 수수께끼가 아

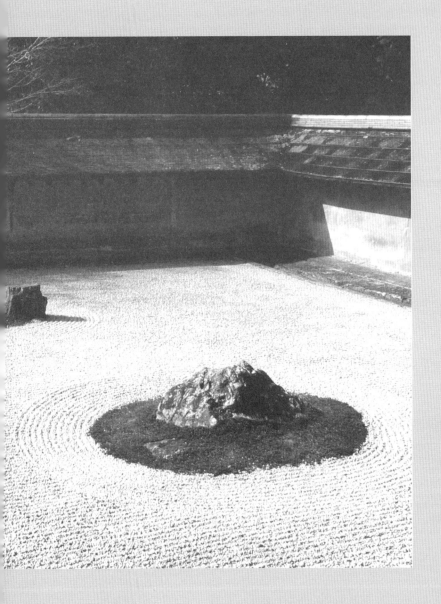

료안사의 정원

니면 무엇이란 말인가. 그 비움을 어떻게 채우는가는 당신에게 달렸다. 롤랑 바르트 자신도 이렇게 적었다. 젠은 의미를 흐리는 행위와 전쟁을 벌인다.

의미란 단 한 가지 뜻만을 완전하고도 영원히 부여하는 것이기 때문이다. 의미가 주어지면 그 전까지 난무하던 암시들은 침묵 속으로 사라지고, 의미는 닫혀버린다. 반면 비움은 공간을 열어둔다. 모든 가능성이 여전히 살아 있다. 의미는 이토록 풍부한 비움을 채워버리고 싶어한다. 여기저기 솟아나는 여러 뜻을 좇기보다 한 가지 뜻만을 선택하기 때문에 오히려 의미를 흐린다.

비움은 또한 찬양의 대상이 되기도 한다. 오즈 야스지로 감독의 영화를 보라. 그의 영화세계는 간소하기 그지없다. 집 안의 구조를 보여주는 프레임. 오로지 낮은 곳에서 바라보는 단 하나의 카메라 앵글. 스트레이트 컷만으로 이루어진 장면 전환. 플롯은 없고, 단선적인 하이쿠 같은 인과관계로 이루어진 장면들을 그저 중첩시켜놓았다. 오즈 영화의 장면들은 곧잘 텅 비어 있다. 인물들은 아직 등장하지 않았거나 이미 화면에서 떠났다. 카메라는 나른하고 어둑어둑한 방 안에 아무것도 꽂혀 있지 않은 평범한 꽃병을 물끄러미 바라본다. 그리고 우리는 그동안 참아왔던 감정, 영화를 따라오면서 피어난 감정으로 이 꽃병을 채운다. 비

어 있는 고안公案(화두)을 통찰로 채우듯 비어 있는 장면을
의미로 채운다.

　다도의 마지막에 손님들이 고개 숙여 인사하고 집으로
돌아가듯, 영화가 끝나가면 의미들이 흘러왔다가 사라진
다. 공간이 아닌 시간에 있어서 비어 있음의 풍부함이라고
할 만하다. 소멸의 불멸, 영원의 찰나. 사례는 넘쳐난다. 정
성 들여 이어붙인 깨진 찻잔, 손을 타서 변색된 은빛 차항
아리, 한순간을 영원히 박제하는 하이쿠. 모두 시간의 작용
그 자체로부터 만들어진 사물이다.

　일본에서는 사람들이 아직까지도 벚꽃에 열광한다. 열
광의 순간은 벚꽃이 활짝 피었을 때가 아닌 꽃잎이 흩날려
떨어지기 시작할 때다. 흩날림으로 상징화된 순간을 포착
하고, 눈앞에 펼쳐지는 그 소멸성을 대놓고 찬양한다. 비어
있음을 전통적으로 기렸듯 찰나를 축복한다. 비어 있음에
서 채움을 찾는 것은 참으로 창조적인 일이다. 그러나 채움
을 찾을 수 있기 위해서는 먼저 비어 있어야 한다. 그런데
이 풍부한 비어 있음이 꽉 차버리면 어쩌할 것인가?

　그와 같은 일이 현대 일본에서 벌어지고 있다. 이 글을
쓰고 있는 이 순간에도 비어 있음은 서서히 사라져가고 있
다. 전통적으로 비움의 미덕 위에 세워진 문명이 이제 채워
져가고 있다. 청빈의 이상은 부유함의 이상으로 바뀌었다.

줄곧 가난했던 일본은 제2차 세계대전이 끝난 이후 계속해서 더 부유해져왔다. 물론 부유해진 것은 국민이 아니라 일본 정부다. 하지만 구입할 수 있는 물건들을 눈앞에 잔뜩 쌓아놓으면 사람들을 청빈의 비어 있음으로부터 쉽게 꾀어낼 수 있다.

비어 있던 방은 이제 더 이상 비어 있음의 풍부함으로 가득 차 있지 않다. 그 자리를 채우고 있는 것은 텔레비전 세트, 테이프/DVD 플레이어, 카세트 데크, 냉장고, 가정용 컴퓨터, 전자레인지, 자동응답기 같은 물건이다.

144

시간도 넘쳐난다. 모두에게 민주적으로 배분되어 있는 시간은 더 이상 사색으로 채우는 창조적 공백이 아니다. 파친코나 명품 쇼핑이나 가라오케로 죽여야 하고 메꿔야 하는 대상이다. 창조의 나라가 소비의 나라가 되어버렸다.

이러한 소비지상주의는 일종의 도덕적 타락의 결과다. 필요를 창의적으로 사용하는 데서 생겨난 문화를 갖고 있는 나라를 머릿속에 그려보자. 이제 거기서 필요를 뺀다. 비어 있음이 더 이상 풍부함을 가져다주지 않는다면, 그것은 비어 있음이 더 이상 존재하지 않기 때문이다. 목공의 달인도 석공의 장인도 더 이상 존재하지 않는다. 다도와 꽃꽂이는 모두 비움의 축제에서 대형 비즈니스로 변질되어버렸다.

비어 있음에서 풍부함을 찾아내는 것으로 유명한 나라에서 왜 이런 일이 일어났는가. 내 생각에 그 이유는(여러 이유 중 하나는) 일본 문화가, 아마도 오랜 경쟁적인 성향 탓에 극히 실용적인 특징을 갖고 있기 때문이다.

일본에서는 모든 것에 그 쓰임새가 있다. 고유한 존재 자체로 존재하는 것은 없다. 자연은 정원이 되고 꽃은 이케바나生花가 된다. 이렇게 무언가 쓰임새를 창조하려는 충동이 극도로 강하다. 창조할 수 있는 물건이 많지 않고, 탐구적이며 실용적인 영혼이 솜씨를 발휘할 수 있는 재료가 흔치 않을 때, 마間가 생기고 다도가 태어난다. 요즘처럼 사용할 수 있는 재료가 점점 많아지면, 더 초라한 목적지인 소비의 방향으로 자연스럽게 향하게 된다.

비움의 세계가 과잉으로 인해 침몰하면서, 필연적으로 창의성의 일부도 함께 사라진다. 그리고 이 창의성이야말로 과거 일본적이라고 인식되었던, 그러나 빠르게 쇠퇴하고 있는 문화의 대부분을 만들어낸 특별하고도 귀중한 능력이다.

텅 빈 중심은 여전히 거기 있으나, 그것이 지탱하던 힘은 점점 약해져간다. 더할 나위 없이 투명하던 공백은 탁하게 변해버렸다. 새로운 롤랑 바르트가 지금의 일본을 처음 방문한다면 공백을 알아차리지도 못할지 모른다. 비어 있음이 사라지면서, 일종의 창의성도 함께 사라지고 있다.

친밀함 그리고 거리두기:
일본에서 외국인으로 산다는 것
INTIMACY AND DISTANCE:
1993
ON BEING A FOREIGNER
I N   J A P A N

에드워드 사이드는 이런 글을 남겼다. "자신의 문화적인 고향에서 멀리 떨어져 있을수록, 진실한 모습을 보는 데 필수적인 정서적 거리두기와 관대함이 가능해지기 때문에, 고향은 물론이거니와 더 나아가 세상 전체에 대해 판단하기가 쉬워진다. 또한 자기 자신의 문화와 이방의 문화에 대해서도 그러한 친밀함과 거리두기의 조합을 통해 훨씬 더 쉽게 평가할 수 있다."

나는 인생의 절반 훨씬 넘는 시간을 내 기준에서 보자면 이방의 문화에서 살아왔다. 더욱이 내가 살아온 이곳은 현지인과 이방인 모두 그 어느 나라보다 더 독특하다고 여기는 일본이다.

도쿄 우에노의 자택에서 촬영한 2006년의 도널드 리치.
그림 속 초상화는 나가이 가후의 수필집을 든
노년의 도널드 리치의 모습이다.

20세기 중반에 일본을 찾은 이방인, 특히나 낭만주의에 사로잡힌 미국인은 일본 문화를 더 가깝게 알고 싶다는 충동에 곧잘 빠져들었고, 그 충동은 고국으로부터 멀리 떨어져 있다는 사실로 인해 강화되었다. 즉 일본으로의 여행은 예전에 미처 알지 못하던 자신의 내면을 발견하기 위한 것일 뿐 아니라, 이미 알고 있던 세계로부터 벗어나기 위한 것이기도 했다. 일본에는 서양식인 듯하지만 사실은 겉모습만 서양의 것이 많아서 이러한 차이들이 극적으로 느껴진다. 신발가게에는 발에 신는 것이라고 생각지도 못했던 물건이 있었고, 목공소 안을 살펴보면 거기 있는 공구들은 대부분 모르는 것이었다. 서양식을 먹을 때도 알고 보면 거의 일본 음식이었다. 맥도널드에서는 심지어 한동안 떡을 팔기조차 했다.

한편으로는 새로운 해방감이 있었다. 이방인은 더 이상 고향의 관습에 구속되지 않아도 되었고 일본의 관습은 무시해도 괜찮았다. 사람들은 가이진外人이니 아무것도 모를 것이라 여겨 예외로 취급했기 때문이다. 이러한 해방감이 가져다준 자유로움의 근본은 자신을 제외한 주변의 모든 것이 "낯설다"는 점이었다. 그저 길을 걷기만 해도 자신의 존재가 주위의 모든 것과 확연히 달라 보인다는 사실에서 오는 자유로움을 누릴 수 있었다.

일본에서 외국인은 한 세기가 훨씬 넘도록 사람들이 쳐다보는 대상이었다. 일본을 방문했던 초창기 외국인들은 모두 응시의 대상이 되는 것에 대한 경험을 언급하고 있으며, 그런 일은 일본으로 외국인이 물밀듯이 쏟아져 들어오던 1980년대까지 줄곧 계속되었다. 외국인들은 사람들이 쳐다보는 데 익숙해지고, 처음에 느꼈던 성가심이 결국에는 욕구로 변한다. 일본인들이 속으로야 어떻게 생각했건 외국인들은 유명 인사와 같은 대접을 받았다. 파란 눈에 금발인 데다 키도 큰 나의 아내는 뉴욕으로 돌아갔을 때, 일본에 대해 그리운 것 중 하나가 길에서 사람들이 늘 자신을 쳐다보던 것이라고 말했다.

그러나 일본에 와서 조금만 있다보면, 일본인들이 한편으로는 거리를 두려 한다는 사실을 곧 알게 된다. 외국인은 도쿄의 롯폰기 같은 고급 거주지에 자기네끼리 모여 살도록 제안받는다. 외국인이라서 허용되었던 예외가 어느새 제약으로 느껴지기 시작하는 순간이다. 외국인은 일본에 더 가깝게 다가가고자 하나 일본은 거리를 유지하라고 넌지시 가르친다.(그리고 백인이 아닌 유색인종이라면 가르침은 훨씬 더 가혹하고 거리는 더 멀어진다.)

이 주제의 권위자인 알라스테어 레이드(1926~2014, 스코틀랜드의 시인이자 학자)는, 타국은 곧 또 하나의 자아라고 했다. 타국에서의 나는 다르다고 여겨지기에 나는 다른 사람이 된다. 한 사람 안에 두 개의 다른 자아가 생겨나는 것이다. 나는 오하이오 출신으로 리마의 작은 거리 바깥의 세상은 모르던 사람이었다. 그리고 지금의 나는 세계에서 가장 큰 도시인 도쿄의 거리를 속속들이 알고 있는 이방인이기도 하다. 따라서 나는 그 두 자아를 비교할 수 있다. 그리고 비교는 곧 창조의 행위이므로 나는 두 자아 모두에 대해 배워나간다.

그 과정에서 나는 신분과 계급이라는 편견으로부터 자유로워진다. 내가 외국인이라는 사실만으로도 이미 충분히 다르기 때문에 아무도 나의 신분과 계급까지 알고자 하지 않으며 나 역시 타인의 신분과 계급을 짐작할 수 없다. 이방인인 나에게는 항상 놀라운 것투성이고, 그러면 호기심과 나아가 지각능력이 민감하게 깨어 있게 된다. 나는 조각 맞추기 퍼즐을 하고 있는 어린아이처럼 끊임없이 조각들을 맞추며 아, 그렇구나, 라고 말한다. 혹은 내가 배우던 일본어로 나루호도なるほど(과연)라고 말한다.

새로운 언어를 배운다는 것은 실제로 새로운 자아를 만들어낸다. 말이 현실을 규정하기 때문이다. 처음 일본에 도착했을 때 나는 지성이 결여된 사람이나 마찬가지였다. 언어 소통이 불가능해서 어린아이나 동물처럼 상대방의 몸짓이나 의도나 표정으로부터 상황을 추측해야 했기 때문이다.

언어를 배우고 나서는 이런 원초적인 소통 수단으로부터 해방되었으나, 그 과정을 통해 다른 방식으로는 배울 수 없는 교훈을 얻었다. 구사할 줄 아는 언어의 수준으로 스스로의 존재가 격하되는 것은 부끄러운 경험이지만, 언어 말고도 다른 소통의 방법들이 존재한다는 것을 깨달았다.

외국 영화를 자막 없이 보는 것이 스토리를 이해하는 데는 별 도움이 되지 않더라도 영화의 만듦새에 대해 말해주는 바가 있듯, 일본어를 모르는 상태로 일본에 있다보면 소통의 과정에 대해 많은 것을 알게 된다.

내가 지금 하고 있는 이야기는 여행자나 타지 생활을 하는 이방인이라면 누구나 알고 있을 내용이지만, 그 정도와 차이는 어떤 타지의 어떤 문화냐에 따라 달라진다. 일본은 친밀하게 느껴지다가도 어느 순간 딱 잘라 거리를 두는 정도가 다른 나라들보다 강하기 때문에 이방인들을 깜짝 놀라게 하곤 한다. 일본은 여전히 은밀하기보다 노골적으로 외국인에 대한 혐오를 드러내는 나라다. 하지만 동시에 일본에는 외국인에 대한 혹은 적어도 외국인이 제공하는 상품에 대한 수요가 있다. 이는 양극을 오가는 변증법을 만들어, 외국인의 일본인에 대한 관점에 영향을 주는 만큼이나 일본인의 외국인에 대한 태도에도 영향을 준다.

일본인의 관점에서 외국인과의 이상적인 관계는 외국인이 일본에 와서, 필요한 볼일을 보고 다시 그들의 나라로 되돌아가는 것이다. 일본에 정착해서 살기를 선택한 외국인들은, 그 사실 자체가 일본인들에게 관심과 근심을 불러일으킨다. 내 고향이 어디인지에 상관없이, 고향으로 돌아가는 편이 좋지 않겠냐는 눈치를 주는 일이 얼마나 자주 있었던가. 이는 불친절함도 아니고, 나를 환영하지 않는다는 뜻은 더더욱 아니다. 일본인들은 자신들이 이방의 나라에 가 있는 상황을 상상하며 그런 반응을 보이는 것이다. 많은 일본인은 외국에 나가면 일본으로 돌아가길 원하고, 장거리 여행에 익숙지 않으며, 미소 된장국이 있어야 한다. 이들은 같은 상황에 처한 타인들이 다르게 행동할 것이라고는 생각지 않는다. 택시 기사들은 "어디에서 오셨나요?" 하고 묻는다. 내가 대답하면 기사는 다시 "그렇지만 고향에는 자주 방문하시죠, 그렇죠?"라고 반문한다. 내가 그렇다고 답하면 그제야 안도한다.

이렇게 어디에서나 존재하는 거리감을 생각하면, 많은 일본인이 겉으로 보여주는 친밀함은 두 배로 매력적이 된다. 그런 태도가 의도된 것은 아니라고 생각한다. 그것은 손님이 즐겁기를 바라는 진정한 욕구와, 대놓고 싫다고 말할 수 없는 문화 그리고 당신으로부터 이익을 얻기를 바라는 마음의 결과물이다. 그 결과 외국인은 비즈니스 협상에 서건 사랑에서건 영원히 애매한 상태로 남아 있게 된다. 이두 가지 상황에서 느끼는 감정이 똑같을 때가 있다. 나는어느 인수합병 전문가가 협상에 실패한 뒤 좌절하여, 아이러니하게도 이런 비유를 써서 불평하는 것을 들은 적이 있다. "나는 거기서 (나비를 기다리는) 꽃처럼 활짝 피어 있었지……"

홀로 외롭게 있는 사람, 일본어를 잘하지 못하는 사람, 일본 문화에서 어린 시절을 한 번도 보내지 않은 사람, 즉신참 외국인이야말로 친밀감을 가장 필요로 하는 사람이다. 그리고 친밀감은 종종 언제라도 곧 누릴 수 있는 것처럼 앞에 매달려 대롱거리고 있다.

이런 필요가 가끔 섹스의 형태를 띠고 나타난다는 것은악명 높은 사실이다. 방랑자들은, 방랑이라는 말이 암시하듯, 다른 사람들보다 성적인 관계를 더 많이 맺는다.(혹은맺고 싶어한다.) 이는 한편 해방감의 산물이기도 하지만("여기서는 아무도 나를 몰라") 상당 부분은 가장 기본적인 감정의 수준에서 스스로를 확인하고자 하는 욕구다. 또한 섹스는 항상 한 명이 위에 한 명은 아래에 있는 것을 암시한다는 점에서 제국주의적인데, 멀리 있는 대상을 아우르는(또정복하는) 방법 중 하나는 사랑의 행위를 통하는 것이다.

이 맥락에서는 섹스 행위라고 하는 것이 맞겠지만. 이런 욕구가 '다른 관습'을 갖고 있으나 유연한 마음가짐의 '현지인'을 만나면 일종의 치정 상태에 빠지게 된다. 그런 감정은 쌍방향일 수 있고 흔히 그렇게 된다. 하지만 여기서 중요한 것은, 일본인은 자신의 나라에서 '살아야' 하고 외국인은 그럴 수 없다는 사실이다.

알라스테어 레이드는, 외국인이 치유 가능한 낭만주의자라고 했다. 객지의 외국인은 어딘가에 자신들이 마침내 자리를 잡고 정착할 장소가 있으리라는 어린 시절부터의 환상을 간직하고 있는 사람들이다. 그것은 마법의 땅일 수도 있고, 황금시대일 수도 있고, 자신의 반쪽을 완성하는 동반자일 수도 있다. 하지만 외국인이라는 특이함 때문에 그는 모든 만남에서 거리두기의 대상이 된다. 이런 상황을 유익하다고 여길 수 없다면 그는 치유된 것이 아니다.

이것이야말로 객지생활의 가장 중요한 교훈이다. 일본에서 나는 외국인으로서의 특이함이라는 외롭고 높은 자리에 앉아 오하이오의 낮은 평원을 물끄러미 바라본다. 그곳의 고풍스런 관습들은 이제 나에게 아무런 영향을 미치지 못한다. 이제 눈을 다시 돌려 길게 뻗은 일본 열도를 바라보면, 이곳의 고풍스런 관습들도 마찬가지로 나에게 아무런 영향력이 없다. 일본은 고집스레 나를 자신들의 일부로 받아주지 않기 때문이다. 나는 이것이야말로 가장 좋은 자리라고 생각한다. 왜냐하면 이 자리에서는 비교를 할 수 있고, 비교하는 것이야말로 이해하기 위한 첫걸음이기 때문이다.

나는 소속감보다 자유가 더 중요하다고 여기게 되었다. 그것이 오랜 객지생활이 나에게 가르쳐준 것이다. 아직 그 가르침을 졸업하지 못했지만, 친근하게 대하나 늘 엄격하게 거리를 두는 일본은 나에게 학위를 약속했다. 그 학위를 받기 위해 나는 생빅토르의 위그가 쓴 『연학론 Didascalicon』으로부터 에드워드 사이드가 인용한 문구를 좌우명으로 삼게 되었다. "고향을 아늑하게 느끼는 사람은 연약한 초보자다. 이미 강하게 단련된 사람은 모든 객지를 고향처럼 여길 줄 안다. 하지만 온 세상을 객지로 여기는 이야말로 완벽하다."

일본 영화에 등장하는 열차

TRAINS IN

1993

JAPANESE FILM

루이 뤼미에르가 만든 세계 최초의 영화 「열차의 도착」
(1895)에서 열차가 라시오타 역에 들어오던 당시, 그곳에만
열차가 도착한 것이 아니라 전 세계 각지에서도 같은 일이
벌어졌다. 1897년, 저 멀리 일본 오사카와 도쿄에서도 군
중이 몰려 열차의 도착을 구경했다. 세계의 다른 곳과 마
찬가지로, 이들이 목도한 것은 단순히 열차가 아니라 새로
운 세기의 도착이었다.

　세계의 다른 곳에서처럼 일본에서도 열차의 증기와 속
도와 힘은 인류 발전의 희망 그 자체를 상징했다. 특히 영
화에서 질주하는 열차 엔진은 곧 모더니즘을 의미했고, 따
라서 달리는 열차의 다양한 모습이 수많은 영화에 등장했
다. 하지만 일본 영화에서는 아니었다.

일본의 영화 팬들도 다른 나라 사람들처럼 열차에 감명을 받기는 했지만, 이들이 열차라는 현상의 의미를 깨달은 것은 일본이 열차를 완전히 자신의 것으로 길들인 이후다. 따라서 일본 영화에서 열차는 다른 나라의 영화에서는 비교 대상을 찾아볼 수 없을 정도로 인격화되고 의인화되었다. 영화에 등장하는 열차가 일본의 현실에 녹아들기 위해서는 질주하는 엔진의 모습 이상의, 좀더 통제 가능한 요소가 필요했던 것이다.

제2차 세계대전 이전의 일본 영화에 등장하는 열차는 미니어처 같다. 당시 일본의 열차가 실제로 외국의 열차보다 크기가 작기는 했지만, 우시하라 기요히코牛原虛彦(1897~1985) 감독의 1929년작 「그와 인생彼と人生」이나 나루세 미키오成瀬巳喜男(1905~1969) 감독의 1933년작 「너와 헤어져君と別れて」에 등장하는 것처럼 장난감 같지는 않았을 것이다. 하지만 초기 영화에 등장하는 이러한 친근함은 영화에서 열차가 수행하는 고상한 역할에 어울렸다. 구로사와 아키라의 1943년작 「스가타 산시로姿三四郎」를 보면 심지어 열차가 착한 역할을 하기도 하는데, 열차가 석탄재를 여자 주인공의 눈에 불어넣는 바람에 자신을 구해주는 남자 주인공을 만나게 된다.

이런 식으로 초기 일본 영화의 열차들은 의인화되어 있

다. 열차는 인간적인 성정을 표현했고, 전후 일본 영화에서도 그 역할이 이어진다. 다수의 작품에 열차를 등장시킨 것으로 알려진 기노시타 게이스케木下惠介(1912~1998) 감독의 영화를 예로 들어보자. 그의 1955년작 「먼 구름遠い雲」에는 다카야마 지방의 젊은이들이 도쿄로 가던 중 지나가는 열차들을 동경의 눈으로 바라보는 장면이 있다. 도요타 시로豐田四郎(1906~1977) 감독의 1955년작 「풀피리麥笛」에 등장하는 외로운 열차들은 청년 시절의 열망과 동경을 상징한다. 시노다 마사히로篠田正浩(1931~) 감독의 1990년작 「소년시대少年時代」의 두 친구는 열차를 통해 서정적인 작별을 한다. 구로키 가즈오黒木和雄(1930~2006) 감독의 1975년작 「마쓰리 준비祭りの準備」에서는 페데리코 펠리니의 「비텔로니I Vitelloni」에서처럼 주인공이 이등열차 흡연칸을 타고 대도시로 향한다. 장난감 같은 열차는 여기서 성장영화 그 자체가 된다.

그러나 일본 감독들은 일반적으로 영화에서 열차의 역할을 한 가지에만 국한시키지 않는다. 눈에 띄게 재능 있는 배우들이 그렇듯 열차는 영화에서 어느 정도 역할의 자유도를 지니고 있다. 열차에 약한 기노시타 게이스케 감독조차 여러 목적으로 열차를 사용했다. 장난감 같은 기차가 등장하기도 하는데, 이 중 가장 흥미로운 것은 스트리

158

영화 「마쓰리 준비祭りの準備」의 한 장면

퍼가 기차를 타고 시골 고향으로 돌아가는 이야기를 다룬 1951년작 「카르멘 고향에 돌아오다カルメン故郷に帰る」에 나오는 작은 열차다. 이것이 열차가 처음으로 컬러로 등장한 영화다. 하지만 열차는 영화에서 다른 역할도 맡는다.

기노시타의 「육군陸軍」(1944)의 유명한 마지막 장면에서는 징집 열차가 아들을 싣고 간다. 어머니가 아들을 좇아 플랫폼을 따라 뛰어가면서 영화는 눈물바다가 된다. 그의 또 다른 작품 「일본의 비극日本の悲劇」(1953)에서는 심지어 열차가 자살하려는 어머니를 치어버리며 영화의 플롯에서 핵심적인 역할을 한다.

160

오즈 야스지로 또한 기노시타만큼 열차를 좋아했으나, 열차를 영화에서 활용하는 방식은 달랐다. 모더니즘의 방점이 찍힌 미국 영화들의 영향을 받기는 했지만, 오즈는 피스톤의 격렬한 움직임이나 질주하는 열차의 앞모습 같은 것에는 아무런 흥미를 느끼지 못했다. 그보다 오즈는 영화의 구조를 선명하게 하고 드러내는 도구로 열차를 활용했다.

오즈의 1932년작 「태어나기는 했지만生まれては見たけれと」에 등장하는 교외의 열차에는 등장인물이 아무도 타고 있지 않다. 열차는 그저 오가며, 영화 속에 여러 평행 구조를 만들어낸다. 일본의 실제 열차들처럼 정확한 시간에 오가는 영화 속 열차는 크고 작은 역할을 한다. 그중에는 시간의

분할 같은 중요한 역할도 있고 단순 개그와 같은 작은 역할도 있다.

나중에 오즈는 열차를 이용해 영화에 구조를 부여하는데 가장 큰 흥미를 느꼈다. 1953년작「도쿄 이야기東京物語」에서는 오프닝과 클로징 시퀀스에 열차가 등장한다. 열차는 스토리 전환의 틀이 되어주기도 하지만, 등장 그 자체로도 구조적인 중요성을 갖는다. 열차가 없었더라면 영화에 나오는 시골에서 도쿄에 다녀오는 여행이 아예 불가능했을 것이다. 열차는 또한 상징물과 같은 역할을 하기도 한다.「피안화彼岸花」(1958)에서는 기분이 누그러진 아버지가 딸을 만나러 열차를 타고 간다.

오즈의 영화「초봄早春」(1956)의 오프닝 시퀀스는 교외의 열차들이 주인공을 포함, 통근객들을 도시로 실어 나르는 모습을 보여준다. 젊은 남자인 주인공은 나중에 지방으로 전근 발령을 받고, 따라서 거꾸로 지방으로 내려가는 기차 여행의 모습이 나온다. 여기서 열차가 수행하는 것은 은유적인 역할이다. 주인공이 자신의 순탄치 않은 결혼생활에 대해 조언을 듣는 장면이 있다. 결혼이 순탄치 않은 것은 부분적으로 전근 때문이다. 이 장면은 철교 옆에서 이루어지고, 물론 그 순간 앞으로의 일을 은유적으로 보여주듯 열차가 지나간다.

이처럼 일본 영화에서 열차는 종종 은유적인 역할을 맡는다. 이치가와 곤市川崑 감독(1915~2008)의 1959년작 「열쇠鍵」(영어 제목 Odd Obsession)를 보면 가장 인상적인 예가 나온다. 어머니가 유혹하는 젊은 남자와 그녀의 딸이 기찻길 근처의 호텔에서 사랑을 나누고, 감독은 정사 장면의 중간중간에 선로를 바꾸는 화물열차들의 초근접 클로즈업을 의도적으로 끼워넣는다. 이 시퀀스에서의 은유적 의도는 너무 적나라한 나머지 코믹하게 보일 정도고, 아마 그것이 감독의 의도였을 수도 있다.

구로사와 아키라 감독의 「꿈夢」(1990)에도 이와 비슷하게 대담한 은유가 나온다. 여기서는 감독이 어떤 유머도 의도하지 않았음이 확실하기는 하지만 말이다. 이 영화에서 빈센트 반 고흐 역을 연기하는 마틴 스코세이지가 이렇게 말하는 장면이 있다. "나는 스스로를 기관차처럼 몰고 가지", 그리고 구로사와는 그 순간 화면을 바꾸어 요란하게 움직이는 기관차를 크게 클로즈업해서 보여준다. 열차의 엔진 자체는 영화에 보이지 않지만 영화의 나머지 시간 동안 엔진의 소리가 가끔씩 들린다.

'열차 영화'는 별도의 장르다. 이 장르에서는 열차가 플롯 자체가 된다. 열차가 없다면 영화가 존재할 수 없다. 가장 좋은 예는 사토 준야佐藤純彌(1932~2019) 감독의 「신칸센 대

162

폭파新幹線代爆破」(1975)다. 영화의 모든 사건이 열차 안이나 여러 기차역과 역무실에서 벌어진다. 급행열차에 폭탄이 설치되었는데 열차가 속도를 늦추면 터지게 되어 있다.(보통 열차에 폭탄이 설치되는 설정의 영화에서는 이와 반대로 열차가 특정 속도에 도달하면 터진다.) 이것이 플롯의 핵심이자 거의 제품 광고에 가까운 형태로, 엄청난 속도라는 신칸센 열차의 최대 장점을 강조하고 있다.

또 다른 '열차 영화'로는 구로사와의 「천국과 지옥天國と地獄」(1963)이 있다. 이 영화의 후반부는 신칸센 열차를 자세하게 보여주는 시퀀스들로만 이루어져 있다. 영화에서는 납치범들이 인질의 몸값을 달리는 열차에서 떨어트리라고 지시한다. 하지만 영화를 막상 촬영하다가 신칸센의 창문은 열 수 없는 밀폐형이고 열차의 문은 유압식 개폐 도어인 것을 알게 되었다. 결국 화장실 창문의 환기구를 통해 떨어트리는 것으로 결정했고, 몸값을 담은 가방은 원래 생각했던 것보다 훨씬 작은 크기의 돈가방을 사용할 수밖에 없었다.

그러나 나를 포함한 많은 이에게 열차의 다양한 역할을 종합해서 보여주는 열차 영화의 정수는 역시 이마무라 쇼헤이今村昌平(1926~2006) 감독의 「붉은 살의赤い殺意」(1964)다. 이 영화는 눈이 많이 오는 일본의 북부 지방에서 촬영되었는데, 그곳에는 눈으로 찻길이 자주 폐쇄되기 때문에

163

열차로 여행해야 할 때가 있다.

영화에서 부인이 처음 남자의 눈에 띄는 곳이 기차역이다. 남자는 나중에 부인을 성폭행하고 그녀의 정부가 된다. 남자가 부인을 두 번째로 마주치는 곳도 역시 열차 속이다. 결국 이 둘을 태우고 가는 것도 열차고, 그 열차는 눈 속에 갇힌다. 어쩔 수 없이 눈을 헤치고 걸어나가다가 남자는 죽고 부인은 자유의 몸이 된다.

열차라는 특수한 상황은 이야기의 가닥을 하나로 묶고 영화의 구조를 선명하게 한다. 가령 부인의 집은 기찻길 근처에 있고, 여러 열차가 지나가는 장면들은 시간의 흐름을 보여준다. 열차는 또한 위협적인 분위기를 조성하기도 한다. 열차들은 크고 검고 불거져 나온 모습으로 등장한다. 열차의 이 모든 역할이 종국에는 그 어떤 영화에서보다 더 빼어난 열차 시퀀스에서 하나로 합쳐진다.

그 시퀀스는 두 사람이 두 번째 만나는 장면이다. 성폭행범이 부인을 따라 기차에 오른다. 이마무라 감독은 이 장면을 역에 정차해 있는 열차의 안과 밖에서 보여준다. 부인은 열차 뒤쪽으로 도망치고 그녀가 열차의 맨 뒤에 도착하는 순간 기차가 움직이기 시작한다.

부인과 남자와 열차의 이런 다양한 움직임이 서로 대조를 이루다 나중에는 합쳐진다. 움직이는 열차 안에서 남자는 부인을 맨 뒤 칸의 플랫폼까지 쫓아간다. 카메라는 이제 객실 안쪽에서, 빠르게 펼쳐지는 선로를 뒷배경으로 두 사람을 응시한다. 정적인 화면에서 급박한 움직임으로, 수평의 화면 구성에서 수직의 구성으로, 평평한 2차원에서 완전한 3차원으로(펼쳐지는 선로의 시점에서 볼 때), 이 시퀀스는 영화감독이 열차로 보여줄 수 있는 거의 모든 것을 보여준다.

그리고 여기서 기계이자 상징이자 은유로서 열차의 힘을 명확히 느낄 수 있는 반면, 동시에 이 모든 것이 동원되어 의인화에 사용된다. 열차는 단 한 사람, 즉 유린당하고 만족감을 느끼는 부인의 미묘한 심리 상태를 보여주는 역할을 한다.

일본: 반세기의 변화

J A P A N :
1994
HALF A CENTURY
OF CHANGE

1947년 1월의 차가운 겨울, 일본에 도착한 내가 처음 느꼈 던 것은 변화였다. 일본에서는 극적인 변화가 일어나고 있 었다. 다른 대부분의 도시처럼 도쿄도 제2차 세계대전의 와중에 거의 초토화되었다. 사람들은 지하 터널에서 살고 있었고, 먹을 것은 항상 부족했다. 그러나 시커먼 잿더미가 된 평지 위에서 이미 노란 레몬과도 같이 새 건물들이 올 라오고 있었다. 타버린 목조건물의 냄새가 갓 자른 통나무 의 냄새로 바뀌어가고 있었다.

새로운 도시가 태어나면서 매일매일 새 도로가 놓이고, 새 운하가 만들어졌다. 목수들이 일하는 것을 보면 톱을 썰 때의 미국과는 반대로 톱을 당길 때 나무가 썰리는 것 이 보였다.

이것을 놓치지 않고 감지한 것은 내가 들은 바가 있었기 때문이다. 오랫동안 나는 일본이 모든 것이 완전히 거꾸로 돌아가는 나라라는 얘기를 익히 들어왔다. 먼 옛날 일본을 최초로 방문한 사람들이 일본에 대해 그런 식의 설명을 남겼고, 그것이 기어이 오하이오의 눈 덮인 평원에까지 도착해 내 귀에 들어왔던 것이다. 그렇게 변화 말고도 내가 일본에서 공감할 수 있는 무엇이 생겼다. 그것은 바로 일본에 대한 패러다임에의 공감, 즉 환골탈태하고 있던 이 나라를 이해할 수 있도록 해주는 사고의 틀에 대한 공감이었다.

167 뭔가 여느 나라와 달라 보이는 일본에 다가가기 위해서는, 역사적으로 항상 이론적인 틀이 필요했던 것 같다. 마치 정교한 지도나 그럴듯한 비유법 없이는 일본을 이해할 수 없다는 것처럼. 일본에 갓 도착한 나조차 벌써 그럴싸한 설명을 찾고 있지 않았던가.

스물한 살의 나이로 오하이오에서 일본으로 건너왔던 당시의 나는 변화가 멈춰버린 오하이오식의 세계관을 갖고 있었다. 모든 것이 거꾸로인 일본은 그런 면에서 나에게 잘 맞았다. 같이 점령군으로 온 동료들은 일본의 목수들이 톱을 거꾸로 써는 광경을 보면 웃으며 이렇게 말했다. "이 나라 사람들 앞으로 갈 길이 멀겠군."

나도 같은 생각이었는데, 왜냐하면 일본인들은 서양을

따라잡으려고 애쓰고 있었기 때문이다. 일본의 서양 따라잡기는 거의 한 세기가 되어가고 있었고, 그 과정에서 치명적인 실수를 한 것도 여러 번이었다. 그러던 것이 이제 미국 덕분에 비로소 올바른 길에 들어서게 된 것 아니었던가.

긴자의 교차로에 서서 기모노를 입은 사람들과 옛 일본 군복을 입은 사람들을 쳐다보며, 게다를 끌고 가는 발걸음 소리를 들으며 나는 그렇게 생각하고 있었다. 호쿠사이의 그림으로 유명한 후지산은 새로 지어진 빌딩들에 가려져 조금씩 보이지 않게 되어가고 있었다. 그렇게 옛 풍광이 사라질지 몰라도 대신 새로운 도시가 탄생하고 있지 않은가 하고 나는 짐짓 그럴듯한 생각을 해보기도 했다.

168

당시 우리와 같은 점령군들은 그런 생각에 공감할 수 있었다. 옛날 일본식 군국주의 모델은 실패로 판명되었고, 새로운 미국식 경제 모델이 훨씬 더 잘 작동하는 듯 보이던 때다. 우리는 당면한 관심사에 얼마나 실제적인 영향이 있느냐만을 놓고 모든 것을 가늠하던 일본인들의 태도를 친숙하게 느꼈고, 이 거꾸로 된 나라의 사람들이 올바른 길을 가도록 도우려고 열심히 노력했다. 토지개혁이 실시되었고 재벌 카르텔은 해체되었다. 민주주의가 도입되고 개인의 권리라는 개념이 정부 차원에서 장려되었다.

그러다가 도쿄라는 도시가 나날이 커져가는 것을 보며,

주위의 일본인들이 하루가 다르게 건강해지고 부유해지는 것을 보며, 나는 나의 '거꾸로 된 나라' 패러다임이 거꾸로 뒤집히는 것을 느꼈다. 내가 애초에 일본인들이 거꾸로라고 느꼈던 것은 단지 내가 지구 반대편에서 살았기 때문이다. 하지만 일본에 도착해 있던 당시의 입장에서 생각해보면 거꾸로 서 있는 것은 오히려 오하이오 사람들이었다. 그리고 일본인들이 우리를 따라잡으려고 한다는 생각 또한 더 이상 유효하지 않았다. 일본은 이미 우리를 따라잡았던 것이다.

169

* * *

나는 1949년에 일본을 떠나 미국의 컬럼비아대학으로 잠시 돌아갔다. 그리고 1954년 다시 일본으로 돌아왔을 때는, 이미 군정의 지배가 끝나고 3년이 흐른 뒤였다. 토지개혁은 끝났고 재벌 카르텔은 거의 다시 복구되었다. 민주주의는 일본식으로 소화되고 있었다. 일본은 그동안 너무 변해서 알아볼 수 없을 지경이었다.

새로이 눈에 띄는 것들은 더욱 흥미로운 방식으로 옛것과 뒤섞여 있었다. 고층빌딩 꼭대기에 전통 신사가 들어섰고, 흰옷을 입은 젊은 승려가 오토바이를 타고 다녔다. 구시대 재벌(자이바츠) 경영진들은 이제 유리와 금속으로 지어진 본사 빌딩에 새로 자리를 잡았다.

길거리에는 여전히 기모노를 입은 사람들이 보였지만, 크리스천디올의 '뉴룩' 스타일 스커트를 입은 무리에 파묻혔다. 게다를 신은 사람들의 발걸음 소리도 여전히 들렸으나 거리에는 서양식 구두가 대세여서, 조만간 밀려올 구찌 신발 쓰나미의 전조와도 같았다. 긴자의 교차로에 서면 후지산은 이제 커켜이 세워진 빌딩숲에 가려져 시야에서 완전히 사라졌다. 한때 뒤처졌던 일본인들이 그렇게 무시무시한 속도로 앞서나가는 것을 물끄러미 바라보며, 나는 이제는 사라지고 없는 '거꾸로 된 나라'에 관한 옛 패러다임을 기억해냈다.

주위를 둘러보니, 일본에 관한 새 패러다임이 이미 등장해 있었다. 옛것과 새것이 적절하게 섞여 살아가는 나라. 모순의 나라 일본이라는 패러다임. 현대라는 얇은 가림막 아래에는 긴 세월을 견뎌온 전통이 고스란히 존재하고 있다. 이 새로운 패러다임의 근거는 도처에 널려 있었다.

내가 살던 동네인 단수마치箪笥町는 롯폰기 욘초메로 이름을 바꾸고, 고층건물들을 짓기 위해 재개발되었다. 계란을 팔던 아주머니며, 닭을 팔던 아저씨며, 과일가게를 하던 소년들이 그 과정에서 자취를 감추었다. 하지만 고층건물들이 들어서자, 과일가게 소년들은 그 한가운데에 새로 가게를 차렸다. 그중 하나는 가게 이름을 프랑스식으로 '부티크 데 프뤼Boutique des Fruits'라고 지었다.

연속성 안에서 진행되는 변화. 그것이 고심 끝에 내가 일본을 설명하는 새로운 패러다임이었다. 망가 붐이 일고 삼류 만화책들이 들불처럼 번져나가기 시작했을 때, 나는 새 패러다임에 따라 이렇게 설명할 수 있었다. 호쿠사이 또한 결국 일종의 만화가가 아니었던가? 호쿠사이 때와 비교하면 퀄리티의 저하 또한 상당하다는 점은 문제가 되지 않는다. 아마도 변화된 일본을 긍정적인 눈으로 둘러보고자 했던 내가, 점령군 시절이 현재 일본의 번영에 어떤 기여를 했다고 생각했기 때문이 아닌가 싶다.

이런 자기만족을 느끼는 것은 나 혼자만이 아니었다. 군정이 끝나고 10년 뒤, 미국은 애정 넘치는 부모가 요람 속 아이를 들여다보듯 태평양 건너에서 일본을 바라보았다. 민첩한 경제발전을 이뤄가던 일본이라는 갓난아기는, 지금이야 미일 무역회담의 결과로 인한 후폭풍에 망연자실하고 있지만, 애초에 미국이라는 자부심 가득한 부모가 키워낸 아이였다.

이러한 일본의 실용주의적 태도, 모든 악조건에도 불구하고 할 수 있는 것부터 적극적으로 이뤄나가는 태도는, 미

1959년(쇼와 34) 무렵 신주쿠 오쿠보 거리의 모습

국식 유전자가 좋은 주인을 만나 행복하게 작동한 결과 등장했다는 것이 우리 미국의 생각이었다. 일본은 미국의 동생이었다. 성장통을 앓고 있는 영리한 동생. 이해관계가 맞아떨어지는 한 일본은 이런 동생 역할을 충실히 수행했다. 이는 또한 심리학자 도이 다케오土居健郎 박사의 아마에甘え에 대한 설명에도 잘 들어맞았다. 아마에는 상대가 보살펴줄 것을 믿고 과감하게 자신을 맡기는 태도를 말한다.(고단샤에서 출판한 도이 다케오의 책『아마에의 구조甘えの構造』는 1971년 발매 즉시 베스트셀러가 되었다. 아마에는 응석 또는 어리광이라는 뜻.—옮긴이) 그렇게 하는 것이 일본에게 매우 경제적인 선택이기도 했다. 국방을 미국에 맡기는 데서 절약되는 예산의 규모만 해도 상당했기 때문이다.

그리고 일본에게는 그게 큰형님 역할을 하던 것보다 나았다. 겉으로 잘 얘기하지는 않지만 일본은 한때 자국이 아시아의 다른 나라들을 열등한 동생 취급했던 과거가 어떤 결과를 불러왔는지 똑똑하게 기억하고 있었다. 일본은 이제 미국에 의지하는 동생으로서 미국을 우러러보았다. 미군정 시기 우리는 미일 간의 이러한 역할 차이에 익숙해져 있었다. 내 면전에서 나를 반박하는 일본인이 거의 없고, 특별대우라고 할 만한 것들이 주어지는 그런 현실을 나는 즐겨 마지않았다.

그러나 그러는 사이 내가 점점 주변으로 밀려나 게토와 같은 특별구역(외국인들의 무대인 사랑스러운 롯폰기)에 가둬지고 있다는 데에는 미처 생각이 가닿지 못했다. 연합국 점령군에 의한 군정이라는 황금기는 끝났어도, 우리 같은 미국인의 상당수는 여전히 일본에서 남보다 유리한 입장에 있었기 때문이다. 그게 가능했던 것은 순전히 우리의 국적과 피부색, 그리고 일본이 우리로부터 아직 뭔가 배울 것이 있다고 여겼던 덕분이다. 일본에게 있어 미국은 본받아야 할 대상으로서 실용적인 선택지였다. 따라서 우리가 일본에서 누리던 혜택은 우리의 유용성이 남아 있는 한 계속되었다.

1968년 나는 뉴욕에 일자리를 얻어 다시 한번 일본을 떠났다. 오하이오에 줄곧 살았더라면 나는 아마 신발가게 점원이 되었을지도 모른다. 그러나 일본에서의 경력 덕분에 나는 뉴욕 현대미술관MoMA의 영화 큐레이터가 되어 고국으로 돌아올 수 있었다.

* * *

1974년 일본으로 되돌아왔을 때는 더 많은 변화가 눈에 띄었다. 전통이 계속 근간으로 살아남아 역할을 한다는 나의 예전 패러다임은 이제 일본에 더 이상 유효하지 않은 것 같다는 깨달음이 왔다. 전통은 내가 생각했던 것보다 훨씬 더 적은 영역만을 차지하고 있는 듯했다.

집을 구하러 다닐 때 보았던 일들이 좋은 사례다. 내가 처음 일본에 와서 집을 구할 때는 모든 집이 서양식 바닥으로 된 방 하나를 빼면 나머지는 일본식 다다미 바닥이었다. 두 번째 일본으로 왔을 때는 거꾸로 방 하나만이 일본식이고 나머지는 서양식 바닥으로 바뀌어 있었다. 그리고 이제 세 번째 일본에 오니 다다미는 사라지고 모든 방이 서양식 바닥이었다. 내가 본 어떤 집은 전통적으로 꽃꽂이를 놓아두는 도코노마床の間라는 벽 공간에 온수 난방기를 설치해놓기도 했다. 그리고 더욱 변화를 실감케 한 것은 나와 같은 외국인에게 세를 주려는 집주인을 찾기가 힘들다는 사실이었다. 집을 빌리려면 보증인이 필요했고, 상당한 금액을 보증금으로 지불해야 했다. 전형적인 백인 미국인이던 내가 이제 더 이상 일본인들이 우러러보는 대상이 아님을 서서히 알아차릴 수 있었다.

일본은 미국식 모델이 원래 생각했던 것처럼 훌륭하지 않다는 사실을 일찌감치 눈치챈 것인지도 모른다. 그리고 점점 더 많은 수의 가난한 백인이 부자 나라 일본에 일자리를 찾아 입국하면서(긴 다리를 뽐내는 LA의 여성들이 일본의 클럽에 취직하고, 오하이오의 젊은 남성들이 도어맨으로 일하는 등), 단지 백인이라는 이유로 혜택을 누리는 것은 마침내 불가능해졌다. 그 결과 나처럼 원조 점령군이었던 사람이든 신참 외국인이든 너나 할 것 없이 일본이 '변했다'고 느꼈던 것이다. 우리는 일본인들이 '오만해지고 있다'고 얘기하곤 했다.

오만하다라는 단어의 선택이 재미있었던 것은, 다루기 쉽고 순종적이라는 일본인에 대한 기존 이미지가 얼마나 변했는가를 보여주고 있었기 때문이다. 지배하다가 밀려나는 사람들에게 피지배자의 독립은 언제나 오만하게 보인다. 미국이 전후에 딱히 일본을 식민화하려고 하지는 않았지만, 그래도 일본인들이 오만해지는 것을 달갑게 여기지는 않았다.

미국이 보기에 기존에 정립된 패러다임에서 벗어나지만 않는다면, 변화도 나쁘지 않은 것이었다. 즉, 겉의 가림막은 변해도 안에 있는 전통은 변하지 않는다는 패러다임 말이다. 하지만 1970년대를 기점으로 그 뒤 수십 년의 세월을 거치며, 이제 일본을 설명할 새로운 패러다임이 필요하다는 사실이 점점 더 분명하게 드러났다.

눈길을 끌던 것 중 하나는 층위를 이야기하던 패러다임이었다. 일본 문화는 여러 층이 순서대로 쌓여 있는 형태였다. 옛 층 위에 새로운 층이 겹겹이 쌓여갈 뿐이다. 신칸센이 그 어느 열차보다 빠른 속도를 자랑하는 세상이 되었지만 목수들은 여전히 톱을 당겨 나무를 썬다. 사람들은 여자아이들에게 아야나 미사키 같은 세련된 이름을 지어주고 하나코 같은 이름은 이제 이루 말할 수 없이 촌스럽다고 느끼지만, 여전히 시골 곳곳에서는 하나코라는 이름의 아이들이 태어나고 있었다.

이러한 지질학적 비유의 패러다임은 흥미로웠지만 어쩐지 도널드 킨(1922~2019, 미국의 저명한 일본학자―옮긴이)의 일본에 대한 정확한 비유를 떠올리게 했다. 도널드 킨은 일본을 양파에 비유했다. 한 껍질 한 껍질 벗겨나가서 마침내 맨 가운데에 도착하면, 거기에는 아무것도 없다.

또 다른 패러다임은 조금 복잡한 구조를 갖고 있다. 이 구조에서 일본은 우치內와 소토外(안과 밖), 닌조人情와 기리義理(나의 감정과 사회가 강요하는 감정) 같은 양극의 개념쌍들 사이를 넘나드는 것처럼 보이고, 거기에는 또한 통제하기 어려운 수많은 다른 변수도 존재한다. 이 패러다임은 일본을 독특한 나라처럼 보이게 만들었고, 그렇기 때문에 일본에 관심 있는 외국인뿐 아니라 일본인들 자신에게도 인기가 있었다. 하지만 이것은 변화를 허용하지 않는 고착화된 상태에 관한 설명이었다. 아마도 그 때문에 나는 이 패러다임을 그다지 쓸모 있다고 여긴 적이 없었다. 과거에 머물러 있는 이 패러다임으로는 현재 일어나고 있는 일을 설명할 수 없었다. 버블경제가 점점 커져가면서 일본은 영원히 현재진행형인 나라라는 사실이 점차 명확해지고 있었다.

일본인들은 더 이상 조상숭배를 믿지 않는다고 할지라도 나는 믿는 편에 가깝다. 그런 까닭에 시바에 있는 도쿠가와의 무덤을 밀어내고 프린스 호텔을 짓는다고 했을 때 놀라지 않을 수 없었다. 또 일본인과 자연은 아늑한 공존관계를 이루고 있다고 생각했던 나는, 해안선을 콘크리트로 메워버리고, 숲을 베어내 골프장을 지어대고, 국립공원 부지를 부동산 개발업자들에게 넘기는 것을 보며 경악을 금치 못했다.

그것으로 끝이 아니었다. 나중에는 일본의 전통이라고도 알려졌던 종신고용이 사라졌다. 열심히 일하지 않아도 가만있기만 하면 커리어의 정점까지 자동으로 갈 수 있었던 상행 에스컬레이터가 작동을 멈췄다. 일본인의 식생활도 바뀌었다. 손쉬운 커피와 토스트가 국민의 아침 식사가 되고, 준비가 까다로운 밥과 미소 된장국은 일요일이나 되어야 어쩌다 만들어 먹는 위치로 밀려났다. 그 중간에는 입에 착 달라붙는 미국식 정크푸드를 먹는다.

이게 전부가 아니다. 내가 전에 갖고 있던 패러다임들은 모두, 무방비로 노출된 가엾은 일본이 무자비한 서양의 수입품에 의해 잠식된다는 생각에 기초하고 있었다. 서양식 문물이 일본으로 쏟아져 들어와 전통을 희석시켰다는 것이 내 생각의 바탕이었다. 이제 와서 보니 실제 벌어졌던 일은 그와 전혀 달랐다.

일본은 밖으로 손을 뻗쳐서 필요한 것을 취했다. 원하는 것은 갖고 들어가고, 원치 않는 것은 밖에 두었다. 안목 있는 쇼핑을 할 줄 알았던 일본은 유용한 것들에 대해서는 기꺼이 문을 열었고, 유용하지 않은 것들에 대해서는 문을 꼭 닫았다. 그러고 보면 오하이오도 그렇지 않았던가라는 생각도 들지만, 그 스케일과 개방성, 당당함에서 도저히 비교 대상이 아니었다. 일본에 대한 이러한 이분법적 설명 모델에는 기존 모델들이 갖고 있던 세밀화와 같은 우아함은 없다. 하지만 적어도 현재의 상황을 설명하는 데는 정확한 구석이 있었다.

예를 들어 일본에서 영어의 진정한 쓰임새란 무엇인가를 놓고 생각해보자. 지난 수십 년간 일본인들이 배워서 사용하는 영어는 실수투성이였다. 미국인들은 일본의 엉터리 영어 표현을 보며 낄낄대고 웃는다.("We Play for General McArthur's Erection.") 그러나 이러한 잘못된 영어 표현들이 웃긴 것도 아니고, 더욱이 내가 한때 생각했던 것처럼 영어에 대한 경멸을 보여주기 위해 일부러 무지한 표현을 사용하는 것도 아니라는 사실을 퍼뜩 깨달았다.

거기에는 경멸도 없고 무지도 없다. 광고나 간판이나 티셔츠나 쇼핑백이나 할 것 없이 거기 새겨진 영어 문구들은 '영어'로서 의도된 것이 아니다. 일본식 영어라고 보아야 할 텐데, 이는 영어의 지류가 아니고 일본어의 지류다. 일본식 영어의 소비자는 단어의 뜻에 의미를 두지 않으므로 전혀 비판적으로 보지 않는다. 그보다 이들에게는 새로운 언어를 얻었다는 사실 자체가 중요한 의미를 갖는다.

181　　전통이라는 것도 같은 기준에 의해 판단된다. 실용적인 용도가 있는 전통은 남아서 지속된다. 그 과정은 주로 전통이 새로운 제품으로 재탄생되는 형태로 나타난다. 기모노와 게다는 거의 사라졌지만, 일부는 남아 새로운 의미의 기표로 역할한다. 예를 들어 기모노를 입은 소녀는 꽃꽂이나 고토琴(일본식 거문고—옮긴이) 수업을 받으러 다니는 '전통적인 타입'을 의미했고, 게다를 신은 소년은 '전통적인 직인' 또는 십중팔구 다쿠쇼쿠대학(우익의 이미지로 알려진 도쿄의 대학—옮긴이)에 다니는 '전통적인 우파 학생'이다. 촌스럽다고 무시되던 하나코라는 이름은 젊은 독자들에게 쇼핑 정보를 알려주는 새 잡지의 세련되고도 의도적인 복고가 섞인 이름으로 거듭났다.

기모노라는 옷의 스타일 자체는 디자이너 브랜드 이세이 미야케의 포장에 녹아들어갔다. 일본 건축의 전통은 건축가 아라타 이소자키新磯崎의 독특한 일본 양식으로 나타났다. 에도 시대의 마을은 지방의 관광명소가 되었다. 일본 교통공사는 그림 같은 동양의 세계로 시간여행을 해보라며 교토 긴카쿠을 홍보한다. 전통적인 일본은 그렇게 디즈니랜드처럼 재팬랜드라는 테마파크가 되어갔다.

새로운 것을 홍보할 때 쓰이던 1980년대의 카피 중에 "전통적이지만 현대적인Trad but mod"이라는 문구가 있었다.("1988년에 설립되었음"과 같은 문구를 1989년도에 돌에 새겨 넣곤 했다.) 일본의 전통이 조각조각 해체되어 소비되는 동안, 일본은 스스로에게 필요하다고 생각되는 제품들을 해외로부터 대량으로 받아들였다.

마치 빠른 속도로 철거되고 있는 박물관에 실시간으로 살고 있는 듯한 느낌이었다. 철거 작업이 진행되는 와중에, 오…… 저 전시실만은 없애지 않을 줄 알았는데 철거하네, 아…… 영구전시관이라고 생각했던 곳도 통째로 날아가네 와 같은 말을 하고 있는 기분이다.

나는 그 혼란의 와중에 지도조차 없이 남겨져 있다. 이제는 패러다임조차 없다. 왜냐하면 나의 구식 2기통 패러다임으로는 이토록 거대한 변화를 도저히 설명할 수 없기 때문이다.

* * *

그러다가 나는 훌륭한 학자이자 좋은 벗인 에드워드 사이덴스티커(1921~2007, 저명한 미국의 일본학자이자 번역가)가 한때 썼던 글을 기억해냈다: "일본에서 전통과 변화 사이의 관계는 언제나 복잡했다. 왜냐하면 변화 그 자체가 전통이기 때문이다."

물론 나도 일본인이 변화에 민감하다는 것은 줄곧 인식하고 있었다. 예를 들어 일본은 계절의 변화에 대해 유난스럽다. 일본에는 뚜렷이 구별되는 사계절이 있다는 얘기를 귀에 못이 박이도록 들었다. 그럴 때면 나는, 아니 오하이오에도 사계절이 있다고요, 라고 얘기하고 싶었지만, 이내 오하이오에서 계절을 얘기할 때는 계절에 대한 불만을 토로할 때뿐이었다는 사실을 깨달았다. 지나가고 마는 계절의 덧없음을 일본처럼 찬양하는 일은 거의 없다.

광활한 수경재배 농장과 거대한 유통망을 자랑하는 현대의 일본에서조차 사람들은 여전히 제철 꽃과 제철 음식에 열광한다. 아마도 그렇게 함으로써 덧없음을 찬양할 구실을 얻을 수 있기 때문인 것으로 보인다. 대표적으로 전

국을 휩쓸고 지나가는 벚꽃놀이의 열풍이 있다. 특히 일본
인들은 그중에서도 벚꽃이 땅에 흩날리며 눈에 보이는 변
화가 가장 뚜렷한 순간, 즉 꽃이 스러져가는 그 순간의 덧
없음을 찬양한다고 한다. 심지어는 자연의 변화를 느낄
때 내뱉는 감탄사조차 존재한다. 아와레哀れ・憐れ가 그것이
다.(『겐지 이야기』에 자주 쓰였다.─옮긴이)

내가 읽었던 일본의 고전들을 떠올린다. 예를 들어 가모
노초메이鴨長明(1153~1216)의 『호조키方丈記(나의 방 이야기)』
는 이런 구절로 시작한다. "강물은 끊임없이 흐르고 있지
만, 눈앞의 물은 아까 흐르던 물이 아니다."

나는 원래 이 구절이 가모노초메이가 강물을 바라보며
강은 결국 영원히 사라지지 않는다는 엄연한 사실을 상기
시키는 것이라고 생각했다. 그러나 이제 와서 보니 그는 강
물은 언제나 변화하고 있으며 눈앞에 보이는 물은 항상 방
금 전에 흐르던 물이 아니라는 사실을 얘기하고 있었다.

이세신궁도 떠올려본다. 이 단순한 목조건물은 20년마
다 새로 만들어진다. 원래의 건물을 허물고 똑같이 생긴 건
물을 다시 짓는다. 그 과정이 수세기 동안 반복되고 있다.
처음에 나는 당연히도 이것이 이세신궁이라고 하는 상징적
인 건축물을 통해 전통을 기리는 행위라고 생각했다. 전통
의 핵심적인 상징으로서 말이다.

그러나 이제는 꼭 그런 것 같지 않다. 확실히 이세신궁의 존재는 영원을 원하고 불멸을 희망하는 사람들을 충족시키는 면이 있다. 물론 거기 도달하는 방식이 피라미드를 만든 사람들의 방식과는 확연히 다르지만 말이다. 하지만 이세신궁은 그와 동시에 세월의 덧없음을 찬양한다. 이세신궁은 어쩔 수 없는 변화를 받아들여 내재화했다. 이세신궁의 건축 방식 안에 무상함을 포함시키는 방식으로 그것을 수용한 것이다.

모든 문화는 나름의 방식으로 변화를 받아들인다. 하지만 일본처럼 변화를 자기 문화의 한 부분으로 만들어버린 사례가 얼마나 있을까. 흘러간 옛것을 추억하고, 의심쩍은 새것을 비난하는 정서는 어디에나 있다. 하지만 여기에 그치지 않고 무상함을 받아들여 삶의 엄연한 현실로 대하는 곳이 얼마나 있을까. 그런 관점에서 보면, 일본에 사는 외국인들이 그토록 진절머리를 내는 일본인들의 '시카타가 나이仕方が無い(어쩔 수 없군)'라는 푸념 또한, 변화라는 거스를 수 없는 법칙에 대한 품위 있는 묵인으로 읽을 수 있다. 내가 할 수 있는 일이 아무것도 없다는 이 말은 사실, 어쩔 수 없는 일에 매달리기보다는 삶을 계속해서 살아가자는 뜻이기 때문이다.

일본인은 변화를 가장 실용적인 방식으로 이용할 줄 아

는 사람들이다. 변화만이 영원하고 그렇기 때문에 힘의 지속적인 원천이 될 수 있다. 변화가 바로 물리학자들이 꿈꾸는 영구운동의 구현인 셈이다. 내가 일본에 살았던 지난 수십 년의 세월 동안 일본인들의 변화에 대한 태도는 변화하지 않았다. 항상 실용적이었고 지금도 그렇다. 이처럼 변화라는 깃 자세를 수용하는 나라에서 원레 모습을 지키느냐 마느냐 하는 질문은 요점을 벗어나 있다.

가령 전통 조경사가 여기 있던 바위를 두 뼘가량 이동시키고 대나무 수풀을 1~2미터 정도 뒤로 옮겨서 산이 바라다보이던 조망이 사라졌다고 하자. 일본에서는 이런 인위적 변화의 결과물을 자연 그대로의 정원이라고 부른다. 혹은 일본 전통의 꽃꽂이인 이케바나生花는 꽃을 꺾어다 다른 장소에 가져다놓고 배열한다. 그렇게 하고 나서야 비로소 '살아 있는 꽃生花'이라고 부른다. 꽃은 꺾여서 더 이상 살아 있지 않은데도 말이다.

자연에 대한 일본인들의 이와 같은 태도가 여느 나라와 어떻게 다를까 관찰해본 결과, 나는 여기에 오직 정도의 차이가 있을 뿐이라는 사실을 깨달았다. 에도 시대의 다이묘는 미학적인 목적을 위해 조경이 있는 정원을 지었다. 왜냐하면 아름다운 정원을 만들려면 사람의 노동력이 많이 들어가고, 그런 과정을 통해서만 본인의 사회적 지위를 드러낼 수 있기 때문이었다. 만약 사회적 지위를 드러내는 수단이 미학이나 예술적 안목이 아닌 돈 자체였다면, 숲을 베어내고 골프장을 짓거나 조상의 묘를 파서 호텔을 만들면 된다. 하지만 이 둘 사이에는 정도의 차이만 있을 뿐이다. 잘 알려진 것처럼 요즘은 돈이 돈을 벌어야만 하는 세상이다. 거기 작용하는 동력은 더 이상 미학적인 것이 아니라 경제적인 것이다. 하지만 작동 원리는 똑같다. 만물은 변화한다는 원리. 시간이라는 마그마의 물결 속에 간혹 호박琥珀 덩어리가 영원을 간직하고 남아 있을지라도, 그것이 남겨지는 이유는 오로지 한시적인 쓸모가 있기 때문이다. 지금 이 순간 쓸모가 있기 때문에 남겨진다.

거부할 수 없는 변화라는 힘이 도저히 변화할 수 없을 것만 같은 대상을 만나기도 한다. 일본에는 '시스템'이라 불리는 것들이 있다. 반드시 따라야 하는 규범, 비대해진 관료 체제, 일본은행, 재무성 등등. 이런 시스템들은 스스로의 번식에만 관심이 있다. 그러나 이들의 작동 방식은 더 이상 시대에 맞지 않는다. 변화에 대한 압박이 커지면 서서히 사라질 운명이다. 많은 부분이 이미 사라지기도 했다. 종신고용, 자동 승진 에스컬레이터, 황금 낙하산을 타고 편한 보직으로 내려오는 전관예우 같은 것은 이미 모두 과거에나 있던 일이다. 그리고 앞으로 훨씬 더 많은 일이 변화할 것이다.

중요한 것은, 그리고 결국 핵심이 되는 것은 변화를 어떻게 활용하는가 하는 천재성에 있다고 생각한다. 그렇게 결론짓고 나서 일본이라는 나라에 대한 나의 작고 새로운 비유를 물끄러미 바라본다. 그 비유는 내 손바닥 위에 자이로스코프의 모양을 하고 놓여 있다.(세 개의 원형 고리로 이루어진 구체 안에서 팽이가 돌아가는 기구. 틀 안에서의 끊임없는 변화를 상징한다.─옮긴이)

이 작은 기구는 다른 곳에서도 하나의 설명 모델이 될 수 있을지 모른다. 『세계 제일의 일본Japan as Number One』(에즈라 보걸 교수의 1980년 저서─옮긴이)과 같이 사실상 전 세계에 오해를 불러일으킨 짧은 구호로서가 아닌 완전한 패러다임으로서 말이다. 우리와 우리를 둘러싼 세상을 탈바꿈시키고, 죽음과 세금조차 받아들이는, 변화라는 것을 반기고 찬양하는 하나의 사상 체계로서 말이다.(서양에는 죽음과 세금은 피할 수 없다는 격언이 있음.─옮긴이) 삶의 유한성이 없다면 삶도 없고 아름다움 또한 의미를 잃는다.

윙윙대며 돌아가는 자이로스코프 너머로 거의 700년 전 인물이었던 승려 요시다 겐코吉田兼好(1283~1340)의 목소리가 들린다. "사람이 사라지지 않고 영원히 이 세상에 머무른다면…… 사물은 우리를 감동시키는 힘을 잃고 말 것이

188

다. 삶에서 가장 귀중한 것은 삶의 불확실성이다."

189

일본과 이미지 산업

JAPAN AND

1996

THE
IMAGE INDUSTRY

어느 나라에나 이미지 산업이 존재하지만 일본의 이미지 190
산업은 대다수 나라보다 앞서 있고 혹은 적어도 상업적으
로 더 발달해 있는 것 같다. 그래픽, 포장, 광고와 모든 형
태의 오락산업에서 일본이 이미지를 다루는 솜씨는 타의
추종을 불허한다. 현대 문화라는 것이 우리 생각보다 훨씬
더 이미지에 기반하고 있기는 하지만 어떤 나라도 이미지
를 이런 경지까지 끌어올리지는 못했다.

* * *

'이미지'라는 단어의 사전적 정의는 다음과 같다. "눈으로
지각할 수 있도록 조각하고, 그리고, 색칠하는 등의 방식으

로 사람, 사물을 모방하거나 재현하거나 유사하게 만든 것. 시각적 재현물이나 복사물: 형태, 양상, 외관, 모습, 닮은꼴, 겉모습." 우리가 보는 것은 이미지이지 사물 자체가 아니다. 지각은 마음의 작용이다. 그러므로 우리는 시각적 감각에 의미를 부여할 뿐이다. 이미지는 해석될 수 있다.(해석되어야 한다.)

일본과 중국이 보여주는 이미지 메이킹 프로세스의 능숙함에 대해서는 몇 가지 이론이 있다. 그중 하나는 이 나라들이 사용하는 문자가 이러한 성향을 불러온다고 주장한다. 중국의 표의문자인 한자가 그 자체로 이미지라는 것이다. 한자의 각 글자는 하나의 뜻을 상징한다. 단어의 뜻과 소리를 함께 담고 있다는 면에서 고대의 상형문자나 마찬가지다. 예를 들어 알파벳으로 이루어진 다른 언어들에서는 이미지의 집합 같은 것은 필요하지도 않고 가능하지도 한다. d-o-g=dog가 되는 것처럼 철자 하나하나가 모여 일종의 공식을 만들어낼 뿐이다. 이 공식은 개라는 동물 이름의 이미지로 번역되는 과정을 거친다. 한자에서도 이런 프로세스를 거치지만, 여기에는 중간 과정이 없다. 견 犬이라는 한자를 보면 중국에서는 첸 혹은 추안, 일본에서는 겐 또는 이누라는 소리가 바로 튀어나온다. 번역 과정이 전혀 필요 없다.

미국의 번역가인 프레더릭 쇼트는 또 이렇게 설명하기도 했다. "일본인은 일본어라는 글자 체계 덕분에 시각적인 형태의 소통을 더 익숙하게 느끼는 성향을 갖게 된다. 하나하나의 한자는 각각 구체적인 사물이나 추상적인 개념 혹은 감정이나 행동을 뜻하는 단순한 그림이다. 이것은 사실상 일종의 만화 그리기와 같다."

만화라는 형태의 소통 방식이 일본에서 얼마나 인기가 있는지는 잘 알려져 있다. 망가漫畫(에도 시대의 판화가 호쿠사이가 1814년에 붙인 이름이라고 알려져 있다)라고 불리는 이 그림 이미지는(신문이나 잡지나 책의 형태로 출판된다) 컷 만화의 형식으로 단순한 이야기를 풀어내는 세계 공통의 문화다. 그러나 이미지에 대한 자각이 강한 일본에서만이 '만화 문화'가 대중문화의 가장 중요한 특징이 될 정도로 번성했다.

추정에 따르면 일본에서 대중교통을 이용하는 사람들의 70퍼센트가 망가를 읽고 있으며, 모든 출간물의 40퍼센트가 망가라고 한다. 망가 붐이 절정이던 1995년에는 한 해에 거의 20억 권에 달하는 망가가 팔렸다고 한다. 일본의 모든 사람이 각각 15권씩 구매했다는 뜻이다.

독자들은 망가의 이미지를 훑어보고 줄거리에 대한 인상을 얻으며, 320쪽짜리 망가는 대략 20분이면 다 읽을 수 있다. 1분에 16쪽을 읽고, 쪽당 4초가 채 걸리지 않는다는 뜻이다. 이미지로 스토리를 진행하는 망가는 마치 화면이 느리게 바뀌는 휴대용 TV처럼 30분도 안 되는 시간에 정독이 가능하고, 그러고는 버려진다. 권당 약 2달러 정도로 일본 기준으로는 싼 가격이지만 판매량을 합치면 출판사에게는 상당한 수익을 안겨준다.

망가의 내용에 대해서 프레더릭 쇼트는 망가가 일본 사회를 그대로 반영하고 있지는 않다는 의미로 "대체로 쓰레기 같은 내용이라고는 해도…… 무해한 오락이다"라고 말했다. 하지만 망가가 이미 대중문화를 어느 정도 규정하고 있다는 현실을 생각하면 그것이 대중문화를 반영하지 않는다고 말하기는 어렵다. 그렇다고 한다면 망가는 이미지로 이루어진 또 다른 오락 매체인 텔레비전과도 일맥상통하는 부분이 있다. 대부분의 가정집이 텔레비전 세트를 갖추게 된 1950년대 중반에 망가의 폭발적인 성장이 시작된 것은 우연이 아니다. 브라운관을 통해 보이는 이미지들이 휴대용 텔레비전이나 다름없던 망가의 독자층을 양산해냈다.

텔레비전과 망가에 깔려 있는 문법적인 전제 또한 확실히 비슷하다. 이 둘 모두 작가이자 저널리스트인 로버트 맥닐이 미국의 텔레비전에 대해 묘사했던 바에 부합한다. "정보량은 한입 크기로 나누는 것이 좋고, 너무 복잡한 내용은 피해야 한다. 미묘한 뉘앙스는 굳이 없어도 되고, 이런저런 조건을 다는 행위는 단순한 메시지를 전달하는 데 방해가 될 뿐이다. 사람들의 생각은 시각적인 자극으로 대체하면 되고, 정확한 언어의 구사는 시대착오적인 산물이다." 또한 텔레비전은 화기애애한 분위기를 선호하고 어떤 종류의 실질적인 내용도 남기지 않는 편이 가장 좋다. 이것이 일본이 텔레비전을 즉각적으로 받아들이고 의존하게 된 또 하나의 이유다. 화和를 국가적 차원의 자세로 삼고 있는 나라이기 때문이다.

언어보다는 시각적 이미지를 통해 소통하다보면, 이미지로 이루어진 일방향 대화가 된다. 곱씹을 틈이 없는 빠른 대화다. 텔레비전 한 장면의 평균 길이는 4초 미만에 불과하다. 시청자들이 보고 있는 것은 짧게 끊어진 채 활발히 변화하는 수백만 장의 그림이다. 평론가 닐 포스트먼은 "시각적 관심을 계속 붙들어두기 위해 생각거리를 주는 콘텐츠를 억제해야 하는 것이 텔레비전이라는 매체의 속성이다"라고 말했다.

물론 그렇게 한다고 해서 시청자들이 불편을 느낄 일은 없다. 오히려 더 몰입하게 될 뿐이다.

말이라는 것은 이해해야 하는 반면, 이미지는 단지 알아보기만 하면 되는 것이 아니던가. 이미지가 지배하는 문화에서 언어는 그 설 자리를 잃는다. 미국의 액션배우 브루스 윌리스는 자신의 영화에 대한 혹평을 읽고 나서 이렇게 말한 적이 있다. "이 리뷰들은 글을 읽는 사람들만을 위한 것이다. 인쇄된 언어는 이미 멸종된 공룡처럼 고리타분한 존재가 되었다."

한편 개인들은 물론이요, 사회와 나아가 문화 자체에까지 영향을 끼치는 일종의 변화가 확실히 일어나고 있다. 에른스트 카시러(1874~1945, 독일의 철학자)가 관찰했듯 모든 나라에서 "상징적 행위들이 중요해지는 만큼 물리적 현실은 희미해지는 것 같다. 사람들은 현실세계와 씨름하는 대신 어떤 면에서 끊임없이 자신과 대화하고 있다. (…) 인위적인 매체의 개입 없이는 어떤 것도 보지도 알지도 못하게 되었다".

일본에서 텔레비전이 그런 것처럼, 주의력을 사로잡는 무언가가 일상 곳곳을 지배하게 되면 그 영향은 뚜렷해진다. "아이들은 학교에 갈 나이가 될 때까지 거의 4000시간 동안 텔레비전을 본다. 이것은 이 아이들이 자라 대학에서 강의를 듣는 시간의 두 배에 달한다"(미국의 매체 비평가 조지 트로)는 사실을 알게 되면 그게 무슨 의미인지 깨달을 수 있다. 미국의 이러한 통계는 의심의 여지 없이 일본에도 적용된다.

여기서 핵심은 영상 문화가 활자 문화를 파괴한다는 점이 아니다. 생각을 표현하는 형식은 생각 자체에도 영향을 끼친다. 핵심은 그로 인해 이제 영상산업의 거대한 소비자 층이 형성되어 대단히 커다란 산업이 생겨났다는 점이다. 산업의 속성에 따라 이는 훨씬 더 광범위한 이미지 문화를 만들어낼 것이다.

그 예로 이미지 문화가 만들어낸 컴퓨터 게임 및 그 다양한 유사품들의 꾸준한 성장을 들 수 있다. 여기서 우리는 '실제' 이미지로부터 '가상' 이미지로 옮겨오게 되지만, 연출 효과를 빼면 실질적인 차이는 없다. 이미지는 언제나 이미지로 인식된다. 정도의 차이일 뿐이다. 가장 최근에 등장한 발명품으로는 가상 캐릭터가 있다.

시오리 후지사키라는 열일곱 살 여고생 캐릭터를 예로 들어보자. 원래는 '도키메키 메모리얼ときめきメモリアル'(1994년 코나미에서 출시한 데이트 시뮬레이션 게임—옮긴이)이라는 게임에 나오는 캐릭터다. 이 게임의 목표는 시오리를 데이트에 응하게 하여 당신과 사랑에 빠지게 하는 것이다. CD 형태의 패키지 게임에 담긴 시오리는 컴퓨터가 있는 사람이라면 누구나 만날 수 있지만, 누가 어떻게 플레이하느냐에 따라 다르게 반응한다.

도키메키는 가슴이 두근거린다는 뜻이며, 시오리의 심장

아이콘을 더 빠르게 뛰게 하면 된다. 유저는 시오리가 '사랑해'라고 말하게 될 때까지 플레이한다.(시오리가 구사하는 어휘는 양이 제한되어 있으나 단호하다.) 그렇게 되면 게임이 끝난다. 하지만 유저가 중도에 포기하면 그 전에 게임이 끝날 수도 있다. 이 게임의 유저들은 컴퓨터로부터 거절당하는 것이 실생활에서 거절당하는 것보다 훨씬 더 쉽다고들 말한다.

25세의 게임 개발자 와타나베 유키오는 여성에게 좋아한다고 고백하는 것과 같이 실생활에서는 행동에 옮기기 너무 힘든 일도 게임에서는 할 수 있다고 말한다. 또 다른 젊은 남성인 21세의 하기와라 신고는 정말 시오리와 사랑에 빠진 것으로 유명해진 사람이다. 하기와라는 시오리의 이미지가 인쇄된 모든 달력과 포스터와 머그컵과 시계를 구매했다. 시오리가 비디오 스크린에 '직접 등장'하는 오프라인 이벤트가 있으면 반드시 참석한다. 본인의 말에 따르면 가상 캐릭터 시오리에게 마음을 다 주었다고 한다.

이 게임은 출시된 지 몇 달 만에 100만 카피 이상이 팔렸다. 이 정도의 성공을 거두자 이제는 가상현실 '아이돌'을 만들어내려는 프로젝트들이 생겨난다. 컴퓨터 그래픽만으로 만들어진 연예인의 등장이다. 스토리와 플롯과 인성이라는 부담이 없는 이 유사 소녀들은 절대로 지치는 일 없이 노래하고 춤출 것이다. 글자 그대로 값싸고 쉬운 데이트 상대다.

이미 출시된 아이돌로는 제니가 있다. 일본인 어머니와 아랍인 아버지를 둔 제니는 일본어와 영어를 유창하게 구사하고 노래와 춤에 능숙하다. 또 다른 가상 아이돌인 다테 교코伊達杏子(한국에는 1999년 디키라는 이름으로 진출―옮긴이)는 자신의 라디오 프로그램도 진행할 뿐 아니라 목소리가 담긴 CD도 발매되었다. 둘 다 대중에게 인기가 많고 언론도 이들을 환영한다.

『아사히신문』은 사설을 통해 반기며 이 가상 창작물들의 언어능력을 찬양했다. 일본의 연구개발 능력이 실물과 비슷한 창작물들을 더욱 많이 만들어낼 것이라며 자신감을 표했다. 가상 아이돌들은 '라이브' 행사를 열기도 한다. '악수 세션'은 힘들겠지만 과학기술이 방법을 찾아낼 것이다. 또한 아이돌은 "두세 개의 행사를 동시에 뛰어야 할 때도 까다롭게 굴지 않는다. 커다란 야외 스크린에 '직접' 등장할 수도 있고 이미지를 판매해 텔레비전 광고 모델로도 쓸 수 있기 때문에 개발에 드는 비용을 상쇄하고도 남을 것이다."

이미지 산업은 적극적인 투자와 야심찬 사업가들의 참여로 박차를 가하고 있다. 가상의 펫 다마고치가 거둔 놀라운 성공을 보라. 달걀처럼 생긴 이 작은 휴대용 게임기에서 유저는 다마고치의 '부모'가 된다. 버튼을 눌러 먹이를 주고 돌봐준다. 설명서에는 이렇게 쓰어 있다: "액정 화면에 살고 있는 신비하고 작은 동물 다마고치를 보살펴주세요. 다마고치는 당신이 어떻게 키우느냐에 따라 다양한 방식으로 자라나는 특별함을 갖고 있습니다."

버튼을 누르면 화면 속의 달걀이 5초 뒤 부화한다. 다마고치의 수명은 일주일 정도이고, 이 기간 내내 삐삐 소리를 내며 당신의 관심을 요구한다. 주인은 다마고치에게 먹이를 주고, 배설물을 처리하고, 놀아주고, 훈련시켜야 한다. 다마고치의 외모와 성격은 얼마나 잘 보살핌을 받느냐에 따라 영향을 받는다. 먹을 것을 주지 않으면 굶어 죽을 수도 있다. 보살펴주지 않고 내버려두면 성격이 비뚤어진다. 다마고치를 재부팅할 수도 있고 죽여서 만족을 얻는 방법도 있다. 다마고치는 첫해에만 수백만 카피가 팔리며 순식간에 성공을 거두었다.

다마고치가 이토록 열풍을 불러일으켰다는 사실은 단지 인기가 많다는 사실을 넘어 무언가를 말해주고 있는지도 모른다. 일본에서는 다른 나라들에 비해 모두가 똑같이 보여야 한다는(똑같아야 한다는 의미는 아님) 압박이 강하다. 차파쓰茶髮(갈색으로 염색한 머리), 소녀들의 헐렁한 양말, 버

버리 스카프, 친구들과 찍은 스티커 사진을 뜻하는 프리쿠라 プリクラ(프린트 클럽) 등 새로운 유행이 등장했는데 거기 동참하지 못하면 소외된다. 그러나 유행에 동참했다고 해도 유행 안에 또 유행이 있다. 가령 다마고치 중에서도 하얀색 다마고치만을 쳐주고 다른 색은 그만 못한 식이다.

일본의 이미지 산업은 왜 이렇게 놀랄 만큼 발달했는가. 앞서 여러 이유를 이야기했지만 여기에는 또 다른 요소가 있다. 바로 미학이다.

오래전 일본의 어느 미학자가 이미지에 대해 발견했던 통찰이 있다. "실제와 비슷한 그림이 있고 그 비슷함 때문에 좋은 그림으로 인정받는다면, 그 그림은 자연의 법칙을 따른 것이다. 실제와 비슷하지 않은 그림이 있고 그 비슷하지 않음 때문에 좋은 그림으로 인정받는다면, 그 그림은 그림의 법칙을 따른 것이다."

이 글을 썼던 사람은 17세기의 화가 도사 미쓰오키土佐光起다. 여기서 그는 사물과 그 이미지 사이의 정체성을 확실히 구분하고 있을 뿐 아니라, 그 이미지를 만든 수단으로부터도 구분하고 있다. 그는 또한 이미지를 창작하는 과정에서 만들어지는 간극에 대해서도 인지하고 있음을 드러낸다. 상상한다는 것은 개념이나 생각을 만들어내는 것이다. 즉 마음속에 이미지를 형성한다는 뜻이다. 마음 안에서 이미지 메이킹 프로세스가 일어난다. 외부 자극(예를 들면 언어)에 대한 반응으로 상상하는 과정에서 마음속에 이미지가 생겨나는 것이다.

이미지를 창작하는 작업은 이 과정을 확대하기도 하고 축소하기도 한다. 미쓰오키는 이에 따라 이미지를 두 종류로 구별하고 있다. 사물을 거울처럼 반영하고 있는 이미지와, 이미지 창작에 쓰이는 수단의 얼개를 반영하고 있는 이미지가 그것이다. 이 중 후자는 일본 미학의 가장 풍부한 원천이 되어오고 있다. 예술에 쓰이는 수단을 중시한다는 면에서 그렇다. 나무의 결과 바위의 무늬를 그대로 드러내고, 먹의 사용을 절제하여 흰 종이 위에 여백을 남기고, 하이쿠와 와카和歌의 글자 수를 맞춘다. 이런 것들은 '자연의 법칙'을 따르지 않았기 때문에 '좋은 것'으로 여겨진다.

또한 그 창작 과정에서 이미지 메이킹 프로세스가 과감히 단축된다. 창작을 하다보면 이미지의 최종 소비자를 염두에 두고 작업하게 되며, 그러다보면 자연의 법칙을 벗어난 이미지를 만들어낸다는 점에서 그렇다. 일본에서는 그 창작 수단이 펜과 붓이건 판화이건 컴퓨터 그래픽이건 가상현실의 법칙이건 상관없이 오래전부터 그렇게 이미지가 만들어져왔다.

일본의 이미지 산업은 이러한 탄탄한 역사적 바탕 위에

「겐지 이야기」를 그린 도사 미쓰오키 작품의 일부.
17세기, 도쿄국립박물관 소장

놓여 있고, 또 그 위에서 성장하고 있다. 일본의 이미지 산업은 우리를 위해 상상하고, 특정 개인이 아닌 모두를 위한 이미지를 보여준다. 그렇게 함으로써 시장을 넓혀 나간다. 또한 다른 모든 것을 배제하고 하나의 표준화된 이미지를 내세운다는 점에서, 일본의 이미지 업계는 자신들의 주관을 강요한다. 그렇게 표준화된 모델을 팔고 있다.

203

일본의 자동차 문화에 대한 단상
SOME THOUGHTS ON
2002
CAR CULTURE
IN JAPAN

일본이 자동차를 처음 발명한 것은 아닐지라도 자동차를 완벽하게 한 것은 분명 일본이다. 주위를 둘러보라. 일본산 자동차가 넘쳐난다. 세계의 어디를 봐도 일본 차가 눈에 띄지 않는 나라는 없다. 혼다, 도요타, 닛산, 이스즈, 스즈키와 같이 일본에서 온 자동차 이름들이 전 세계 곳곳에 알려져 있다.

일본 열도에서 바퀴 달린 탈것의 역사는 오래되었다. 고대 일본의 '정치적으로 올바른' 역사를 기록한 『니혼쇼키日本書記』에 그 첫 번째 언급이 등장하고, 나중에는 시집 『만요슈萬葉集』에도 나온다. 두 책 모두 운송수단으로서의 탈것을 다룬다. 아마도 오래된 중국의 물건을 일본이 개조한 바퀴 두 개 달린 우마차였을 것이다. 그러나 여기서 우리는 옛 일본인들의 솜씨를 본다. 훨씬 더 효과적으로 동력을 전달할 수 있는 장치인 이중 요크 샤프트double shaft yoke를 고안해 사용했던 것이다.

이보다 훨씬 더 효과적으로 개량되어 19세기 말 보편적으로 사용된 인력거(진리키샤)를 개발한 것도 일본이다.(일본인들은 그렇게 말한다.) 이 개량된 탈것은 진짜 일본산 내부 연소 엔진을 자랑한다.(일본인이 인력거를 끌었다.)

이름에 그 의미가 들어 있다. '인력'은 사람의 힘을 뜻하고 '거'는 탈것이라는 의미다. 인력거는 당시 해외로부터 일본에 막 들어온 마차에서 영감을 받은 것이라고 알려져 있다. 일본에는 말이 많지 않았지만 사람은 넘쳐났고, 1870년 정부의 허가가 떨어진 이후로 바퀴 달린 의자가 대량으로 생산되었다.(다른 나라에서는 여전히 이걸 리키샤에서 따온 릭쇼rickshaw라는 이름으로 부른다.)

인력거가 인기 있었던 이유는 과거의 대중 교통수단을 대체했기 때문이다. 과거의 일반적인 교통수단은 가고駕籠라고 불린 가마였는데, 실어야 하는 무게에 따라 두 명 혹은 네 명의 남자가 어깨에 메는 식이었다. 바퀴는 없었고 가마꾼들이 몸으로 져야 했다. 가마 운송은 승객 입장에서도 비쌌고 가마꾼들에게는 진을 빼는 노동이었다. 싸고 편안한 인력거가 등장하자 금세 인기를 끌어서 상하이와 홍

콩 및 동남아시아의 다른 도시들에까지 수출되었다. 그런 곳들에 뿌리를 깊게 내린 나머지 지금도 많은 사람이 인력 거를 중국의 발명품으로 여긴다.

그러나 발상지인 일본에서 인력거의 수명은 그리 오래가지 못했다. 1923년의 간토대지진 이후로 인력거는 자동차에 밀려 완전히 자취를 감추고 말았다. 1945년 패전 이후 린타쿠輪タク라는 자전거 택시의 형태로 다시 등장했으나 이 또한 이제 옛날이야기다. 요즘에는 가마쿠라나 도쿄 아사쿠사의 센소사, 교토의 아라시야마 같은 관광지에 가면 린타쿠의 원래 모습을 다시 볼 수 있다. 젊은 아르바이트생 들이 비싼 값을 받고 관광객을 태운다.

* * *

일본 최초의 증기기관 자동차는 1897년 미국으로부터 수입되었다. 1902년에는 요시다 신타로와 우치야마 고마노스케라는 두 사업 파트너가 2기통짜리 12마력의 미국산 엔진을 단 시범용 자동차를 생산했다. 1904년에는 야마하 도라오山羽虎夫가 오카야마에서 최초의 2기통 증기기관 자동차를 만들었고, 1907년에는 도쿄자동차제작소에서 최초로 국산 가솔린 엔진 자동차를 만들었다. 1912년에는 하시

모토 야스지로가 설립한 가이신샤라는 회사가 다토고脫兔號라는 이름의 자동차를 선보인다.

그 후 1920년 하쿠요샤에서 만든 오토모고ォート號를 포함해 이 모든 것은 시범 모델에 불과했다. 하지만 1923년까지 오토모고는 250대나 생산되었고, 이는 그 시절 일본의 어떤 제조업보다 더 많은 생산량이었다. 그러나 같은 해에 발생한 간토대지진으로 모든 산업이 큰 타격을 입었다.

제한된 규모의 시장에서 생산 라인이 줄어들면서 거의 미국에 의존하고 있던 수입차가 넘쳐나기 시작했다. 그렇게 된 데에는 일본 정부에서 모델 T 포드 자동차를 구매한 덕도 있다. 포드사는 일찍이 1903년 일본 시장에 진출한 적이 있기 때문에 모델 T 포드가 선정될 수 있었다. 정부가 구매한 이 차는 미니버스로 리모델링되어(엔타로 버스라는 이름으로 인기를 끌었다) 지진으로 폐허가 된 도쿄에서 유일한 대중교통의 역할을 했다.

시장의 냄새를 맡은 포드사와 제너럴모터스사는 1925년 둘 다 일본에 지사를 설립했다. 그로부터 5년이 지나자 일본 전역에서 연간 약 1만6000대가 넘는 자동차가 달리게 되었다. 그러나 순수 국산 자동차의 국내 판매량은 1933년이 되어서야 겨우 1000대에 이른다.

일본의 자동차 산업이 이렇게 빨리 외국 업체들과의 경

쟁에 뒤처진 것은 일본의 산업 기술, 그중에서도 특히 공작 기계 관련된 부분이 낙후됐던 것이 큰 원인이었다. 당시 존재하던 몇 안 되는 국산 업체들은 과감한 초기 활동에도 불구하고 모두 투자 리스크가 큰 존재로 여겨졌다. 미쓰이나 미쓰비시 같은 금산 복합체(재벌)들 중 이들에게 자금을 대수려는 곳은 서의 없었다.

반면 일본의 군부는 국산 자동차의 생산을 장려했다. 이들이 정확히 원했던 것은 트럭이었다. 대형 재벌들은 군부의 압력에 저항했으나, 닛산이나 도요타, 이스즈와 같은 소규모 신흥 업체들은 1935년에 사업 허가를 받았다.

제2차 세계대전이 시작되자 이제 태도가 적극적으로 변한 재벌들이 정부와 힘을 합쳤고, 미쓰비시 중공업은 전쟁에 필요한 트럭은 물론이요 비행기와 무기 생산에도 참여하게 된다. 전쟁이 끝나고도 미쓰비시 중공업은 이 사업을 이어갔는데, 연합군 사령부에서 미쓰비시가 다시 일어서도록(혹은 자동차를 생산하도록) 장려했기 때문이다.

전쟁이 끝나고도 이들이 주로 만든 것은 트럭이었다. 사람들은 걸어다니거나, 전차나 버스를 타거나, 증기를 내뿜으며 석탄으로 가는 택시를 타고 다녔다. 1940년대 말까지 거리마다 그런 택시들을 볼 수 있었다. 그리고 이때쯤 또 다른 전쟁인 한국전쟁이 발발하는데, 이는 한국을 제외한 모든 이에게 경제적인 호재였다. 일본은 한국전쟁의 군수품 생산 붐을 타고 승용차를 생산하기 시작했다.

이때가 1952년 즈음이었다. 일본 정부가 자국 자동차 산업의 지원과 보호를 내세운 정책을 가동시킨 직후이기도 했다. 경제산업성은 직접 보조금을 주지는 않았지만 자동차 산업에 외화를 우호적으로 몰아주었고 해외로부터의 자동차 수입을 제한하기 시작했다.

그 결과 1960년이 되면 승용차의 국내 생산량이 늘어난다. 후지 중공업(스바루와 프린스의 생산업체)과 도요 공업(마쓰다), 혼다(혼다는 모터사이클도 만들었다)와 같은 회사들도 이 대열에 합류했다. 크라운, 세드릭, 코로나, 블루버드와 같은 전략적 차종이 대량 생산을 목표로 디자인되었고 1965년이 되면 일본의 자동차 산업은 완전히 자리를 잡는다.

생산량은 어마어마했다. 1955년에 겨우 2만 대가량을 생산해서 그중 단 두 대를 수출하던 것이 25년 뒤인 1980년에는 700만 대를 생산해서 그중 거의 400만 대를 수출하고 있었다. 이런 가파른 성공은 일본 경제가 버티지 못하고 1990년대에 붕괴할 때까지 줄곧 이어졌다.

많은 양의 새 자동차들이 팔리면서 일본은 이를 수용하기 위한 새로운 사업들도 벌였다. 차가 달릴 수 있는 도로

209

들을 건설했다. 단지 차를 몰고 어디론가 갈 수 있도록 하기 위한 목적으로 만들어진 도로들은 종종 아무도 가지 않는 곳까지 놓여 있었고 불필요한 다리를 건너기도 했다. 주차 공간이 점점 부족해진 나머지 금싸라기 땅들이 주차장 물건으로 각광을 받았다. '마이카'라는 개념이 유행처럼 번졌고 얼마 지나지 않아 일본 열도의 모든 사람이 남녀노소 가리지 않고 차를 한 대씩 소유하고 있는 듯했다.

* * *

20세기 후반부와 21세기의 앞으로 다가올 세월 동안 일본 국토가 크게 훼손되는 것에 대한 책임을 자동차 산업에만 지우는 것은 공평치 않다고 생각한다. 선거에서 표를 얻기 위한 정부 주도의 난개발, 지방 정부와 현지 건설 회사가 결탁해 벌이는 환경 파괴, 국립공원마저 상업 용도로 바꿔 버리는 고삐 풀린 '개발' 프로젝트들에도 책임이 있다. 그러나 다른 많은 나라의 사례에서도 볼 수 있듯이 일본에서와 같은 전방위적 환경 파괴는 자동차 시대와 함께 왔다. 지금까지는 지진과 같은 자연재해나 전쟁과 같은 인적 재해에서나 볼 수 있었던 규모의 파괴다.

　일본 정부는 대책을 마련하려고 애썼다. 도쿄의 끔찍한

교통 체증(그리고 나일론 스타킹이 여성들의 다리에서 녹아내린다고 할 정도로 심각했던 산업 공해)은 점차 통제되었다. 기차와 지하철이 새로이 등장해 보행자의 흐름을 분담했고, 고가도로들을 체계적으로 건설하여 밀집된 자동차들을 분산시켰다. 도쿄 올림픽이 열리던 1964년이 되면, 예전에는 방콕처럼 차가 꼼짝도 못 하던 상황에서 벗어나 자동차의 흐름이 가능해졌다.

일사천리로 달리던 경제에도 불구하고(처음에는 일사천리로 성장했다가 뒤에는 일사천리로 하락), 나중에는 자동차 산업의 횡행에 제동을 걸려는 시도도 있었다. 자동차의 안전을 향상하기 위한 리콜 시스템이 도입되었고, 자동차 관련 법들은 이제 어떤 의미에서 환경오염을 주로 다룬다. 조만간 출시될 에너지 절약형 소형차들에는 혜택이 주어진다. 부분적으로 이런 혜택은 엄격한 가솔린 법을 통해 이루어진다. 나라를 위한 가장 밝은 희망이 자동차 산업에는 가장 어두운 공포이기도 하다. 자동차 비즈니스는 더 이상 이른바 '거품경제 시절'처럼 잘나가지 않는다. 사람들은 이제 차를 살 돈이 없다.

이 글을 쓰기 위한 정보를 얻을 목적으로 만난 시마카와 고이치 씨는 "일본의 자동차 산업은 이제 단순한 양적 성장의 시대에서 벗어나 질적 향상의 시대로 성장해야 한다"

고 주장한다. 그럴 수 있다면 정말 그래야 한다.

다른 나라에서도 그런 것처럼 자동차는 일본 문화에 진정한 변화를 가져다주었다. 하지만 여기에는 몇 가지 차이점이 있다. 일본에서도 자동차 덕에 가족 외출이 예전보다 늘었을지는 모르나 차를 탄 채 주문하는 드라이브인 문화는 전혀 자리 잡지 못했다. 주차장을 가득 메운 차 안에서 애정 행각을 벌이는 '러버스 레인lover's lane' 현상도 일본에는 없다. 일본에는 이미 같은 목적으로 만들어진 '러브호텔'이 있기 때문이다. 자동차로 인해 적어도 교외 지역의 쇼핑은 훨씬 더 활성화되었다. 교외가 아닌 시내에서는 대개 주차가 너무 큰 골칫거리다.

212

자동차로 가득한 일본의 메트로폴리스 도쿄는 아직 '차 없는 날' 같은 것을 지정하지는 않았다. 어디에서도 환영받지 못하는 차량 부제 운행제는 시행은 고사하고 제안조차 된 적이 없다. 차량금지구역도 없다. 차가 들어갈 만한 넓은 길은 이미 모두 자동차로 꽉 차 있다.

이러한 문제를 심각하게 여기고 있다는 신호는 여기저기서 보인다. 이제 많은 대도시가 주요 거리에 '차 없는 일요일'(오전 10시에서 저녁 6시까지) 제도를 도입하고 있다. 경찰들은 불만을 토로하고(차량 우회 문제가 간단치 않다), 거리 상점들의 반대도 있었지만(보행자 천국으로 인해 평소보다 더 많은 손님이 몰린다는 걸 깨닫기 전까지) 이 제도는 계속되고 있고 몇 시간이나마 도시의 숨통을 틔워준다.

*　*　*

대부분의 발명은 발명하는 이들이 혜택을 누리려는 의도에서 출발한다. 인위적으로 피워낸 불을 사용해 고기를 굽는다거나 하는 것처럼. 자동차의 발명은 공간과 시간을 사람에게 편안한 형태로 바꾸어내려는 시도였다. 자동차가 우리를 둘러싼 환경을 근본적으로 바꾸었음에도 자동차의 발명을 비판하는 사람은 거의 없다. 그러나 공간과 시간을 이처럼 통째로 바꾸려는 시도에는 장단점이 있다.

우리는 장점을 당연하게 여기고 단점에 대해서는 가끔 비난한다.(심각한 수준의 비난은 결코 아니다.) 자동차는 그 장점을 심각하게 의심하기에는 너무나 편리한 도구다. 가령 아이를 병원으로 빨리 데리고 가서 생명을 구할 수 있는 것은 자동차 덕분이다. 카트를 타고 오는 의사만 믿고 있다가는 도착할 때쯤 아이는 이미 죽어 있을 것이다. 그러나 사회가 대량으로 자동차에 의존하는 현상으로 인한 부작용에 대해 우리는 별로 이야기하지 않는다.

정말이지 크게 고민하지 않는 사이 우리가 사는 환경이

자동차에 완전히 맞춰진 나머지 어디서 어떻게 사는가 하는 질문도 이제 자동차에 달려 있다. 미국에서는 사람들이 교외에 살면서 차를 운전해 출근한다. 아이들은 스쿨버스에 실려 학교에 가고 부모는 대형 몰에서 쇼핑한다. 자동차 없이는 이러한 교외의 삶을 상상할 수 없다. 교외로의 탈출이 도심 공동화의 원인이자 동시에 결과라는 점을 생각하면 이러한 교외의 삶이 애초에 필요했던 것인지 의문이다.

모두가 자동차를 갖고 있고 아무도 대중교통을 이용하지 않기 때문에 결과적으로 대중교통은 유지가 어려울 정도의 애물단지가 된다. 로스앤젤레스 같은 도시에서 자동차가 없다면 다리가 없는 것이나 마찬가지다. 자동차가 없는 사람들에게 이동 거리는 상상을 초월할 정도로 길고 이동에 걸리는 시간은 끝이 없다. 반면 차가 있는 사람에게는 원하는 식당에서 밥을 먹고 싶다는 단순한 이유로 한 시간 걸려 100마일이 넘는 거리를 운전하는 일도 흔하다.(텍사스 사람들은 공감하리라.)

자동차로 인해 자동차식의 공간 개념이 생겨났다. 우리는 어디를 가더라도 숲을 뚫고 산을 넘고 해안을 가로지르는 감탄스러운 고속도로 시스템에 익숙해져 있다.(그리고 감사한다.) 국도가 우리의 도시들을 이리저리 조각내지만, 자동차로 인해 이러한 파괴가 일어나고 곤란을 야기하는 것에 대해 불평하지 않는다.

서울이 좋은 예다. 서울에서는 자동차의 수요에 부응하기 위해 도시의 오래된 지역들을 모두 파괴했다. 차가 없는 사람들은 도심의 길을 건널 때마다 계단을 내려가 지하도로 들어갔다가 반대편으로 올라와야 한다. 마찬가지로 일본의 도시에서도 차가 없는 사람들은 높은 육교를 걸어 올라가 복잡한 차도 위를 가로질러 갔다가 다시 내려와야 한다. 오르락내리락을 반복해야 하는 이런 육교를 노인들은 '심장마비 설비'라고 부른다. 정말 커다란 불편인데도 아무도 불만을 제기하지 않는다. 불평이 있더라도 너무 소수이기 때문에(단지 보행자의 불만일 뿐) 그 의견이 들리지 않는다.

자동차 문화가 야기한 골칫거리는 어디에나 있지만, 골치가 나타나는 형태는 다양하다. 일본이 경험하는 자동차 문화는 일부 서양 국가의 경험과 다른 양상을 띤다. 하나하나 살펴보자.

일본 열도에는 자동차와 트럭이 없는 곳이 없지만, 운전 거리가 아주 멀지는 않다는 차이가 있다. 아무도 한 끼 식사를 위해 한 시간이나 운전해서 가지 않는다. 4차선 고속도로가 열도의 주요 섬 곳곳에 다 깔려 있지만 땅의 길이라는 물리적 제한으로 인해 시간의 품질인 속도가 제한된다. 게다가 중간중간 톨게이트도 있다. 일본의 고속도로는 운전자 입장에서 돈이 많이 들도록 설계되어 있다. 대부분의 나라에서는 일단 도로 건설비가 충당되면 그 뒤부터는 무료로 이용할 수 있다. 일본에서는 그렇지 않다. 고속도로는 끝없이 돈을 찍어내는 기계와도 같다. 톨게이트 비용은 '유지 보수'에 사용된다고 한다.

또 하나의 차이점이라면 일본에서는 자동차가 대중교통을 밀어내지 않았다는 점이다. 일본은 정말이지 세계 최고의 대중교통 시스템을 자랑한다. 그 유명한 신칸센 및 도시와 도시를 잇는 온갖 종류의 교통수단, 빼어난 지하철과 시내의 열차 시스템, 감탄스러운 버스 시스템을 갖추고 있다.

이렇게 된 큰 이유는 일본이 국토에 비해 인구가 너무 많아 이들이 모두 한꺼번에 운전하고 다닐 수 없기 때문이다. 일본은 미국 전체 인구의 절반쯤 되는 사람들이 캘리포니아보다 조금 작은 공간에 전부 몰려 있는 것과 비슷하다. 이 사람들이 미국인들이 하는 것처럼 모두가 차를 몰고 길로 나온다면 나라 전체의 도로가 빼도 박도 못 하는 교착 상태에 빠질 것이다.

일본의 대중교통이 탁월한 또 하나의 이유는 그것이 널리 사용되기 때문이다. 가난하거나 혜택받지 못한 소수의 사람에게만 주어진 시스템이 아니기 때문에 강제로 파산할

세계에서 가장 많이 팔린 차로 거론되는
1세대 도요타 코롤라(1966)

우려가 없다. 일본이 대중교통을 이용하는 이유는 차를 갖고 다니는 것이 실제로 불편을 가져오기 때문이다. 주차장은 호텔만큼이나 비싸고, 경찰은 불법 주차된 차량을 꼬박꼬박 견인해간다. 자동차 보험은 비싸고 자동차세는 더 비싸다. 따라서 서양과 비교하면 '마이카'를 덜 사용한다.

다들 자동차를 몰고 나오는 일 년 중 두 번의 시기가 되면 그 효과를 실감할 수 있다. 바로 새해와 한여름의 휴가철이다. 이때가 되면 도시의 모든 사람이 지방의 고향(후루사토)으로 돌아간다. 모두 차를 몰고 가기 때문에(온 가족이 이동하기엔 자동차로 가는 편이 열차나 버스보다 훨씬 더 싸다), 마치 온 국민이 한꺼번에 고속도로에 나와 있는 것 같은 느낌을 준다.

이로 인해 방콕에 버금가는 전국적 교통체증이 발생한다. 반나절 혹은 그보다 긴 '정체'도 흔하고, 온 가족이 '마이카'에 갇혀서 속을 태우고 언쟁을 하며 연휴를 보낸다. 간신히 시골의 목적지에 도착했나 싶으면 이제는 다시 운전해서 돌아와야 할 시간이다. 이 공포의 '유턴'을 할 때는 도시로 다시 진입해야 하는데 이 과정은 도시를 빠져나갈 때보다 훨씬 더 지독하다.

그러나 도로에 자동차가 넘쳐나는 이 두 시기만 제외하면, 일본은 다른 나라에 비해 개인용 자동차로 인해 생겨나는 단점이 없는 편이다. 반면 만연한 자동차 문화가 가져온 새로운 가치들은 일본의 전통적인 태도와 미덕들을 크게 저하시켰다.

* * *

자세히 설명해보자. 시간과 공간을 어떻게 생각하느냐는 모든 문화에서 중요한 영향력을 갖는다. 일본의 전통문화에서 시공에 대한 생각을 다루는 방식은 특히 유명하다. 예를 들면 하이쿠는 시간과 공간 사이의 미묘한 접점을 묘사한다. 마쓰오 바쇼松尾芭蕉(1644~1694)의 유명한 하이쿠에 그 예가 잘 나타나 있다:

고요한 연못 古池や An old pond
개구리 뛰어드는 蛙飛び込む a frog jumps in
물보라 소리 水の音 the sound of water

사토 히로아키의 이 한 줄짜리 번역에서 우리는 시공의 연결을 본다. 먼저 공간을 묘사하고 시간적 사건이 따라온다. 시간과 공간을 서로 대조하다가 그것이 우연히 만나는 순간을 음미한다(물보라). 그렇게 하기 위해서 우리는 시간과 공간이라는 양극의 개념이 만나 기적적으로 하나가 되는 찰나를 순간적으로 상상해야 한다.

이것이 가능하려면 우리는 아마도 바쇼가 그랬던 것처럼 한참을 앉아서 기다려야 할 것이다. 개구리들이 항상 연못으로 뛰어드는 것은 아니기 때문이다. 그 순간이 특별하다는 것을 알고 있어야 한다. 우리는 한 장소에 조용히 앉아 있고(공허한 공간), 그러다 갑자기 공간만큼이나 공허하던 시간의 흐름에(공허한 시간) 하나의 강렬한 소리라는 특이한 사건이 방점을 찍는다. 이로 인해 우리가 놓여 있는 진짜 시공의 위치를 순간적으로 깨닫는다.

물론 이렇게 풀어서 설명하는 것은 이 하이쿠를 망치는 행위다. 하이쿠는 갑작스레 다가오는 깨달음을 추구하는 것이지 수고로운 해설을 위한 문학이 아니다. 하지만 바쇼가 마이카에 타고 있었더라면 이런 하이쿠를 쓰지 못했을 것이라는 사실을 깨닫는 데는 이런 해설이 도움이 된다. 바쇼가 차를 몰고 연못까지 가서 거기서 한동안 머물렀더라도 상황은 마찬가지였을 것이다. 운전수 바쇼가 발견한 개구리는 기껏해야 차에 깔려 죽은 개구리 정도가 아니었을까.

딱히 목적지를 정해놓지 않고 여기저기 운전하며 다니는 일도 가능은 하리라. 자가용을 타고 온가족이 나들이를 하는 일도 있고, 젊은이들이 개조한 차를 몰고 폭주하며 다니는 일도 있다. 하지만 이런 행위들이 자동차의 주요 목적은 아닐 것이라고 생각한다. 일본에서는 확실히 존재하지 않는 행위다.

따라서 바쇼와 그의 시대에 살았던 사람들에게 일상이었던 일이 현대인에게는 거의 일어나지 않는다. 물론 자동차 산업만이 여기에 모든 책임이 있는 것은 아니고 다른 무수한 변화도 있었다. 그러나 시간과 공간을 재정의하는 데 자동차는 확실히 기여한 바가 있다. 자동차는 대부분의 오래된 연못들을 메워버리고 사색의 기회를 앗아가버렸다.

221

*　*　*

이와 평행을 이루며 대조되는 이야기를 해보자. 일본은 역사 대부분의 기간에 가난한 나라였다. 천연자원도 별로 없고 일찍부터 인구가 넘쳐났다. 부유한 소수도 존재했지만 대다수는 요즘 기준으로 보자면 경제적으로 어려운 사람들이었다. 이러한 상황이 일반적이었기 때문에 오로지 필요에 기반한 문화가 생겨났다고도 주장할 수 있을 정도다.

아무것도 아닌 진흙은 넘쳐났기 때문에 한국의 도움을 받아 탁월한 도자기가 탄생했다. 공간은 넘쳐났으나 가구는 없었기 때문에 마삐(공간)의 개념이 생겨났다. 공간 자체

가 부재가 아니라 무언가의 존재였다. 청빈의 예술을 강조하는 미학적 단어들도 만들어졌다. 사비寂び는 단지 녹슬었다는 뜻이 아니라 정겹게 낡은 것, 많은 사용을 거쳐 녹이앉은 것을 가리킨다. 와비侘び는 흔한 사물의 우아한 쓸쓸함, 미학적으로 평범한 사물의 비범함을 뜻한다. 신비롭고아름다움을 뜻하는 유겐幽玄은 일상이 어떤 오래된 방식을통해 영원과 만날 때 발생한다.

이러한 검소함은 6세기부터 대략 1960년대까지 계속되었다. 그 후 일본에서는 혜택받은 일부뿐 아니라 대다수의보통 사람이 부유해지기 시작했다. 이제는 '버블'(단어의 뜻자체가 언젠가는 터질 운명을 뜻한다)이라고 부르는 기간에 일본인들은 록펠러 센터부터 유명한 골프 코스들까지 눈에보이는 모든 것을 사들였다. 10년의 세월을 거치며 나라가전반적으로 신흥 부자가 되었으며 수세기 동안 내려온 검소함은 이제 관심의 대상 밖으로 밀려났다.

새로운 부의 상징 중에 자동차가 있었다. 강력한 자동차산업의 성장은 이처럼 온 국민이 놀랍도록 부유해지던 시절과 때를 같이했다. 공간과 시간과 아름다움과 그리고 삶 자체에 대한 생각은 이제 다시는 예전과 같지 않을 것이었다.

현재는 마땅한 해결책이 나올 수 없는 상황이다. 게다가 일본인의 대다수는 해결책이 필요한 상황이라고 생각하고 있지도 않을 것이다. 해결책이 나오려면 비현실적으로 근본적인 해결책이 아니면 안 된다. 타임머신이 나올 때까지 기다렸다가(이것도 시간문제이리라 본다) 과거로 돌아가 요람에 있는 헨리 포드를 살해하는 정도의 근본적인 해결책. 이런 게 가능할 리가 없고, 일본에는 러다이트 운동(19세기 초반 영국에서 기계 문명을 거부하던 운동—옮긴이) 같은 것도 전혀 존재하지 않기 때문에 더욱 현실적이지 않다.

그렇다면 현재의 세상에 적응하는 수밖에 없다. 마쓰오 바쇼라면 아마도 그랬을 것이다. 연못이 눈에 띄게 줄고, 개구리도 눈에 띄게 줄었지만 훨씬 더 빠르게, 효과적으로, 경제적으로 제시간에 도착할 수 있는 세상에 적응하는 것이다. 그렇게 적응해가며, 자동차가 지배하는 세상은 차를 타고 다니는 우리에게 은혜이자 동시에 저주라는 사실을 곱씹어볼 수도 있지 않을까.

223

경계 넘나들기: 일본의 사례
CROSSING THE BORDER: 2004
THE JAPANESE EXAMPLE

경계 혹은 국경을 넘는 것을 얘기하자면 일본이 좋은 사례
가 될 수 있다. 왜냐하면 일본은 경계에 대해 아는 것이 많
고 (필요에 따라) 경계를 다양한 용도로 사용하고 있기 때
문이다. 양국의 동의하에 땅 위에 국경을 그리는 대부분의
여느 나라와는 달리, 일본의 국경은 과거에 인적이 없던 바
닷길이라는 형태로 자연이 부여한 것이다. 영국처럼 섬으
로 이루어진 일본은 바다라는 국경에 힘입어 이웃 나라들
로부터 거리를 유지해왔다.

따라서 일본의 국경이 침범을 당한 일은 거의 없다. 유럽
과 미국이 세계 각국의 국경을 무차별하게 넘어 들어가던
서양 제국주의의 침범에 시달리지 않았던 몇 안 되는 아시
아 국가 중 하나가 일본이다.

일본의 국경이 위협에 처했던 것은 딱 두 번이다. 13세기에 몽골이 일본을 침략하려 했으나 태풍에 의해 배편이 저지당하고 점령은 무산되었다. 이를 신의 힘이 일본을 위해 작용했다는 증거로 여겨 당시의 태풍을 '신의 바람'이라는 의미의 가미카제神風라고 불렀다. 이 단어는 이후에도 수없이 사용되었는데, 가장 최근에는 제2차 세계대전의 마지막에 등장한 일본 자살 폭격기를 묘사하는 데 쓰였다.

그리고 일본의 국경이 두 번째로 침범당한 것이 바로 제2차 세계대전이다.

연합군은 일본 침공에 나서서 본토를 초토화시키고는 점령군으로 들어왔다. 이것이 현재까지 역사상 유일하게 일본의 경계가 뚫리고 국경이 무너졌던 사례다.

이러한 침략의 결과는 대개 무시무시하다. 사람들이 죽고 삶의 터전이 파괴되는 것은 물론이요, 도시 전체가 폐허가 되고, 통신수단이 사라지고, 기아와 전염병이 창궐한다. 어떤 영역에서건 지금까지 인정되던 경계가 파괴되면 사회도 개인도 혼돈에 빠진다. 경계란 것이 원래 정체성을 보존하기 위한 것이니 그것이 무너지면 정체성이 위협을 받는 것 아니겠는가.

일본으로서는 처음 당한 침략이었다. 과거에 일본 내부의 경계선을 둘러싼 분쟁들이 있기는 했어도 나라 전체의 국경이 이렇게 다 뚫려버린 일은 없었다. 게다가 물리적인 피해 외에, 국가라는 개념에 기반한 국민으로서의 정체성이 파괴되는 데서 오는 정신적인 충격이 있었다. 경계는 또한 그 내부를 보호하기 위해서만이 아니라 규정하기 위해서도 존재한다.

이런 일들을 겪기도 했고, 또 역사의 대부분을 섬나라 국민으로 지내왔던 터라 일본인들은 전통적으로 국경을 넘는다는 행위를 경계해왔다. 줄곧 자신들의 국경을 단순히 근처에 그어져 있는 선이 아닌, 행위를 제한하는 경계선으로 인식해왔다.

실제로 역사의 대부분 기간에 일본은 외부인에게 명목상 닫혀 있었다. 일본 정부는 국경을 벗어나는 것을 불법적인 행위로 간주했고, 어찌어찌 국경을 빠져나갔다고 하더라도 돌아오면 범죄자 취급을 했다. 이것이 일본의 쇄국이라고 알려진 국가 차원의 은둔이다. 일본 국내에도 다양한 경계선이 존재했던 흔적이 있고, 한 지방에서 다른 지방으로 여행하려면 요새를 통과해야 했다. 요새는 오늘날의 출입국관리소 및 세관과 비슷한 기능을 했으며 경비병이 지키고 있었다.

경계가 농부와 장인들에게만 적용되고 작동했던 것은 아니다. 경계라는 개념에 기반한 참근교대라는 제도가 있었는데, 이는 에도에 모여 살던 각 지방의 다이묘(영주)들이 의무적으로 각자의 고향에 값비싼 여행을 다녀와야 했던 것을 일컫는다. 이들의 행차는 예를 갖춘 의식이었으므로 다수의 사람이 참가했고(직계가족들은 사실상의 인질로 에도에 남아 있어야 했지만) 많은 비용이 들었다. 참근교대에는 일자리를 제공하여 사람들로 하여금 돈을 벌게 하고, 국가의 세수를 채우고, 정치적 봉기를 일으킬 생각을 단념시키는 일거양득의 효과가 있었다. 정치적 봉기를 일으키는데는 항상 막대한 비용이 들기 때문이다. 다이묘들의 이 성대한 행차는 가는 곳마다 돈을 뿌리고 다녔으며, 행정구역 경계에 설치된 수많은 요새를 지날 때마다 멈춰야 했다. 경계는 곧 장벽이었다.

일본의 국경은 오늘날에도 여전히 장벽이다. 1945년 일본을 점령한 연합군은 원래의 군사정권이 또 다른 군사정권으로 바뀐 것에 지나지 않았고, 일본인들은 다시 한번 국경을 넘나들기 어려운 신세가 되었다. 출입국이 자유롭다는 현재에도 일본의 국경은 한쪽으로만 쉽게 열린다는 사실은 주목할 만하다. 외부인이 일본을 나오기는 쉽지만 들어가기는 쉽지 않다. 이는 국가들이 경험을 통해 학습하는 것이기도 하다. 어느 나라 국경의 출입국 심사대를 보더라도 당당한 자국민들과 기도하는 심정의 외국인들을 별도

에도성에 진입한 참근교대 행렬을 그린 병풍(제6폭)에서,
다이묘의 수행원들을 바라보는 관광객과 상인.
일본국립역사박물관 소장

의 줄로 분리하는 것은 그 때문이다.

일본 안에서 사람들이 국적을 갖고 요란을 떠는 것도 그 때문이다. 일본에는 일본인이라는 것에 대한 완고한 정의가 존재한다. 일본인은 경계 안에 있고, 나머지는 모두 바깥에 있다. 귀화라는 개념이 있기는 하지만 그 또한 다른 나라들이 귀화를 받아들이는 만큼이나 완고하다. 귀화와 같이 정해진 행정 절차를 거치지 않은 채 일본에 살면서 일하는 사람들은 받아들여지지 않는다. 예를 들어 조상들이 한국에서 온 3세대의 교포들은 공직 출마권과 같은, 시민권에 따르는 권리의 일부를 일상적으로 거부당한다.

나 또한 어른이 된 이후의 삶 대부분을 일본에서 현지인들 사이에 섞인 외국인으로 보냈다. 공식적으로 나는 꽤 낯선 개념이자 중간지대쯤 되는 영주권 보유자다. 영주권을 신청하기 전까지 사람들은 나에게 귀화를 선택하라고 했다. 공무원들에게는 귀화로 처리하는 일이 훨씬 더 간단하기 때문이다. 귀화하면 명목상으로는 일본인이 된다. 영주권 보유자는 일본인도 아니고 외국인도 아니다. 세금을 내지만 투표할 수는 없다. 내 경계는 애매하기 그지없다.

일본이 쇄국의 역사 때문에 다른 나라에 비해 외국인들을 더 혐오하는 것은 아니다. 그저 외국인에 대한 혐오를 더 공개적으로 드러낼 뿐이다. 일본에서는 외국인 혐오자

혹은 여성 혐오자나 인종차별주의자라고 손가락질 당할까 봐 걱정해야 하는 일이 별로 없다.

외국인을 가리키는 단어를 예로 들어보자. 표준적으로 쓰이는 단어인 가이진外人은 "밖에서 온 사람"이라는 순진한 의미로 번역된다. 일본에 사는 외국인들은 물론 그 단어 뒤에 잔뜩 숨겨진 편견을 본다. 하지만 그렇게 불리는 정도는 특권이다. 잘 쓰이지는 않지만 언제라도 사용 가능한 훨씬 더 고약한 단어들도 존재한다. 예를 들면 게토毛唐(빨간 털의 야만인) 같은 단어도 있다. 외국인을 비하하는 언어 습관에 있어서는 미국도 별로 할 말이 없다. 미군정 시절 미8군에서 '토착인과의 친교'를 금지한다는 공고를 낸 것을 본 기억이 난다. 일본인을 가리키던 '국gook'이라는 미군 속어처럼 꼴 보기 싫은 단어를 사용하는 언어도 드물 것이다. "어이, 저기 반반한 국 여자가 지나간다Hey, that's a good-looking gook girl"라고 말하는 식이다.

일본의 단어들은 자체적으로 순화되기는 했어도, 진정으로 '정치적으로 올바른' 단어들은 아직 일본의 문도 두드리지 않았다. 정치적 올바름이 가져다준 성취와 그 반면의 끔찍한 불편함 또한 아직 들어오지 않았다. 거기에는 그럴 만한 이유가 있다. 일본은 누가 문을 두드리는 것을 매우 수상쩍게 여긴다. 그러한 경향은 19세기 중반 미국의 군함이 무역의 탈을 썼으나 사실은 누가 봐도 제국주의 착취의 시도라는 목적을 갖고 등장했을 때에 대폭 심화되었다. 그러나 이런 위협을 마주했던 일본은 과거 쇄국의 역사를 반복할 것이라던 예상과는 달리 국경을 닫고 더 깊은 은둔의 상태로 들어가지 않았다.

일본은 타협을 통해 국경을 열어주었다. 하지만 침략자로 돌변할 수 있는 서양인들에게 여기 한 곳 저기 한 곳 개항하는 식으로 아주 살짝만 열어주었다. 반면 일본을 점잖게 위협하고 있는 서구 열강을 최대한 배우기 위해 나라 밖으로 나가려는 일본인들에게는 문을 활짝 열었다.

이렇듯 편의에 따라 국경을 한 방향으로만 여는 것은 다른 나라에서도 인기 있는 방법이다. 많은 나라가 그 효용을 알아차렸고, 미얀마의 출입국 정책과 같은 예에서 알 수 있듯이 아시아에서 특히 그랬다. 적은 비용으로 효용을 누릴 수 있으며 외부로부터의 침략을 현저히 늦출 수 있다. 군사적 침략은 물론 상업적 침략도 마찬가지다.

하지만 이런 방법은 가끔 오작동하기도 한다. 수년 전 일본은 이른바 '오일 쇼크'의 한복판에 있었고, 때마침 미국의 닉슨 대통령이 연달아 배신하자(닉슨은 1970년대 말 미일 무역 정책을 일본에 불리하게 수정하고 미중수교를 추진해서 일본에 충격을 안겼다—옮긴이) 석유를 다른 곳에서 수입하기로 결정한 적이 있다. 일본은 이란을 새로운 석유 수입처로 결정하고, 이란과의 교역 절차를 간소화하기 위해 양국민이 자유롭게 상대국을 드나들 수 있도록 상호주의에 입각한 새로운 비자 정책을 실시했다. 이렇게 하면 일본의 석유 수입상들이 이란을 드나들 때의 골치 아픔을 최소화할 수 있으리라 생각했다.

그러나 석유 수입상들이 편하게 이란을 오가게 되었는지는 몰라도 일본 국내에서의 골치 아픔은 최대화되었다. 한 달에 한두 명의 일본인이 테헤란을 오갔던 데 비해, 매주 수백 명의 이란인이 도쿄를 방문했던 것이다. 얼마 지나지 않아 도쿄는 일자리를 찾아 일본에 온 붙임성 좋고 행실 바른 젊은 이란인들로 넘쳐났다.

일자리가 없었던 건 아니지만 이들은 당연히 일자리를 구하지 못했다. 가져온 돈이 떨어지자 붙임성 좋은 이란의 젊은이들은 주로 야쿠자에 취직했다. 야쿠자들은 이들 중 상당수에게 마약 운송 일을 시켰다. 더 나은 삶을 위해 일본에 왔던 이란인 대부분이 그렇게 일본 당국에 의해 체포되어 범죄자로 강제 출국되었다. 기존의 일방향 국경 정책이 부활했고 일본은 다시는 느슨한 출입국 정책을 시도하지 않았다.

경계에는 국경처럼 물리적인 형태를 가진 것만 있지 않

다. 가령 경제적 필요에 관한 경계가 있다. 일부 독자는 한때 일본이 한동안 별다른 제재를 받지 않고 전 세계에서 독보적인 위치를 차지하던, 이른바 무역수지 불균형이라는 말을 들어본 적이 있을 것이다. 일본에서 만든 더 싼 (그리고 대체로 품질도 더 좋은) 자동차나 카메라들을 다른 나라의 무수한 사람이 구매했던 반면, 일본은 다른 나라에서 만든 물건을 그만큼 사려고 하지 않아 화를 불러일으켰다.

이 중 특히 분노했던 나라가 미국이다. 미국은 일본이 무역 쿼터나 수입자격증, 유통 절차 등을 의도적으로 조작해서 자국민들이 미국의 물건을 사지 못하도록 불공정하게 제외시켰다고 주장했다. 미국의 주장이 사실이건 아니건 간에, 당시 일본의 부는 커져만 갔고 무역 불균형이 그 이유 중 하나인 것은 분명했다. 이런 유의 경제적 경계는 실용적인 목적에 의해 만들어진 것이었다.

하지만 그런 식의 경계는 오래가지 못한다. 얼마 지나지 않아 일본의 경제 버블이 붕괴해버렸다. 일본은 값싼 원가의 생산을 유지할 수 없었고 아시아의 다른 나라들이 일본보다 싼 원가에 물건을 생산할 수 있게 되었다. 일본의 경제 장벽(어떤 이들은 상상력을 발휘해 "일본의 구조적 장벽" "일본의 인터페이스 결핍", 심지어 "일본의 문화적 차이"라고도 불렀다)은 무너졌다. 수많은 경제적 경계의 원인이자 결과인 무역 불균형은 이제 서서히 균형을 찾아가고 있는 것처럼 보였다.

물론 경제 장벽은 항상 있어왔고 여전히 존재한다. 다른 나라와 국경을 맞대고 있다면 경제 장벽은 어쩔 수 없이 따라오는 것 중 하나다. 하지만 이제는 그 장벽 사이로 오가는 물건의 종류가 달라졌다. 한때 유도나 스시나 젠 같은 것을 세계에 공급하던 일본은 좀더 구체적인 물건인 자동차와 카메라를 팔다가, 이제는 망가와 애니메이션 혹은 좀더 요란한 형태의 팝 문화를 수출하기 시작했다. 이러한 문화상품은 자동차와 카메라에 비하면 벌어들이는 돈이 훨씬 적기 때문에 이제 무역 장벽에 대해 얘기하는 사람은 없다. 그리고 실제로 존재하지도 않는다. 헬로키티가 해외에서 받아들여지는 한 미키마우스도 마찬가지로 일본에서 환영받는다.

이렇게 일본의 수출이 줄어들고 서양에 대한 장벽이 생겨나고 없어지는 동안, 일본은 아시아의 다른 나라들에 대한 장벽의 일로도 분주했다. 물론 과거에도 아시아 여러 나라와 장벽 문제가 있었지만, 일본이 지리적으로 아시아에 속한다는 사실을 생각하면 작은 문제였다.

그 이유는 일본이 처음으로 타국과의 중요한 경계로 인식했던 것이 서구 열강, 그중에서도 특히 미국과의 경계였기 때문이다. 일본은 미국이야말로 경쟁해야 할 나라로 여겼고, 요즘에도 좋은 일이든 나쁜 일이든 미국을 가장 빈번하게 비교 대상으로 삼는다. 아시아의 다른 나라들은 일본에게 이런 식으로 득이나 실이 될 위치에 있지 않다. 캄보디아는 스스로를 타이와 비교하고, 중국은 인도와 비교하며, 그 맥락에서만 국경이 장벽이 되기도 하고 되지 않기도 한다.

일본은 아시아의 다른 나라들을 언제나 자신보다 뒤떨어졌다고 생각했고 이용할 대상으로만 여겼다. 스스로도 제국주의의 손아귀에서 벗어난 처지였던 일본은 자신들이 동경해 마지않았던 서구 열강을 모방해서 제국주의 국가가 되었다. 중국 및 러시아와 전쟁을 벌여 승리하고는 한국을 병합해 이른바 국경을 확장해나갔다.

20세기의 초반에 이런 작업에 성공했던 일본은 식민 지배의 야망을 결국 아시아의 나머지 지역에까지 확대했다. 이런 식으로 타국의 국경을 파괴하던 행위는 '대동아 공영권'이라는 슬로건 아래 행해졌다. 이 문구는 서구 열강의 지배로부터 벗어나 자비로운 일본의 리더십 아래에 아시아를 경제적·정치적으로 통합한다는 생각을 내세우고 있었다.

동시에 일본 국내에서 이 문구는 아시아 대륙으로의 확장주의를 합리화하기 위한 목적으로 사용되었다. 일본(혹은 일본 정부의 일부 인사)은 서양 제국주의의 위험으로부터 아시아의 불행한 나라들을 구하기 위한 목적이라는 주장을 통해, 일본인과 일본 자본이 침략해들어갈 구실을 찾고자 했다. "아시아는 아시아인에게"가 그때 사용되었던 구호다.

'신질서'라고 불리던 이쪽 진영에는 최종적으로 일본(일본에 병합된 한국을 포함해서), 중국, 만주국(만주의 괴뢰국), 프랑스령 인도차이나, 네덜란드의 동인도가 있었다. 이 나라들은 서양 제국주의 국가들에 의해 만들어진 국제관계 시스템인 '구질서'하에서 가장 고통받았던 곳이다.

일본의 이러한 계획에 뒤따랐던 문제 중 하나는 동아시아에서 일본이 보여주었던, 서양 제국주의 국가들에 버금가는 과대망상적 행적이다. 일본이 타이완과 한국과 만주국을 차지했던 행위와 그 뒤 북중국을 자치국가로 내세우려 애썼던 일은, 일본이 해방이라는 말을 내세워 사실은 예속시키려 했던 나라들과 각종 경제적 유대관계를 맺으려 했다는 증거이기도 하다. 이 과정에서 일본이 일부 서양 국가에 비해 덜 야만적이었을 수도 있다. 아편으로 타국을 예속시키려던 나라도 있었으니까. 일본은 경제적인 혜택도 제공했던 것 같다. 여전히 당시 일본이 내세웠던 목표의 진정성을 믿는 사람들도 있다. 가령 당시 버마의 국가 지도자였던 바모(1893~1977)는 아시아 전역에 걸쳐 일본 군인들이

자행한 잔인하고 오만한 행위에 대해서는 개탄하지만, "수
많은 식민지 민중을 해방시키는 데 일본이 수행한 역할은
결코 지워질 수 없다"고 말하기도 했다.

그 말이 사실이라면 일본은 충분히 보상받았다. 전쟁이
(일본 입장에서는 실망스럽게) 끝나고 일본은 앞으로의 전쟁
행위를 완전히 포기했다. 군사적 위협이 사라진 것으로 간
주된 일본은 자연스럽게 여전히 경제적으로는 교류를 계속
할 수 있는 나라로 여겨졌다. 전쟁을 통해 얻으려 했으나
실패했던 것을 일본은 이처럼 평화를 통해 얻었다. 일본의
경제 규모는 아시아의 모든 나라를 합친 것보다 더 크다.

전쟁 기간에 있었던 국경을 둘러싼 쟁탈전과 전후 국경
의 정리가 이루어진 뒤 일본은 이제 아시아의 여러 나라와
무수한 경제적 유대를 맺고 있다. 일본은 또한 이따금 국경
이 완화될 때마다 도움이 필요한 곳에 원조를 제공하면서
평소라면 넘지 못할 국경을 넘어 경제관계를 맺는 등 최대
한 기회를 활용하고 있다.

싱가포르나 상하이, 쿠알라룸푸르와 같은 일부 아시아
지역은 어떤 의미에서 도쿄를 모델로 하고 있는 것처럼 보
인다. 한편 일본은 여전히 미국을 모델로 삼고 있다. 어떤
이들은 일본이 벌써 50년 넘게 미국의 속국으로 지내오고
있으니 당연한 일이 아니겠냐고 얘기하기까지 한다.

이렇듯 대체로 평화 모드인 아시아 국경 상황에도 예외는 있다. 비참한 북한의 상황과 인도네시아 및 타이 등지에서의 각종 이슬람 내란 문제는 차치하더라도 여전히 의견 충돌의 조짐이 보이는 곳들이 있다. 일본과 한국의 해군 당국은 자신들의 주장을 강화하는 근거를 찾고자 고대의 지노사시 뒤지고 있다. 일본과 한반도 사이의 바다를 일본은 일본해라고 부르려 하고, 한국은 같은 바다를 한국해혹은 동해라고 부르려 한다.

국경을 둘러싼 이처럼 수많은 다툼(역사는 국경 분쟁의 기록에 다름 아닐 뿐이다)을 보면, 국경이란 과연 무엇인가를 생각하지 않을 수 없다. 사전에서 내리고 있는 정의는 일부 그림만 제시할 뿐이다. 국경은 정치적으로 다른 세력 혹은 지리적 지역을 나누는 선 또는 변경이다. 한계나 경계를 가리킨다.

하지만 국경의 역할은 이것만이 아니다. 국경은 한계를 제시할 뿐 아니라 국경 안쪽의 지역을 규정하는 역할도 한다. 요즘 자신들이 가장 미국인다운 미국인이라고 주장하는 이들이 그 사례를 보여주고 있다. 이들은 자신을 둘러싼 경계를 통해 스스로를 규정하고, 자아와 국적을 동일시한다.

그러나 국적이나 자아라는 것은 다른 국적이나 타아와

의 비교를 통해서만 규정할 수 있다. 가난한 이들은 부자 없이는 자신들의 처지를 가난하다고 규정할 수 없다. 특정한 사상이나 특정한 정치 전략을 옳은 것이라 여기려면 어둠의 힘이나 악의 축이 있어야 한다. 이는 딱히 해로운 것은 아니다. 단지 경계가 '우리'뿐만 아니라, 타자이자 다른 존재이며 우리와 반대편이었으면 하는 '그들' 또한 규정할 따름이다. 우리는 그들과의 대비를 통해 우리를 규정한다.

그러므로 우리는 경계를 통해서 우리가 누구인지 말할 수 있게 된다. 이웃과의 비교를 통해서만 우리가 누구인지 깨달을 수 있기 때문이다. 일본은 여전히 가까운 이웃 나라들이 아닌 태평양 너머의 대륙과 스스로를 비교한다. 아시아의 다른 나라들은 서로가 서로를 비교하고, 점점 일본도 비교 대상으로 삼아가고 있다. 이렇게 가면 결과적으로 다 같이 미국화되는 상태로 고착될지도 모르겠지만, 현재로서는 각종 대항과 경쟁이 한데 흥미롭게 뒤섞여 돌아가는 모양새다. 거기에는 물리적이고 정치적이며 은유적인 경계가 있고, 국경을 넘나드는 상호작용이 있고, 경계가 세워졌다 허물어진다. 간혹 비범한 종류의 경계도 눈에 띈다. "오직 이웃 국가 사이의 상호 존중과 명예로운 의무에 의해서만 유지되는, 대서양에서 태평양까지 가로지르는 저 기나긴 경계"—윈스턴 처칠은 미국과 캐나다 사이의 국경을 이렇게 표현했다. 그는 이런 표현을 통해 경계로 이루어진 이 세상에 보기 드문 어떤 종류의 가능성을 암시한 것이리라.

내가 이 글에서 기반으로 삼은 일본의 사례는 그러한 가능성을 보여주는 데는 별로 도움이 되지 않는다. 하지만 국경의 쓸모와 경계의 사용법에 대한 고립된 사례로서의 가치는 있다. 또한 때로는 우리를 분노케 하고, 때로는 생산적인 결과를 가져다주는 이 경계라는 것을 과연 어떻게 대해야 할지 생각의 단초를 제공해준다.

240

사회와 영화에서의 일본 여성
JAPANESE WOMEN
2005
IN SOCIETY AND
IN FILM

종의 무리에 사회 구조가 등장하면 암수 가운데 암컷을 소외시키기 마련이다. 모든 문화권은 여성을 남성보다 물리적으로 약하고 훨씬 더 감정적인 존재로 인식한다. 사회가 여성에게 요구하는 역할은 이런 인식을 포함해 다음과 같은 여러 그릇된 속설을 전제하고 있다. 여성들은 '여성적'이기 마련이고 어른보다 어린이에 가까우며, 따라서 관리 감독의 대상이 되어야 하고 열등한 계급에 머물러야 한다는 속설들 말이다. 시몬 드 보부아르가 남긴 유명한 표현을 빌리자면 여성은 '제2의 성'으로 인식된다.

이러한 인식은 남성에게 매우 유리하게 작용한다. 보수가 넉넉한 일자리를 구하는 것도 남성이요, 자신이 원하는 삶을 독립적으로 만들어가는 것도 남성이다. 여기에는 여성을 (보통 결혼을 통해) 자신의 소유로 만드는 것도 포함된다. 여성은 남성의 조력자가 되어 남성이 만든 가정에서 역할을 맡는다. 남성을 위해 요리하고, 집을 관리하고, 잠자리를 함께하고, 아이를 낳는다. 여성의 역할이 노예인지 하인인지 파트너인지는 남편에게 달려 있다. 여성은 어릴 때부터 스스로를 여성스러운 역할에 끼워맞추고, 성을 불평등하게 바라보는 남성의 시각을 존중하도록 하는 선동에 길들여진다.

일본에서 여성을 그렇게 만드는 수단은 잘 알려져 있다. 제2차 세계대전 이전의 일본 사회는 여성에게 허락된 역할을 세 가지로 제한할 것을 공공연히 주장했다. 딸과 아내와 어머니의 역할이 그것이다. 여성은 아버지의 딸이고, 남편의 아내이며, 아들의 어머니다. 세 가지 모두 무언가에 종속되어 있는 역할이다. 남성에게 종속되어 있는 여성인 것이다.

일본 여성들은 열등한 것이 당연하게 여겨지는 지위로 태어나 부엌과 침실을 오가며 신경질적인 남성들 앞에서 쾌활하게 행동할 것을 요구받는다. 또한 온전한 개인으로서의 자신을 부인하고, 좁게 정의된 사회적 역할에서 만족을 추구할 것을 요구받기도 한다.

부인을 뜻하는 오쿠상奧さん이라는 단어는 안에 있는 사

람이라는 의미다. 이는 밖에 나갈 수 없는 사람이라는 뜻
이라고도 볼 수 있다. 밖으로 나가려고 하면 여성스럽지 않
다(온나라시쿠나이)라고들 말한다. 그러므로 여성스럽지 않
다고 비난받는 것은, 여성의 역할에 머물지 않고 한 인간으
로서의 성취를 위해 무언가를 했다는 뜻이기도 하다.

그런 행동을 했다가는 마치 제멋대로인 아이들이 혼나
듯 처벌을 받는다. 무기력하고 의존적이 될 것을 강요받고
아버지와 남편의 보호 대상이 된다. 결혼하지 않았다가는
경제적으로 실업자가 되는 것이나 마찬가지이므로 결혼이
곧 여성의 직장이다. 사회적 커리어를 쌓으려고 해도 이중
잣대가 적용되고, 같은 일을 하더라도 남성보다 적은 급여
를 받는다.

여성이 결혼하지 않거나, 직업인으로 살아가거나, 이혼하
면, 예로부터 각종 불명예스러운 비난에 시달려왔다. 나이
가 더 들면 그런 데서 벗어나 일종의 해방을 누리게 되지
만, 그것은 그때가 되면 여성으로서의 쓸모가 없어졌다고
여겨지기 때문일 뿐이다.

선진국 지위에 오른 그 어떤 나라에서도 일본만큼 여성
을 여전히 이토록 노골적으로 물품처럼 여기지 않는다. 이
중 잣대의 뿌리가 너무 깊은 나머지 어디에서나 당연시되
고 그렇기 때문에 이중 잣대를 감추려는 노력조차 하지 않

는다. 여성을 경제적, 사회적, 성적인 목적으로 이용하려는 장치들이 부끄러움 없이 드러나 있고, 누구도 그 정당성에 제대로 된 의문을 던지지 않는다.

남성이 이토록 혜택을 누리는 시스템에서 남성이 시스템에 의문을 던질 리는 물론 없다. 그러나 일본에서는 여성이 자신들에 대한 억압의 정당성에 동참하는 경우도 흔히 보인다. 여성들이 복종하고 견디는 것이다. 혹은 남성들을 즐겁게 해주기 위해 생겨난 업계에 뛰어들기도 한다. 그런 업계의 여성들은 방심하는 사이에 자신들이 상대하는 남성들만큼이나 약자를 착취하는 존재가 되어버리기 십상이다. 진심에서건, 냉소에서건, 어쩔 수 없어서건, 여성들은 시스템의 부역자가 된다.

244

* * *

일본 여성들이 전통적으로 소외되었고 무기력한 존재가 되기를 강요당한다는 것은 이제 보편적인 시각이다. 여전히 많은 여성이 그런 상태에 놓여 있는 것이 사실이다. 하지만 동시에 이런 시각에서 예외가 되는 경우도 무수히 존재하며, 그 숫자는 점점 늘어나고 있다.

이제 여성들이 직장을 구해 전문 직업인이 되는 일은 흔히 볼 수 있다. 여전히 상대적으로 적은 급여를 받고 간혹 사무실에서 차를 타서 내가야 하지만, 일하는 여성의 수는 예전보다 훨씬 더 늘었으며, 여성이라는 이유로 추가적인 차별을 받는 경우는 줄었다.

여성이 결혼을 거부하거나, 결혼해도 아이 갖기를 거부하는 것도 이제는 특별한 일이 아니다. 이런 양상은 제2차 세계대전 이전의 사회와는 대단히 다르다. 그때는 결혼하기 전까지 여성은 완성된 인간이 아니었다. 사실상 아이를 낳아야만 완전한 시민권이 주어졌다. 그리고 남자아이를 낳으면 더 대접을 받았다.

커다란 변화이고 여성해방에 가까이 온 것일지도 모른다. 그러나 여성에 대한 차별이 가장 심하던 시절에도 일본 여성들은 항상 저항할 수 있는 능력을 갖고 있었다. 여성들은 가정의 경제권을 쥐고 남편이 어렵게 벌어온 돈을 어떻게 쓸지 결정한다. 여성들은 또한 아이들, 특히 아들의 육아에 대한 권한을 갖고 아이의 성장에 영향을 미친다.

일본 여성들의 삶은 세간에서 얘기하는 것만큼 절망적인 것이 아닐지도 모른다. 일본은 전적인 가부장 사회라고들 하지만, 많은 가정이 실질적으로 남성이 아닌 여성이 결정권을 갖는 모계사회 구조를 띠고 있다. 여성의 권위는 눈에 잘 띄지 않기는 하지만 분명히 존재한다.

그렇기 때문에 많은 일본 여성이 스스로의 열등한 사회적 지위에 사실은 만족하고 있다는 보도가 나오는 것인지도 모른다. 여성들은 자신의 지위를 받아들이며 그것을 불행이라 생각하지 않는다. 일본 사회가 여성에게 허용하고 있는 좁은 공간 안에서 자신들만의 영역을 만든다. 일본을 찾는 해외의 페미니스트들은 페미니즘이 일본에서 활발한 이슈거리가 아니고, 여성들이 덜 도발적인 방법을 선호한다는 점에 항상 놀란다.

적극적인 페미니스트로서 저항하는 것이 개인의 삶을 뒤흔들어놓는 것은 사실이다.(개인의 삶을 더 유의미하게 만들기도 한다.) 그런 저항 자체만으로도 전업 직장만큼이나 에너지를 필요로 한다. 그리고 일본인들이 대체로 직접적인 갈등을 최소화하고 사회 문제를 더 교묘한 방식으로 해결하기를 선호하는 것도 사실이다. 그럼에도 여성에 대한 차별은 여전히 그 존재가 명확하고, 그렇게 된 이유 중 하나는 그에 대항하기 위해 조직된 여성들의 전선이 없기 때문이다.

246

* * *

그러나 이 곤란한 주제를 다루는 데 있어 훨씬 덜 남성 중심적인 방식으로 남성들이 여성을 관찰해온 분야가 있다.

문학과 희곡이 그렇고, 영화에도 그런 시각의 작품이 압도적으로 많다. 영화계에는 여성과 여성을 둘러싼 다양한 문제 및 해결을 주제로 한 작품이 놀랄 만큼 축적되어왔다.

일본처럼 노골적인 남성우월주의가 횡행하는 사회에서 이는 놀라운 일이다. 어쨌든 영화를 만드는 사람도 대부분 남성이요, 제작비를 대는 사람도 남성이지 않은가.

영화가 여성 문제에 대해 상대적으로 솔직한 목소리를 내는 데에는, 영화계가 최근까지도 여성들을 주 타깃 관객층으로 삼고 있다는 이유가 있다.

영화관에 가는 것은 전통적으로 여성에게 주어진 자유 중 하나였다. 여성은 그럴 시간도 있고 관심도 있다고 생각했기 때문이다. 그렇게 '여성의 영화'가 하나의 영화 장르가 되었고, 그런 경향은 텔레비전에서도 이어지고 있다. 1930년대에 시작되어 아직도 활발한 이 장르에는, 서양의 여성주의 영화가 여성 차별에 대한 보상이라도 하듯 여성을 우아하게 묘사하는 경향을 거의 찾아볼 수 없었다. 일본의 여성 영화는 일본 여성들의 불행을 장르의 한계 안에서 반영하고 있는 편이다.

그 이유 중 하나는 일본 영화가 일본인 삶의 각 측면을 사실적으로 묘사하는 데 꽤 최근까지도 상당한 관심이 있었기 때문이다. 또 다른 이유는 제대로 된 감독이라면 현실을 세심하게 반영하는 데 그치지 않고, 있는 그대로의 삶의 모습에 대해 그 윤리적 정당성을 묻는 유의 영화를 만들려고 한다는 데 있다. 이런 감독은 드라마적 잠재성을 최대한 끌어낼 수 있는 현실의 상황에 끌리게 마련이다. 그리고 그런 잠재성은 언제나 개인과 환경 사이에서 발생하는 갈등과 저항으로부터 나온다.

일본 감독들은 일본 여성들의 삶을 보며 그들을 영화의 주인공으로 여겼던 것이다. 그렇다고 해서 일본 영화감독들이 페미니스트라는 얘기는 아니다. 하지만 극적인 보여주기뿐 아니라 객관성을 추구했던 감독들은 자연히 일본 여성들의 삶을 있는 그대로 묘사했다.

일본 감독들 중에도 여성들의 지위를 누구보다 잘 알고, 따라서 여성들의 딜레마에 대해 누구보다 잘 이해했던 감독은 나루세 미키오成瀬巳喜男(1905~1969)였다. 나루세 감독은 영화를 통해 삶의 답답한 속박을 묘사하고자 했고, 그로부터 벗어나려는 헛된 시도들을 보여주려 했으며, 그 메시지를 전달할 매개로 여성을 선택했다.

다른 감독들도 비슷한 방식을 사용했다. 기노시타 게이스케木下惠介 감독(1912~1998)과 이치가와 곤市川崑 감독(1915~2008)은 일본의 사회적 잣대를 비판하는 영화들을 만들며 흔히 여성을 주인공으로 내세웠다. 하니 스스무羽仁

進 감독(1928~)이 긍정적인 무기력함을 그릴 때도, 이마무라 쇼헤이今村昌平 감독(1926~2006)이 비운이 예견된 비타협의 태도를 보여줄 때도, 여성에 관한 이야기가 사용되었다. 도요타 시로豊田四郎 감독(1906~1977)은 잃어버린 순수함과 좌절된 용기를 여성을 통해 묘사했고, 모든 인간의 허무한 인생 여정에 대해 비관적인 이야기를 던지던 미조구치 겐지溝口健二 감독(1898~1956) 역시 여성의 사례를 통해 인생의 어두운 본질을 드러냈다.

이런 감독들이 선택한 여배우들의 연기에는 또한 현실감이 있었다. 하라 세쓰코原節子(1920~2015), 다카미네 히데코高峰秀子(1924~2010), 히다리 사치코左幸子(1930~2001)와 같은 배우들의 영화적 솔직함과 비교하면 서양 영화에 등장하는 여배우들의 연기는 꾸며진 것처럼 보인다.

도요다 시로 감독과 한때 대화를 나눴던 일이 기억난다. 우리는 영화배우의 연기에 대해 얘기하고 있었다. 나는 일본의 여자 배우들이 거의 예외 없이 훌륭한 연기를 보여주는 데 비해 왜 대개의 일본 남자 배우들은 그토록 형편없는지 물었다. 도요다 감독은 너무나 당연한 일이라고 대답했다.

일본 여성들은 어린 시절부터 특정 역할을 연기하도록 강요받는다. 딸 역할, 아내 역할, 어머니 역할을 순서대로

섭렵한다. 아주 어릴 때부터 진짜 감정을 숨기고 가짜 감정을 연기하는 법을 배운다. 일본 여성이 완벽한 배우인 것은 그 결과다. 도요다는 그 어떤 일본 여성이라도 일단 카메라 앞에 세우면 훌륭한 연기를 해낼 수 있을 것이라고 말했다.

여기에 대단한 역설이 있다. 사회적으로 여성의 솔직함을 받아들이지 않는 나라가, 여성을 가장 솔직하게 묘사하는 영화를 만드는 것이다. 일본 영화에 등장하는 여성들을 생각하면 섬세하고 솔직한 연기의 향연이 머릿속에 죽 펼쳐진다. 오즈 야스지로의 「만춘晚春」에서 결혼을 원치 않던 딸 역할을 했던 하라 세쓰코. 나루세 미키오의 「여자가 계단을 오를 때女が階段を上がる時」에서 남편을 잃고 갈 곳 없는 신세가 된 다카미네 히데코. 이마무라 쇼헤이의 「일본 곤충기日本昆蟲記」에서 출세를 위해 물불 가리지 않는 시골 소녀를 연기한 히다리 사치코. 미조구치 겐지의 「오하루의 일생西鶴一代」에서 궁녀가 창부로 전락하고 마는 과정을 연기했던 다나카 기누요田中絹代.

이들의 연기는 실로 섬세하기 이를 데 없지만, 일본 여성을 그렇게 묘사했던 제작자와 감독들의 의도에 대해서는 좀 더 의문을 던져보아야 한다. 여성들의 파란만장한 불행을 보여주는 것이 그런 불행의 원천이 되는 사회적 태도를 더욱 부추기는 것은 아닌가? 그리고 여성의 사회적 위치를

「오하루의 일생西鶴一代」의 한 장면

둘러싸고 일어나는 수많은 변화를 애써 무시하고 있는 것
은 아닌가?

* * *

오늘날 일본 여성은 딸과 아내와 어머니 외에도 수많은 다
른 사회적 역할을 하고 있다. 여성들은 이 유서 깊은 3대
역할을 무시하고 딸과 아내와 어머니의 역할을 맡지 않기
로 결정할 수도 있다. 요즘에는 훨씬 더 많은 수의 여성이
부모 곁을 떠나 독립적인 삶을 찾고, 스스로 일해 생계를
유지한다. 이제 여성에게는 다른 수많은 지위로 갈 수 있는
길이 열려 있다. 더 이상 어머니가 되거나 물장사水商賣를 하
는 둘 중 하나의 길로 내몰리지 않아도 된다. 의사도 될 수
있고 변호사도 될 수 있고 정치인도 될 수 있다. 아직 여성
에게 완벽한 환경은 아니지만 확실히 나아지고 있다.

이 지점에서 영화는 아직 현실을 제대로 반영하지 못하
고 있다. 영화와 같은 예능산업이라는 것이 원래 성공보다
는 역경의 스토리를 다루는 경우가 많은 것이 그 이유 중
하나다. 실제로 그렇지는 않지만 역경이 성공에 비해 더 극
적이라고 생각하기 때문이다.

그리고 여성들이 최근에 보여주고 있는 상대적 독립성을

비난하는 영화가 너무 많이 만들어졌다. 그런 영화들은 시부야의 길거리에서 옷을 요란하게 차려입고 있는 소녀들이나 안전한 집을 떠나 불량한 남자들의 손에 떨어지고 마는 소녀들 또는 음주와 마약과 원조교제에 빠져드는 소녀들을 보여준다.

반면에 일부 젊은 감독과 최근 영화들은 오늘날 사회의 현실을 반영하되 비극이 아닌 이야기를 보여주기도 한다. 고레에다 히로카즈是枝裕和 감독의 1995년 데뷔작 「환상의 빛幻の光」은 젊어서 남편을 여읜 여성이 스스로의 힘으로 독립해가는 이야기다. 스와 노부히로諏訪敦彦 감독의 1996년작 「2/듀오」는 남자가 결혼을 원하나 여자는 확신을 갖지 못하는 불안한 커플의 이야기를 다룬다. 가와세 나오미河瀨直美 감독의 1996년작 「맹의 주작萌の朱雀」은 가정이 해체되고 그것이 여주인공에 어떤 영향을 미치는지를 그린다. 히라야마 히데유키平山秀幸 감독의 2002년작 「아웃OUT」은 남자 악역을 토막살인함으로써 여성 독립이라는 것의 새 극단을 보여준다. 히로키 류이치廣木隆一 감독의 2003년작 「바이브레이터ヴァイブレータ」는 전형적으로 억압된 일본 여성이 용기와 솔직함을 통해 존재론적 시궁창에서 벗어나는 과정을 보여준다.

모든 일본 영화가 오늘날의 일본 여성들을 솔직하게 그

려내고 있다고 말하려는 것은 아니다. 다만 그러한 영화들도 존재하고 거기 비친 모습들이 신뢰할 만한 것이라고 이야기하고 싶을 뿐이다. 일본 여성의 삶은 변화와 성장을 이뤄가고 있으며, 그것이 일부 일본 영화에 반영되고 있다. 영화의 여주인공이든 일반 여성이든 일본 여성들은 이제 더 이상 뻔한 사회적 역할에 매여 있지 않다. 일본 여성들이 자신들의 지위를 해방시키고 자아를 실현해나가는 만큼, 어둡지만 충실하게 그들을 묘사하는 영화도 늘어난다.

254

일본 영화에 등장하는
삶과 죽음에 대한 단상

SOME NOTES ON LIFE
2006
AND DEATH IN
THE JAPANESE FILM

"이제 삶이 변하여 죽음이 되었으니 이는 춘하추동의 사계절
이 순환하는 것과 다를 바 없다."

_장자ⅲ f(아내가 죽었을 때 장자가 남겼다는 말—옮긴이)

예술이 삶과 죽음과 같은 헤아리기 어려운 일들을 작품
속에 과연 얼마나 정직하게 반영할 수 있는가는 어려운 문
제다. 하지만 예술은 분명 그런 것에 대한 태도를 확인해주
기는 한다. 동굴벽화에서 영화에 이르기까지 예술의 역사
를 보면, 인간이 삶과 그 피할 수 없는 결말에 대해 어떻게
느껴왔는지 풍부하게 드러난다.

죽음은 삶의 반대 지점으로서만 인식될 수 있고 죽음에

정체성을 부여하려면 삶이 필요하기 때문에, 죽음을 어떻게 받아들이는가 하는 것은 곧 삶에 대한 태도를 보여주는 꽤 확실한 방법 중 하나다. 저마다의 문화권은 죽음을 묘사하는 데 있어(그리고 결과적으로 삶을 묘사하는 데 있어) 제각기 방법을 달리한다. 여기에는 다양한 차이점이 존재한다. 그중 하나로 이야기를 시작해보자. 바로 일본 영화에서 시체를 처리하는 방법이다.

오즈 야스지로 감독의 「여름의 끝小早川家の秋」(1961)에는 주인공이 죽고 화장장의 굴뚝에서 연기가 올라오는 장면이 있다. 이타미 주조伊丹十三 감독의 「장례식お葬式」(1984)에서는 시신이 들어 있는 것으로 보이는 실제의 화로가 등장한다. 이치가와 곤 감독의 「엔조炎上」(1958)에서는 화염이 관을 감싸는 화장 과정을 자세히 보여준다.

이런 장면들은 땅에 묻히기 전에 손을 단정히 모은 채 편안하게 뉘인 시신의 모습을 보여주는 유럽과 미국 영화의 수많은 장례식 장면과 대조를 이룬다. 일본 영화의 사례들을 보면 죽음 뒤에 남은 육신에 무언가 처리 행위를 하는 문화를 볼 수 있다. 서양 영화에서는, 시신의 부패는 인위적인 개입 없이도 이루어질 것이기 때문에 아무것도 하지 않는 문화가 보인다.

어떤 종교에서는 또 가슴 아픈 죽음을 달래기 위해 내세의 생을 약속하기도 한다. 그런 문화에서는 또 다른 생에서 사용할 수 있도록 시신을 생전의 상태로 돌려놓곤 한다. 일본에서는 그런 유의 종교적 믿음을 찾아보기 어렵고, 내세의 유혹은 별다른 관심을 끌지 못한다. 남아 있는 육신은 중요하지 않다. 그저 이 생에서의 용도를 다했을 뿐이다.

물론 일본에서도 사람이 죽고 나면 보통 시신을 화장 처리하기 전에 먼저 장례를 치른다. 그러나 이 또한 서양의 시각으로 보자면 지나치게 사무적이라고 해야 할까, 일종의 효율성이 눈에 띈다. 구로사와 아키라 감독의 「나쁜 놈 일수록 잘 잔다悪い奴ほどよく眠る」(1960)를 보면 장례식이 일사천리로 치러진다. 이것은 단순히 편집의 결과가 아니다. 일본에서는 고인이 사망한 당일부터 조문이 시작되기도 하고, 장례식이 이튿날 치러지기도 한다. 길흉(길일 등)을 중시하는 문화에서는, 길일에 맞춰 장례를 서둘러 치르는 것이 목표가 되기도 한다.

그래도 시신은 최소 하룻밤은 사람의 보살핌을 받는다. 그런데 이 또한 일본이 죽음을 다루는 방식과 마찬가지로 어쩌나 가정적인지 모른다. 여러 의미에서 그렇다. 구로사와 아키라 감독의 「살다生きる」(1952)를 본 사람들은(일본인을 제외하고는) 대부분 조문을 받는 방이 주인공 와타나베가 퇴근해서 돌아오던 그 방이고, 와타나베의 아들과 며느

리가 저녁을 먹던 방과 같은 곳임을 눈치채지 못한다. 일본의 장례식은 집에서 치러지는 것이다.

절이나 화장터에서 장례식을 하기도 하나 여전히 가정에서 치르는 장례식이 일반적이다.(요즘은 좀 힘들 수도 있다. 이타미 주조 감독의 「장례식」은 현대의 일본인들이 올바른 장례 절차를 잊어버린 광경을 우스꽝스럽게 보여준다.) 일본 장례 예식의 이러한 가정적인 측면은 (삶에서나 영화에서나) 일본이 죽음을 특별한 사건으로 여기지 않는다는 점을 보여준다. 죽음은 일상적이고, 일반적인 일이다.

이러한 죽음의 일상성에 대한 태도는 집에서 치르는 장례와 시신의 빠른 처리에서뿐만 아니라 장례를 준비하는 과정에서도 드러난다. 조문이 오늘 밤이고 장례식이 내일이라면 모든 것이 준비되어 있어야 하지 않겠는가.

「장례식」에는 유족들이 장례에 필요한 물품을 점검하는 장면이 나온다. 영정 사진, 사후에 망자에게 붙일 이름(시호諡號), 조문객들을 위한 다과, '악령'을 쫓기 위한 소금봉투 같은 것들이다. 이 모든 것이 즉각 준비되어야 한다. 그리고 이 유족들은 장례 업체 직원들이 아니고 평범한 가정의 평범한 사람들이다.

그렇게 모든 것이 즉시 준비된다. 일본에서 장례식 준비의 효율성은 실로 경이롭다. 마치 고인이 죽을 것을 미리

영화 「살다生きる」의 포스터.
이 영화에서 조문을 받는 방은 주인공이 살던 바로 그 방이다.

알고 있었던 게 아니었나 싶을 정도다. 모든 것이 완벽하다. 흑백의 장례 깃발, 관을 올려놓는 단상, 각종 불교 장식용품 등 이 모든 것이 너무나 완벽한 나머지 우리는 「살다」에 나오는 방을 미처 알아보지 못하는 것이다.

그러나 이런 효율성이 망자를 존경하지 않는다거나 애틋해하지 않는다는 의미는 아니다. 일본의 고별식은 여느 문화권과 마찬가지로 고인에 대한 존경과 사랑으로 가득하다. 관을 닫기 전에 망자의 얼굴을 마지막으로 대하는 의례를 치른다. 관 속에는 고인이 생전에 좋아하던 물건들을 넣고, 꽃을 뿌려 덮는다.

나루세 미키오 감독의 「부운浮雲」(1955)에서 여주인공의 시신을 준비하는 장면은 일본 영화에서 정서적으로 가장 놀라움을 주는 장면 중 하나다. 여주인공의 변덕스런 연인이 감정에 북받쳐서는 주인공의 립스틱을 꺼내 핏기 가신 입술에 다시 화장을 해준다. 잠시 시간을 들여 이 장면을 곱씹어보자. 연인은 서양 장례 업체의 미용사가 일상적으로 할 만한 일을 하고 있다. 차이점이라면 그 일을 하는 데 깃들어 있는 정서다. 뉘우침에 휩싸인 연인의 애정만을 이야기하는 것이 아니다. 조금의 망설임도 없이 시신을 품에 안고 화장해주는 태도 또한 그렇다. 일본식 접근법은 이렇듯 단도직입적이다.

일본의 삶에서와 마찬가지로 일본 영화에서도 사람들은 그들만의 방식으로 죽음이라는 현실을 마주한다. 서양 영화의 장례식 장면에서 종종 드라마틱하게 묘사되는 혼란에 휩싸인 모습 같은 것은 거의 찾아볼 수 없다. 일본인들은 스크린 안에서건 밖에서건 죽음을 마주해서도 해야 할 일을 해나갈 수 있다.

이런 능력은 일본에서 죽음이 서양보다 더 당연한 것으로 생각되고 받아들여진다는 사실과 큰 관련이 있다. 오즈 야스지로 감독은 「여름의 끝」에서 농부들이 화장터의 연기를 바라보며 슬프지만 필요한 일이다, 한 생명이 죽고 다른 생명이 태어난다, 라고 이야기하는 장면을 통해 이러한 사실을 잘 설명하고 있다.

무대에서나 스크린에서나 삶 자체에서나, 일본인이 죽음을 맞이하는 광경에는 이러한 받아들임의 자세가 드러난다. 나는 일본 영화에서 누군가 죽음에 대해 격한 감정을 토로하는 장면을 단 하나도 본 기억이 없다. 서양 영화에는 리어왕으로 시작해서 무수한 사례를 찾을 수 있다.

물론 일본에서도 죽음을 달갑게 생각하지는 않는다.(사무라이 영화 등에서 볼 수 있는 다양한 '충성스러운 죽음'같이 죽음에 이유가 부여되는 경우는 예외다.) 하지만 여전히 죽음은 비극이라기보다 애처로움의 대상이다. 애처로움은 극복할 수 있지만 비극은 그럴 수 없다.

　서양에서는 죽음에 비극적 품위를 불어넣고, 이는 영화
에도 곧잘 그대로 반영된다. 고결하고도 장엄하게 죽는 장
면이 넘쳐난다. 관객들은 이런 장면을 여러 의미에서 최종
적인 무엇으로 받아들인다. 유족들은(어쨌거나 영화에서는)
영원히 유족인 상태로 남는다. 아녜스 바르다 감독의 「행
복Le Bonheur」(1965)에서 주인공이 헌신적인 아내가 죽은 뒤
또 다른 상대를 찾아 진정한 행복을 찾는 듯한 스토리에
쏟아졌던 비판을 기억하는가. 이것은 예를 들어 고레에다
히로카즈 감독의 「환상의 빛」과 대조된다. 이 영화에서는
남편을 잃은 아내가 새 남편을 만나 만족을 얻는 결말이
해피엔딩으로 그려진다.

　죽은 이가 사후에 되살아나 보여주는 행동도 대조된다.
죽은 이가 되돌아온다는 것은 모든 문화권에서 정도의 차
이는 있으나 전율을 동반하는 일이다. 그러나 일본에서는
미국의 「살아 있는 시체들의 밤Night of the Living Dead」이나 다
른 수많은 영화에서처럼, 죽은 이들이 떼를 지어 돌아와
산 자들을 경악시키는 일은 결코 없다. 일본에서는 산 자와
죽은 자가 그토록 적대적인 관계가 될 수 있다는 상상을
그다지 하지 않는다. 그보다 일본의 죽은 자가 돌아올 때
는 처리해야 할 일이 있어서다. 이들에게는 매듭지어야 할

거래, 개인적인 복수 혹은 처리해야 할 원한이 있다. 이들은 영혼 없는 좀비 떼가 아니라 무언가에 전념하는 개인들이다. 단지 더 이상 이 세상에 살아 있지 않을 뿐이다.

원래 가부키였고 영화로도 여러 차례 만들어진 「요쓰야 괴담四谷怪談」에서 불행한 아내로 나오는 캐릭터인 오이와ぉ巌는 남편으로부터 지독한 일을 겪는다. 독살당하고, 외모를 훼손당하고, 칼에 찔리고, 문에 못 박히고, 물속에 버려진다. 오이와는 오로지 부정한 남편에게 복수하기 위해 살아 돌아온다. 이와 비슷한 주제는 변주를 계속한다. 요즘에는 이런 주제로 「링 1」(1998), 「링 2」(1999), 「주온呪怨」(2002)과 같은 작품이 탄생해 미국 버전으로도 리메이크되며 '신 일본 공포영화 붐'에 활력을 불어넣고 있다.

무엇보다 이와 같은 집단적 공포와 개인적 공포에 존재하는 차이점이 가리키는 바는, 죽음 뒤의 생이 그렇게 무서워해야 할 대상이 아니라는 것 아닐까. 일본 영화에서 공포에 시달리는 것은 모두가 아니라 악인들뿐이다. 당신이 나쁜 짓을 하지 않았다면 복수심에 찬 죽은 이가 당신에게 적개심을 드러낼 이유는 없다. 평범한 죽음은 평범한 일일 뿐이다.

죽음의 순간 또한 앞서와 비슷하게 가정적이다. 일본 영화에도 다른 나라의 영화들만큼이나 폭력적인 죽음이 등

263

장하지만, 시대극에 등장하는 사지절단이나 참수 장면조차 죽음을 일상적인 것으로 보이도록 만드는 일종의 가정적인 연출을 고집한다. 사무라이나 야쿠자나 혹은 자살하는 회사원들은 마땅한 방식으로 죽을 것을 고집스레 요구하는 규칙에 충실히 따른다.

47인의 충성스러운 사무라이의 이야기를 다룬 인기 작품 「주신구라忠臣藏」에서, 무대와 스크린의 마지막을 장식하는 집단 자살 장면은 순순하고, 격식에 따라 이루어지며, 가정적이다. 이는 급작스러운 공포와 정반대되는 것으로, 정연하고 당연하다. 이 사무라이들이 단지 자신의 의무를 행하고 있음을 이해하면 심지어 연민조차 수그러든다.

264

고바야시 마사키小林正樹 감독의 「할복切腹」(1962)과 같은 리버럴한 영화에서조차, 관객들은 죽음 그 자체에 대해 슬픔을 느낄지언정 공포는 전혀 느끼지 못한다. 공포를 느끼는 대상은 오히려 죽음에 사용된 수단이다.(자살하려던 캐릭터가 검을 이미 팔아버려서 죽도만 갖고 있는 바람에, 그걸 사용해 스스로의 배를 가를 수밖에 없게 된다.) 죽음 자체는 당연한 것으로 받아들여진다.

그런 것만 빼면 일본 영화에서의 죽음은 점잖게 그려진다. 사람들은 병원이나 집에서 가족에게 둘러싸인 채 죽음을 맞는다. 충분한 시간을 갖는 임종이다. 이것이 이치가

와 준市川準 감독의 「병원에서 죽는다는 것病院で死ぬということ」 (1993)이 다루는 주제이기도 한데, 이 영화는 그저 슬로모션으로 진행되는 죽음을 보여줄 뿐이다. 좀더 대중적인 영화들에서는 음악과 눈물과 손수건을 동원하여 이를 소재로 한 일종의 잘 길들여진 장면들을 연출해낸다.

정말이지 죽음을 이처럼 온건하게 묘사하는 일본 영화가 몹시 흔한 나머지, 죽음을 더 정직하게 보여주는 장면은 언제나 쇼킹하게 느껴진다. 오즈 야스지로의 「아버지가 있었다父ありき」(1942)처럼 평화로운 일상의 영화에서 그런 장면이 등장하면 더 극적으로 쇼킹하다. 영화에서 아버지는 카메라 앞에서 심각한 발작을 일으켜 쓰러져서는 경련에 몸을 떨고 소란이 이어진다. 항상 기하학적 조화를 보여주는 오즈 영화의 장면에서, 이런 불완전하고 혼란스러운 사건은 지독한 불편함을 느끼게 한다. 마찬가지로 「도쿄 이야기東京物語」(1953)의 마지막에서도 늘 다정하던 어머니가 발작을 일으켜 죽는다. 괴로워하는 육체와, 그 육체에서 나오는 갖가지 소리, 얼굴만 가려진 시체의 적나라한 모습을 화면에 그대로 보여준다.

당시 「도쿄 이야기」의 조감독이었던 이마무라 쇼헤이는 촬영 얼마 전 자신의 어머니를 이와 비슷한 발작으로 잃었다. 이마무라에 따르면 그 사실을 알고 있던 오즈가 이 고통스러운 장면을 촬영한 뒤에 이마무라에게 몸을 돌려 발작 장면을 실감나게 찍은 것이 맞는지 물어봤다고 한다.

이런 것을 보면 당연히 오즈가 공감 능력이 결여된 것 아닌가라고 느낄 수도 있지만, 오즈에게는 주제의 사실성이 가장 중요했다. 오즈는 자기 아버지가 죽던 모습을 참고해 「아버지가 있었다」의 발작 장면을 만들어내기도 했다. 영화적인 방법으로 죽음이라는 현실을 얼버무리려 하지 않았다. 죽음을 사실적인 방식으로 보여주려고 마음먹었다. 즉, 오즈는 죽음을 받아들였던 것이다.

이러한 받아들임의 태도가 일본 영화에서 죽음을 다루는 방식을 남다르게 만든다. 일본 영화에는 죽음 앞에서 울고불고 슬퍼하는 장면이 유독 없다.(한국 영화와 비교해보라.) 우는 장면이 많이 있기는 하지만 눈물을 닦고 코를 푸는 장면도 많다.

일본은 죽음을 위한 자리를 마련해놓는다. 아마도 그래서 죽음을 그렇게나 많이 다루는지도 모르겠다. 일본의 극이나 시를 보면 죽음은 일상적인 주제 중 하나다. 언젠가 어떤 이가 일본인은 고대 이집트인만큼이나 죽음에 집착한다고 말했다. 그럴지도 모른다. 그러나 집착은 쫓기고, 괴롭힘 당하고, 사로잡히는 것을 뜻한다. 일본은 전혀 그렇지 않다. 그보다는, 그러고 보니 고대 이집트인들도 그랬지만,

일본은 죽음을 축하하고 받아들인다. 오히려 삶에 집착한다고 하는 편이 맞을 것이다. 일본인들도 고대 이집트인들처럼 삶에 깊이 사로잡혀 있기 때문에 그 안에 죽음을 위한 자리를 마련해놓을 수 있다.

그리고 이것이 우리가 이 글에서 살펴본 일본의 작은 한 측면, 즉 일본 영화와, 일본 영화의 묘사 방식과, 일본 영화가 삶과 죽음을 마주해 드러내는 태도에 반영되어 있다. 어찌되었든 죽음이라는 현상에서 발견할 수 있는 의미를 가장 깊게 파고들어간 일본 영화의 제목이 「이키루_{生きる}」이지 않은가. 이키루는 '살다'라는 뜻의 동사다.

일본 미학 소고

A TRACTATE

2007

ON JAPANESE
AESTHETICS

토머스 라이머에게   268

"예술이란 경험에 패턴을 부여하는 작업이고 미학의 즐거움
은 그 패턴을 읽어내는 데 있다."
_앨프리드 노스 화이트헤드, 『대화Dialogues』(1954)

1943년 6월 10일

서문

아시아의 전통 미학에 관한 글을 쓸 때, 서양적 사고방식
의 눈(질서정연함, 논리적 전개, 대칭)으로 바라보면 어딘가

잘 들어맞지 않는다. 동양 미학의 사고방식으로 보자면, 질서정연한 구조는 부자연스럽고, 논리적 해석은 왜곡하기 쉬우며, 선형적이고 연속적인 논쟁은 결국 한계가 있기 때문이다.

미학자 이토 데이지伊藤ていじ는 일본인들이 아름다움을 정의할 때 겪는 어려움에 대해 이렇게 말했다. "우리 일본인들의 이해 체계가 이성적이고 논리적이라기보다 직관적이고 감각적이라는 데서 딜레마가 생긴다." 미학의 즐거움은 예술적 패턴을 읽어내는 데 있지만, (일본의 아름다움을 논할 때) 그런 패턴은 너무 경직되어서도 너무 제약에 묶여서도 안 된다.

일본의 미학을 정의하는 데 그나마 가장 효과적인 방법은 여러 단상을 나열하고 메모한 것을 서로 엮어 조합하는 것이다. 이렇게 서로 직관적으로 연결된 단상들은 일본의 미학에 배경을 채우고 가시성을 부여한다. 그래서 일본 예술에는 사물을 늘어놓고, 조합하고, 무작위로 섞는 것이 많다.

어쨌든 동서양을 막론하고 미학에 있어서 안목의 좋고 나쁨은 감수성의 영역이다. 아름다움을 대할 때 얼마나 깨어 있고, 의식하고 있고, 예민한가의 문제인 것이다. 아름다움은 살아 움직이는 것이기 때문에 말로 풀어서 해설하기란 쉽지 않다. 굳이 말로 표현하고 싶다면 성동격서나 우회와 같은 방법을 사용하는 편이 낫다.

따라서 우리는 논리적 결론을 추구하는 방식을 사용하면 안 된다. 미적 감상 행위에 따르는 인식의 폭과 다양성을 규정하고 싶다면, 논리적 방식을 택하기보다는 그 묘사의 불확실성을 전달해야 한다.

일본의 많은 작가는 글의 구조를 잡을 때 모호함을 중요하게 여긴다. 이들은 글의 주제가 되는 질문 뒤에 깔린 생각들을 애써 외면하면서, 지나치게 논리적이거나 균형 잡힌 글쓰기를 일부러 피한다. 그럴 경우 글쓰기 행위는 글쓴이의 의지 뒤에 자리 잡고 있는 생각이 아니라, 일본인들이 흔히 말하듯 글을 써내려가는 붓의 움직임에 따라 이루어진다.

그것이 영어의 '에세이'에 해당되는 '수필随筆(즈이히쓰)'이라는 단어의 뜻이다. 붓을 따라가고, 붓의 움직임에 글쓰기를 맡긴다는 의미다. 획의 다중성이 곧 글의 구조를 이루고 글의 심미적 수준을 결정한다. 붓의 획은 암시하고 독자는 유추한다.

나는 이렇게 논리적 방식을 외면하고, 선형적 구조를 포기하는 일본의 특징을 이 책을 통해 어떻게든 글로 표현해보고 싶었다. 그리고 이 책의 텍스트와, 텍스트가 책 안에

배치되는 방식을 통해 수필이라는 글이 어떻게 전개되는가
를 보여주고 싶었다.

도널드 리치

도쿄, 2007

* * *

미학은 아름다움이란 무엇이고, 무엇이 아름다운 것인지
정의하는 철학의 한 갈래다. 아름다움이 어떻게 인식되고,
확인되고, 평가되는지 연구한다.

미학Aesthetics이란 단어는 서양에서 감각적 지식에 대한
학문을 가리키기 위한 단어로 1750년에 처음 사용되었다.
논리가 추구하는 대상이 진리이듯, 미학이 추구하는 대상
은 아름다움이었다. 아름다움과 진리, 미학과 논리라는 이
분법에서 출발했던 미학의 정의는, 서로 상반되는 것과 대
체되는 것들의 조합이 심미적인 결과를 낳는다는 다면적인
개념으로 정교화되었다. 직관과 추론이라는 이분법은 18세
기 유럽의 습관이지만 오늘날에도 여전히 보편성을 지닌다.

그러나 여러 시대와 문화에는 각자만의 기준이 있다. 예
를 들어 아시아의 많은 문화권에서는 생각을 표현할 때 일

반적인 이분법을 사용하지 않는다. 일본에서는 몸과 마음, 개인과 집단 등의 구분에 훨씬 덜 의존하고, 이는 종종 서양과 커다란 차이를 불러온다. 우리는 서양의 미학과 대비하여 일본의 미학이라고 부를 수 있는 사상이 결과보다는 과정을 중시하고, 자아를 표현하는 것보다는 자아를 실제로 수양하는 데 신경을 쓴다는 사실을 이제 알고 있다.

서양의 사상은 대상의 쓰임새보다는 대상의 존재 그 자체에서 아름다움을 찾는다. 철학자 이마누엘 칸트(1724~1804)는 이것을 "목적 없는 합목적성purposiveness without a purpose"이라고 불렀다. 일본의 전통 사상은 이와 관점을 달리한다. 일본이 규정하는 아름다움은 계몽 시대 이전 유럽 사람들의 생각과 비슷하다. 14세기 영국의 시인 제프리 초서는 "아름다움은 신의 은총에 속한다beautee apertenant to Grace"고 했다. 이 말은 절묘한 우아함이 지적이거나 도덕적인 즐거움을 자극해서, 좋은 취향이라는 형태로 사회적 인정을 받는다는 개념을 탄생시켰다.

프랑스의 윤리학자 장 드 라 브뤼에르는 17세기 초반에 이것을 이렇게 정의했다. Entre le bon sens et le bon goût, il y a la différence de la cause et son effet. 좋은 감각과 좋은 취향 사이에는 원인과 결과와도 같은 차이가 존재한다는 뜻이다. 전통의 심미안을 가진 일본인이나 영국 시인 초서가 고개를 끄덕였을 법한 통찰이다. 미학의 세계에서 취향이란 가치 있는 것들을 관찰해내는 눈을 뜻한다. 취향은 그렇게 설명할 수 있지만 무엇이 좋은 감각인가에 대해서는 의견이 분분하다.

여기에 대해서는 나라마다 다른 해석을 내린다. 일본의 전통적인 생각에 따르면 좋은 감각에 대한 기준은 이미 주어져 있다. 언제 어디에서나 볼 수 있는, 스스로 그러한 존재인 자연이 바로 그 기준이다. 이는 충분히 일리가 있는 말일뿐더러 생각해보면 유일한 이치이기도 하다. 자연이야말로 우리에게 모범이 되는 기준이다. 우리는 자연을 참고하고 자연으로부터 배워야 한다. 19세기 영국의 시인 존 키츠가 "진리가 아름다움이고, 아름다움이 진리다"라고 주장해서 서양에서 통용되던 미학적 기준을 크게 혼란스럽게 한 일은 유명하다. 키츠는 이 두 가지가 사실은 하나라는 아시아의 생각에 매우 근접해 있었고, 이분법적 사고로 통찰의 전체성을 설명하기에는 턱없이 부족하다는 사실을 어렴풋이 깨닫고 있었다.

강물은 끊임없이 흐르고 있지만 눈앞의 물은 아까 흐르던 물이 아니다. 물거품이 물 위를 떠다니며 흐트러지고, 다시 생겨나고, 절대 머무르지 않는다. 이 땅 위의 사람과 그가 머무는 장소 또한 마찬가지일지니…… 장소나 사람의 무리 자체는 바뀌지 않는다. 그러나 내가 알던 수많은 사람 중 이제 남아 있는 것은 한두 명뿐이다. 사람은 물 위의 물거품처럼 여명에 태어나 황혼에 죽어간다—이들이 어디로부터 와서 어디로 가는지 알지 못한다…… 집과 그 집의 주인은 아침이면 생겨나는 이슬과도 같다. 이 중에 어느 것이 먼저 사라지려나?

가모노초메이鴨長明(1153~1216), 『호조키方丈記(나의 방 이야기)』 중에서

야스히코 모리구치, 데이비드 젱킨스 공역

좋은 감각이 좋은 취향을 낳는다는 브뤼에르의 통찰은 실로 감탄스러워서 어디에 적용해도 될 것만 같다. 잘 적용되지 않는 곳도 있지만 일본에는 잘 들어맞는다. 미학자인 우에다 마코토上田眞(1931~)는 이렇게 말했다. "근대 이전 일본의 미학에서는 서양에 비해 예술과 자연 사이의 거리가 현저히 가깝다." 소설가 다니자키 준이치로谷崎潤一郎(1886~1965)는 미학에 관한 중요한 텍스트인 『그늘에 대하여In Praise of Shadows』에서 이렇게 쓴 바 있다. "우리가 아름다움이라고 부르는 가치는…… 항상 삶의 현실에서 생겨나는 것이다."

도널드 킨은 일본 전통 미학에서 엿보이는 가치들 중에 주목할 만한 것으로 암시, 불규칙성, 단순함, 소멸성을 꼽았다. 이 가치들은 과연 전통 일본의 취향에 녹아 있는 기본적인 요소라고 할 만하다. 동시에 킨은 여기에 덧붙여 "과장, 통일성, 풍성함, 지속성 또한 결코 뺄 수 없다"고 지적했다.

서양의 미학에서도 단순함과 비대칭성과 암시는 심심찮게 만날 수 있다. 하지만 사라지는 것이기 때문에 아름답다는 개념은 서양에서 훨씬 더 생소하다. 킨에 따르면 소멸성이야말로 "가장 일본적인 특유의 미학적 이상이다." '무상無常'이라는 불교의 개념에 기반하고 있는 소멸성은 일본 미학의 가장 초기 사상이기도 하다. 무상은 보통 영어로 '덧없음impermanence'이라는 단어로 번역한다. 영원한 것은 아무것도 없으며, 우리의 유일한 구원은 이 사실을 받아들이고, 심지어 축하하는 데 있다.

자연을 기준으로 삼는다는 생각은 유럽이나 간혹 중국에서도 존재했다. 하지만 자연의 역할은 어디까지나 모방의 대상으로서 사실적으로 재현되는 데까지였다. 전통적으로 일본에서는 이것만으로 부족했다. 마치 있는 그대로의 자연을 묘사하는 것만으로는 자연의 속성을 드러내 보일 수 없다는 암묵적 동의가 있는 것과도 같았다. 자연은 오직 암시될 수 있을 뿐이고, 암시가 미묘하면 미묘할수록(하이쿠를 생각해보라) 그 예술적 취향은 깊어진다.

일본의 예술과 공예는(근대 이전의 일본에서는 이 두 가지를 구별하지 않았다) 자연의 결과가 아닌 수단을 모방했다. 이러한 수단 중 하나가 바로 단순함이다. 자연에는 단지 장식을 위해 존재하는 사물은 없다. 나무의 가지 하나, 줄기 하나, 잎 하나도 나름의 존재 의미를 갖는다. 일본의 예술가들은 거의 과시적이라고 할 만큼 기교의 부족을 드러내면서까지 구조를 보여주고 질감을 강조하는 법을 배운다. 이러한 단순성은 각종 개념으로 설명되는데, 예를 들면 와비侘び와 사비寂び가 있다. 일본 미학에서 서로 한 몸을 이루는 쌍둥이와도 같은 이 두 개념은 글 뒤쪽에서 더 살펴볼 것이다. 그 결과 단순함은 취향을 이루는 필수 조건이 되어, 곧 아름답다고 여겨졌다.

서양에서 '미학적aesthetic'이라는 단어에는 여러 용도가 있다. 가장 일반적으로는 아름다운 것을 단지 쾌락적이기만 한 것과 구별하거나 혹은 단지 도덕적인 것, (그리고 특히) 단지 유용한 것과 구별하는 용도로 쓰인다. 감각적 지식은 아름다움을 추구하는 것이라는 생각은(이와 대조적으로 논리는 진리를 추구한다) 곧 다음과 같은 정교한 사고로 이어진다. 즉, 아름다움을 구성하는 법칙이 무엇이건 간에 그것

276

이 다른 모든 법칙(선악의 법칙, 옳고 그름의 법칙)의 근간이
되는 기초 법칙이라는 사고다.

이런 생각이 진실성을 갖는 이유는, 실제의 지식이라는
것은 현실을 즉각적으로 보여주는 데서 얻어지는 것이지
현실을 분석하는 데서 얻어지는 것은 아니기 때문이다. '미
학적aesthetic'이라는 단어 자체가 인지/감각을 뜻하는 그리
스어 '아이스테시스aisthesis'에서 온 것이다. 이러한 생각으로
부터 미학이라는 철학의 한 갈래가 탄생했다. 미학은 아름
다움을 다룬다. 아름다움에 대한 이론과, 아름다움의 정수
가 되는 요소들을 다루고, 아름다움이 자극하는 감정들과
사람들이 보편적으로 동의하는 '취향'이라는 것이 무엇인지
를 다룬다.

도널드 킨은 남북조 시대에 "위아래 비단 테두리가 해지고 난
뒤에야 족자가 아름다워 보이는 법이다"라고 했던 승려이자
시인 돈아頓阿(1289~1372)의 통찰과, "사람이 사라지지 않고
영원히 이 세상에 머무른다면 사물은 우리를 감동시키는 힘
을 잃고 말 것이다. 삶에서 가장 귀중한 것은 삶의 불확실성
이다"라며 인생의 무상함을 찬양했던 초기 수필가 요시다 겐
코吉田兼好(1283~1340)의 명언을 인용한다.

현대 서양에서 이에 비견할 만한 것은 무상함의 중요성에 대

해 말했던 블라디미르 나보코프(1899~1977)의 말이다. "아름다움에 더해진 연민— 이것이야말로 예술을 가장 근접하게 정의한 말이다. 아름다움이 있는 곳에는 그 아름다움이 언젠가 사라진다는 아주 단순한 사실로 인한 연민이 함께한다. 아름다운 것은 언제나 사라진다." 러시아 작가인 나보코프가 무상한 아름다움을 이처럼 괴로워한 반면, 전통적인 일본인들은 그것을 긍정했다. 그렇기 때문에 낡고 금이 간 찻잔에 황홀해하고, 짧게 피었다 지는 꽃에 열광하고, 힘과 아름다움의 절정에서 마땅히 스러지고 마는 사무라이를 자주 언급하는 것이다.

278

하지만 동양에는 '미학적aesthetic'에 해당되는 단어 자체가 존재하지 않았다. 일본이 이와 비슷한 의미로 미학美學(비가쿠)이라는 용어를 만들어낸 것은 1883년의 일이다. 그것마저 서양인들이 '에스테틱ästhetik'에 대해 말할 때 그것을 마땅히 옮길 말이 없어 만들어낸 것이었는데, 에스테틱은 독일의 철학자 헤겔이 "학문으로서의 순수미술"이라는 의미로 사용했던 단어다.

그러나 일단 이런 일본어 단어가 생겨나자, 도쿄대학에서는 1886년에 미학과를 개설했다. 미학과의 수업은 자연스럽게 서양(특히 독일)의 사상들에 치중했고, 예술의 속성에 대한 상당한 양의 일본 전통의 문헌이 이미 존재했음에도 자국의 전통에 대한 내용은 거의 다루지 않았다.

그랬던 이유 중 하나는 일본의 '전근대적인' 미학적 사고 방식을 포용할 수 있는 언어적 틀이 당시에 존재하지 않았기 때문이다. 무언가를 가리키는 언어가 존재하지 않는다면 그것은 그 무언가가 별로 중요한 것이 아니기 때문이라고 생각할 수 있다. 하지만 달리 생각하면, 그 무언가가 너무나 중요한 나머지 당연히 항상 존재하는 것으로 여겨져서, 그것을 말로 논의할 필요 자체가 없는 것이기 때문일 수도 있다.

이것은 지금이 아니라 19세기의 이야기다. 요즘 일본 문화에서 전통 미학을 찾는 외국인들은 실망하기 마련이다. 그 간극을 줄이려는 시도들은 있지만(포케몬이 현대의 호쿠사이나 마찬가지라는 이론 등), 전통적인 가치는 크게 붕괴되었다. 반면 일본의 전통문화는 수세기에 걸쳐 오랫동안 형성된 것이기 때문에 요즘에도 여전히 그 패턴을 볼 수 있기도 하다. 이런 패턴들은 화석화된 각종 예술에서도 발견되고(현대의 다도, 가부키 공연 등), 일본어의 구조라든지 일본 종교의 속성과 같이 눈에 잘 띄지 않는 다른 곳에서도 나타난다.

전통적인 일본의 미학에는 여전히 그럴듯한 정의가 내려

져 있지 않다. 과거에도 지금도 미학과 관련된 수많은 일본
어 단어가 존재하기는 한다.(와비, 사비, 아와레哀れ 등등. 여기
에 대해서는 글 뒤쪽에서 자세히 얘기할 것이다.) 하지만 이들
은 일본 미학의 개별적인 특징을 가리킬 뿐이다. 당연히 전
제되지만 이름 없는 전체의 일부분일 뿐이다. 한때 일본의
전통사회에서는 미학적 의미와 취향의 문제가 과연 너무나
일상적인 것이라, 굳이 그것을 이론적으로 규정하려는 필
요가 실제로 없었을 수도 있다.

마이클 던은 일본 미학을 이루는 다섯 가지 '취향'을 꼽았
다. 오래됨을 의미하는 고다이古代, '기교 없는 단순함artless
simplicity'이라고 번역되는 소보쿠素朴, 와비侘び와 이키いき, 그리
고 다이묘와 같은 귀족의 문화처럼 '우아한 빛남'을 뜻하는 가
레이華麗가 그것이다.

일본의 미학을 묘사할 때 이처럼 보기 드문 용어들이 쓰이
듯, 더 본능적인 측면에서 사람의 혀로 맛(=취향taste)을 정교
하게 정의할 때도 유사한 단어들이 쓰인다. 서양에서 일반화
된 맛의 종류(신맛, 단맛 등) 외에도 일본인들은 자신들만 느
낄 수 있다고 믿고 있는 여러 맛을 갖고 있다. 아와이淡い(담백
한 맛), 우마미旨味(감칠맛), 시부이澁い(떫은 맛) 같은 것이다. 여
기에 더해 서양에서는 신조어라고 부를 법한 맛의 단어들도

있다. 쓴맛은 니가이苦い라고 하는데, 아린 맛은 에구이灰汁라
는 말을 쓴다. 영어에서는 아린 맛과 쓴맛을 따로 구별하지
않는다.

아름다움은 삶의 현실에서 생겨난다고 했던 다니자키
준이치로의 말을 떠올린다면 그 현실이 과연 무엇인지 생
각해보지 않을 수 없다. 우에다 마코토가 얘기했던 것처럼,
일본 특유의 전통적인 미학적 사고방식은 사실적인 기술보
다는 상징적인 묘사를 더 높게 사는 경향이 있다. 겉으로
281   드러난 것을 따라한다는 의미에서의 모방은 결코 전통 일
본 미학이 추구하던 바가 아니었다. 그보다 일본에서는, 겉
면 아래에 존재하는 가치들을 탐색하고 발견했다. 찻잔의
반짝이는 유약 아래에는 와비와 사비가 있다. 기모노의 소
매에서는 후류風流와 이키いき가 엿보인다.

우리가 여기서 얘기하고 있는 미학적 취향이라는 것은 그것
을 창조하고 즐길 수 있는 수단과 시간이 있던 계층의 사람
들이 없었다면 존재하지 않았을 것이다. 미국의 경제학자이
자 사회학자인 소스타인 베블런(1857~1929)은 이런 계층을
'유한계급leisure class'이라고 불렀다. 그는 유한계급이 '봉건시대
일본'과 같은 '야만인 문화'의 절정기에 가장 발달하게 되었다

고 주장한다. 그는 이렇게 말한다. '그런 사회에서는 계층 간의 구분이 대단히 엄격하게 지켜진다. 계층 간의 차이 중에서 가장 눈에 띄는 경제적 의미를 갖는 특징은 각각의 계층이 갖는 직업이 명확히 구별된다는 점이다."

그 결과로 탄생한 것이 유한계급이다. 이들은 다른 계급의 노동력으로 편하게 먹고살고, 그에 따르는 사치를 누릴 수 있을 만큼 강한 권력이 있었다. 베블런은 이렇게 설명한다. "사치품의 소비야말로 진정한 의미에서 소비자 자신의 안락을 위한 소비이기 때문에, 주인계급의 징표라고 할 수 있다."

소비하는 물건의 고급함과 저급함을 구별하는 과시적 감별력은 그러므로 부유한 주인계급만이 가질 수 있는 능력이 된다. 이 능력이 곧 이들이 평판을 추구하고 얻는 수단이다.

베블런에 따르면 유한계급이 갖고 있는 묘한 특징 중에는 또 이런 것들도 있다. 본질적으로 고상한 것들을 좇느라 유용하되 고상하지 않은 것들을 기피하고, 조금도 실질적인 가치나 사회적 쓰임새가 있는 존재처럼 보이지 않는 경향 말이다. 이런 특징들로 인해 낭비적으로 보일 수 있다는 사실 자체 또한, 말할 것도 없이 유한계급 전반의 징표 중 하나다.

취향이 있다는 것은 미학적으로 정당한 우월함의 표시다. 따라서 취향에는 복잡한 규정과 법칙이 달라붙고, 따라야 할 수많은 금언이 있다. 이런 취향의 기준Canons of taste이 존재한다는 사실은, 취향이 좋은지 나쁜지를 판단할 때 그것을 승인하거나 부인하는 기제가 작동하고 있다는 뜻이다.

일본에서도 다른 곳과 마찬가지로 이런 기준이 오랜 기간 존재해오면 해올수록, 기준의 정당성 또한 확고해진다. 선례의 존재가 그 우월성을 강력히 보장해주기 때문이다.

그러므로 예술이란 예술가에 의해 주관적으로 경험되는 무엇이지, 객관적으로 판단되는 것이 아니었다. 마찬가지로, 예술의 가치를 알아보는 것은 예술가 혹은 그의 후원자에 대한 친숙함의 깊이에서 비롯되는 것이지 저만치 떨어져서 분석한다고 되는 일이 아니었다.

일본의 전통 예술가들이 세상의 현실을 경험하고 재현하는 데 있어 서구적 의미에서의 사실주의는 큰 의미를 갖지 못했다. 작가들의 잘 다듬어진 감성을 판단할 때 사실적인 모사력은 중요하지 않았다. 관건은 작품이 사물의 겉으로 보이는 모습을 얼마나 충실하게 그려냈나보다는 무엇을 시사하는가, 무엇을 암시하는가, 얼마나 단순하게 표현했는가였다. 예술작품의 목표도, 그 결과도 하나의 합의된 특징을 지향했다. 영어로는 이 특징을 오로지 우아함elegance이라고밖에 번역할 수 없다.

우아함의 사전적 의미는 여러 가지가 있다. 움직임, 겉모습, 매너에서 드러나는 세련됨과 아름다움을 가리키는 감각. 형식과 꾸밈과 표현에서 드러나는 풍부한 취향. 절제되고 품위 있는 스타일 등이다. 일본 미학을 구성하는 요소 대부분은 우아함의 이런 의미들과 결을 같이한다.

우아함에 대한 이런 생각은 또한 사실주의의 발전을 막았다. 전통적인 일본의 미학에서는 예술이 추하거나 혹은 우아하지 않은 사물로부터 아름다움을 구현해낸다는 개념이 없다. 평범한 사람들의 삶에서 일어나는 일상적인 일들을 다루지도 않는다. 일본 예술이 주목하는 것은 그보다는 귀족과 부자들에게 친숙한 우아함이다.

따라서 일본 미학과 그 산물에 반영된 현실에는 논밭이나 농부들이 포함되어 있지 않다.(특수한 효과를 위해 예외적으로 포함하는 경우는 있다. 이에 대해서는 뒤에서 더 다룰 예정이다.) 하지만 자연은 거기 포함되어 있다. 자연의 묘사는 일본의 예술과 미학에서 다루는 주요한 주제가 되었다. 하지만 일본 예술에 등장하는 자연은 편집되고 축약되었으며, 일본 미학과 예술의 대부분을 규정하게 된 규칙들을 충실하게 따른 나머지 '자연'을 암시했다고 하는 편이 나을지도 모른다.

예술적 탁월함을 이루는 조건의 하나로 우아함을 선택했다면, 그 전에 무엇이 우아함을 구성하는지에 대한 일반적인 합의가 있을 것이 틀림없다. 이러한 유의 합의는 사람들의 의견을 축적하는 과정을 통해서만 이루어질 수 있다. 우아함의 정의를 구성하는 특성들이 사회적인 합의를 통해 도출되는 것이다.

서양의 미학이 주로 '예술art'에 대한 이론을 다루고 있다면, 일본의 미학은 언제나 '취향taste'에 대한 이론을 다뤄왔다. 무엇이 아름다운 것인가에 대한 기준은 조지프 애디슨 (1672~1719, 영국의 문인)이 생각했던 것처럼 상상력도 아니오, 흄이 말했던 것처럼 사물마다 부여된 적합한 특징이 얼마나 잘 발현되었는가도 아니오, 칸트가 주장했던 것처럼 역설도 아니다. 그것은 사회적인 합의에 의해 정해진다.

서양의 미학에서 취향 문제를 옹호하고 나섰던 사람은 철학자 데이비드 흄(1711~1776)이다. 그는 무엇이 아름다운가에 대한 안목은 경험과 교육의 결과라고 주장했다.

취향을 가진 사람들은 아름다움의 여부와 그 가치를 평가할 수 있는 위치에 있었고, 이들이 보편적인 기준을 정할 수 있었다. 흄의 이론은 그와 정반대되는 입장에 있던 칸트의 관점에 영향을 주었는데, 칸트는 아름다움의 여부와 가치는 예술작품 자체에 내재하고 있지, 예술작품에 대한 평가에 있지 않다고 주장했다. 일본인들의 생각은 칸트보다 흄의 주장에 훨썬 더 가깝다. 일본에서도 아름다움을 이루는 공통적인 요소들에 대한 보편적인 생각이 존재하겠지만, 예술적 탁월함을 결정하는 것은 예술 자체가 아니라 사람들이 예술을 받아들일 때 적용하는 보편적 기준이라고 여긴다.

서양에서도 물론 취향이 미학에 영향을 미친다는 생각이 아주 낯선 것은 아니다. 아름다움을 이루는 주요하면서도 사회적으로 합의된 요소로 우아함을 꼽는 일본식 기준은, 우리가 요즘 로코코 양식이라고 부르는 그림과 조각과 건축물들이 탄생되던 시절의 프랑스 예술이 갖고 있던 기준에 견줄 수 있다.

'사회적' 우아함이야말로 베르사유의 가장 중요한 심미적 기준이었다. 이 기준에는 루이 14세와 15세 시절의 특징이던 화려함과 과시와 사치뿐만 아니라, 이와 대조적으로 다음과 같은 일들을 공통적으로 가로지르던 단순성도 포함되어 있었다. 생시몽 공작(1675~1755)이 추구하던 꾸밈없는 태도, 각종 가든파티fetes champetres에 일부러 부여된 투박한 농촌의 분위기, 마리 앙투아네트가 별궁에 만들었던 작은 마을Petit Hameau에 진짜 소들과 진짜 건초를 갖다놓고, 궁중의 하인들이 소젖 짜는 여인이며 사랑에 빠진 청년들을 연기하던 일들 말이다. 이 모든 '단순성'이 로코코 예술에 보편적으로 존재하던 과도함을 더 선명하게 보이도록 만드는 역할을 했다.

베블런은 19세기 구미의 취향의 기준을 말하면서, 이렇게 시골스러운 요소를 배치함으로써 오히려 그와 대조되는 부를 은근히 과시하던 수단으로 삼았던 현상에 주목했다. 그의 저서에 등장하는 '녹지와 애완동물들'에 관한 부분에서 베블런은 값비싼 돈을 들여 관리하던 풀밭을 묘사한다. 풀밭은 땅의 낭비처럼 보일 만큼 일부러 넓게 뻗어 있고, 거기에는 간혹 진짜 소가 한 마리 있는데, 한눈에도 비싼 종의 소임을 알 수 있다. 그러나 '소 한 마리를 놓아두어 드러낸 천박한 검소함은, (생산적이어야 할) 소를 이렇게 장식용으로 사용한 행위와 정면으로 배치된다'. 따라서 '목가적 삶을 암시하기 위해 방목가축을 배치하고 싶은 마음을 억누를 수 없는 경우, 종종 그 자리는 소 대신 사슴이나 영양처럼 거기에 덜 어울리는 동물들이나 혹은 이국적인 종류의 짐승으로 채워졌다. 이러한 대체 동물들을 선호했던 이유는 이들이 월등하게 비싸거나 관상용 동물이라는 명성을 갖고 있기 때문이었다.'

베블런이 여기서 말한 내용은 이와 비슷한 방식으로 복잡한 단순성을 추구하던 17세기 일본의 유한계급에도 고스란히

적용할 수 있다. 황실의 별장이던 가쓰라 리큐桂離宮가 그것을
보여준다.

이와 비슷한 일본의 사례가 17세기 초에 황실 별장으로
지어진 가쓰라 리큐에 드러난다. 가쓰라 리큐는 이전의 농
촌식 건축을 흉내내어 만들었고(하지만 최고급 재료를 사용
했다), 우아한 본채와 유난스럽게 목가적인 별채를 대조시
켰다. 또 하나의 사례로 들 수 있는 것은 군벌 도요토미
히데요시豐臣秀吉(1536~1598)의 황금 다실이다. 요란스럽게 288
전부 순금으로 지어졌고 화려한 모모야마 스타일의 도구
들로 채워졌던 이 다실은 진정한 다이묘의 취향을 뽐낸다.
이는 히데요시의 다도 스승이자, 지금까지도 전통 일본 예
술 하면 떠오르는 미묘하고 절제된 미학적 기준을 확립했
던 센노리큐千利休(1522~1591)가 추구하던 이상과는 대조를
이룬다.

다도의 대가이자 우아함의 권위자였던 센노리큐는 일본 미학
에서 추구해온 단순함을 한 단계 발전시킨 사람으로 여겨지
곤 한다.
다실의 크기를 줄인 것도 리큐였고, 라쿠 도자기樂燒라고 알
려진 거칠고 검은색의 찻잔을 처음 사용한 것도 그였다. 꽃꽂

이 받침으로 대나무를 즐겨 사용하기 시작했던 것도 리큐였으며, 제자들에게 '다도는 물을 끓여서 찻잎을 담그고, 그걸 마시는 행위에 지나지 않는다'라고 한 것도 그였다.

리큐로 인해 다도茶の遊는 일본 미학을 논할 때 빠져서는 안 될 관심의 대상이 되었다. 그가 말했던 것처럼 다도는 차를 마시는 행위에 지나지 않았을지 몰라도, 다도가 끼친 영향은 단순하지 않았다. 다도가 지향하던 단순함은 다도를 행하는 데 따르는 다양한 관습과 규정과 규율에 의해 복잡해졌다. 다도를 둘러싼 관료주의는 일본 미학의 다양한 측면을 정의해 준다.

리큐가 주장하던 단순함으로의 '복귀'는 또한, 그의 후견인이자 패권 군벌이었던 도요토미 히데요시가 문화적 명제로 삼았던 과시욕과 정반대되는 위치에 있었다.

하지만 리큐는 본인이 원했든 원치 않았든, 히데요시가 오기마치正親町 천황을 위해 황금 다실에서 열었던 다도 행사며, 1587년 기타노北野 사당에서 수천 명을 초청해 열었던 악명 높은 대다회大茶會를 주관해야만 했다.

히데요시와의 이러한 감성의 차이로 인한 갈등 때문에 리큐는 결국 자결하도록 강요받았다. 그에게 적용된 입증되지 않은 몇 가지 혐의 중에는 그가 본인의 다구에 천문학적으로 높은 가격을 요구하는 등, 단순함이라는 가치를 이용해 돈을 벌었다는 것도 있었다. 높은 가격을 불렀다는 행위가 불법이었기 때문이 아니라, 그런 행위가 저속하게 여겨졌기 때문이다. 세속적인 것과는 거리가 먼 다도활동을 통해 세속적인 이득을 취하려 했다는 행위의 저속성 말이다.

자연스러움에 대한 서양의 섬세한 모방과, 일본이 미학적 취향을 다루는 방식 사이에는 더 많은 유사함이 존재한다. 여기서 우리는 베르사유의 사례에서 한술 더 떠서, 일본의 소젖 짜는 여인이 자연의 상태를 찬양하는 그림을 그리거나 시를 쓰는 것을 상상할 필요는 없다. 그보다는 자290연을 무심하게 대하는 태도에서 오는 수수한 우아함에 주목하고, 소젖 짜는 여인의 좋은 취향에 감탄하면 된다.

단순함에서 오는 우아함, 그 아름다움은 일본 건축물에 드러나는 나무의 질감이나 돌의 알갱이 같은 것에서 찾을 수 있다. 또 먹을 묻힌 붓으로 그어내린 정교한 획, 유도의 완벽한 던지기 기술, 절묘하게 배치된 한 송이 꽃에서도 찾을 수 있다. 이러한 아름다움은 자연을 대단히 의식적으로 대하는 태도 및 그에 동반되는 절도에서 우러나오는 자각의 표출이기도 하고 또한 결과이기도 하다. 일본 예술에서 가벼움을 찾아보기 힘든 것은 그런 절도가 존재하기 때문이다.

그러나 '취향'과 같이 주관적인 단어는(센스가 좋으면 취향이 좋다는 것과 같은 일반적인 용례에서조차) 그 의미를 규범화할 필요가 있다. 일본인들은 무언가를 세부적으로 분석하는 것보다는 종합하는 데 훨씬 더 관심이 많고 또 더 뛰어나기도 하지만, 자신들의 심미적 충동을 이해하고 설명하기 위해서는 일종의 분류 작업을 필요로 했다. 그래서 일본에서 좋은 취향이라고 하는 것은 일찍부터 몇 가지 다른 종류의 개념으로 세분화되었다.

291　　단순함은 리큐가 그의 제자였던 히데요시에게 가르치고자 했던 개념이다. 리큐는 히데요시 정권에서 갈등의 중재자 역할을 했다. 그가 가르치던 방법을 잘 보여주는 일화가 하나 있다. 리큐의 정원은 나팔꽃이 아름답기로 유명했다. 그 얘기를 듣고 히데요시는 리큐에게 자신을 초대해달라고 요구했다. 하지만 초대받은 히데요시가 막상 정원에 도착해 보니 나팔꽃이 하나도 보이지 않았다. 모두 낫으로 깨끗이 베어져 없어지고 말았던 것이다. 히데요시는 뜻밖의 광경에 당황한 채 근처의 다실로 자리를 옮겼다. 거기 다실 벽의 움푹 들어간 반침에 한 송이의 나팔꽃이 놓여 있었다. 단 하나 남은 나팔꽃이 그 응축된 단순함을 뽐내고 있었다. 히데요시는 그 꽃을 물끄러미 쳐다보고는 고개를 끄덕이고, 마침내 리큐의 가르침을

이해했다고 전해진다.

그중 하나를 우선 살펴보자. 품위와 세련됨에 관한 궁정의 취향을 우리는 흔히 우아함이라고 부른다. 일본에서 우아함은 계속해서 반복되는 테마이고, 우아함으로 꽃피는 것들에는 여러 이름이 붙는다. 먼저 풍류風流(후류)가 있다.

요즘에야 풍류를 패션 잡지의 광고 카피에서 '스타일리시'하다는 뜻으로 주로 마주친다. 그러나 풍류라는 말에는 훨씬 더 길고 진지한 미학적 역사가 있다. 원래 중국어에서 풍류風流(펑리우)는 '좋은 매너'를 뜻했다. 이 단어가 헤이안 시대(794~1185) 초기에 일본으로 건너왔을 때만 해도 사회적 올바름이라는 본래의 뜻을 유지하고 있었다. 나중에 여기 고상하고 우아한 사물에 반영된 세련된 매너를 뜻하는 미학적 색채가 더해진다.

동시에 풍류라는 단어는 의미론적으로 진화하며 새로운 개념들을 흡수해나갔다. 1449년에서 1473년까지 일본을 다스렸던 아시카가足利 막부의 쇼군 요시마사義政가 여기에 일부 공헌했다.

요시마사는 격동의 정치에 둘러싸인 일생을 보냈고 거기에 신물이 나 있었다. 15세기의 일본은 전쟁이 끊이지 않던 전국시대였다. 쇼군 요시마사는 현세에 평화를 이뤄내지는 못했지만 수수함, 은은함, 사색과 같은 평화로운 특징들에 대한 취향을 키웠다. 이런 특징들은 곧 풍류의 기본적인 요소가 되었다. 이는 한때 그 우아함을 자랑했으나 지금은 사라지고 없는 헤이안 시대의 세련됨을 연상시키는 특징이기도 했다.

일본 미학의 용어들은 지층과도 같이 서로 수직으로 층층이 쌓여 있을 뿐만 아니라 서로 결합하기도 한다. 와비侘び와 사비寂び는 서로 자유롭게 섞여 쓰이고, 유겐幽玄이라는 용어와도 관련이 있을뿐더러, 유겐과는 반대쪽 극단에 있는 풍류와도 관련이 있다. 미학적 속성들 간에 존재하는 이런 밀접함은 더 높은 심미적 경지에 대한 욕심을 불러왔다. 『겐지 이야기源氏物語』(10세기의 문학작품)에 등장하는 인물들은 모두 세련됨, 아름다움, 우아함에 신경 쓰던 사람들이다. 이런 미학에 관한 개념들이 이상적으로 어우러진 경지를 미야비雅라고 부른다. 미야비는 세련된 것에 대한 가장 높은 수준의 안목을 뜻한다.

이렇듯 넘쳐나는 일본의 미학 개념들 속에서, 우리는 이제 풍류를 이루는 여러 특징을 현대 서양인이 공감할 만한 대상에 투영해보는 행위를 통해, 풍류라는 것을 정의하도록 해보자. 이때 자연 그대로의 자연과, 자연을 암시하기 위해 축소화된 자연을 기억해둘 필요가 있다. 일본 미학의 바탕에 깔려 있는 단순함과 세련됨과 예술적 안목을 염두에 두는 것도 잊지 말자.

여기서 대상이 되는 사물로는 풍류가 가득 느껴지는 샤넬의 검은색 기본 정장을 생각해볼 수 있다. 또는 보통의 흙으로 만들어졌으나 수많은 세대를 거쳐 세련된 형태를 갖추게 된 아프리카 원주민의 도기도 그런 사물이다. 평범한 화성들을 교묘하게 배치해 작곡했고, 대체로 단순한 멜로디 위에 솜씨와 스타일이 가미된 에릭 사티의 음악 또한 그렇다.

일본의 풍류에는 이외에도 그 이상의 무엇이 있다. 풍류를 드러내는 여러 사물이 함께 모이면 특별한 분위기를 만들어낸다. 그 분위기의 핵심은 일종의 확연한 고요함assured serenity이라고 부를 만하다. 샤넬 정장을 입은 채 아프리카 반투 도기를 바라보며 사티의 음악을 듣는 행위로는 그런 느낌을 그저 희미하게 암시해줄 수 있을 뿐이다. 풍류를 이해하기 위해서는 가장 우아한 단순함만으로 둘러싸인 곳에서 아름다움으로 존재한다는 것이 과연 어떤 느낌일까 상상해보는 수밖에 없다.

쇼군 요시마사는 또한 모든 완벽한 것은 본능적으로 새로운 요소를 더 보태고 싶게 만드는 경향이 있다는 사실을 깨달았다. 이런 함정에 빠지는 것을 피하기 위해, 쇼군의 건축물과 정원들, 꽃병과 접시들은 가장 수수한 재료를 사용해(물론 그 재료의 경이롭고도 자연스러운 우아함을 살려서) 만들어졌다. 이런 자연 그대로의 재료들은 풍류라는 단어에 새로운 의미를 부여해주었다. 요시마사라면 투박한 농촌의 모내기 노동요에 드러난 자연스러움과 목가적 단순함에서 이런 의미를 어렴풋이 포착해낸 마쓰오 바쇼松尾芭蕉(1644~1694)의 하이쿠들에 고개를 끄덕였을 것이다.

상류 귀족 요시마사가 남긴 취향을 모델로 삼아 그 뒤부터 가식적이지 않은 풍류를 추구하는 가식적인 붐이 일어났다. 이런 현상이 일어났던 이유는, 인위적인 세상은 허상에 불과하다는 불교의 기본 가르침, 이런 세상을 살아나가기 위해서는 스스로를 절대불변의 자연법칙에 종속시키는 수밖에 없다는 일본의 '토착' 신앙과 요시마사의 취향이 워낙 잘 맞아떨어졌다는 것으로 일부 설명이 가능하다.

이와 같은 감수성은 서양에도 존재한다. 17세기 영국의 시인 에드먼드 윌러는 일본식 세련됨을 동원해 그의 연인을 장미에 비교한다. 그는 장미에게 사랑의 메신저가 되어서 연인에게 다가가 그 앞에서 시들어버리라고 말한다. 연인이 장미를 통해 "모든 진귀한 것이 겪는 평범한 운명을 볼 수 있도록" 말이다.

風流の

初やおくの

田植うた

풍류의 시작

시골에서 들리는

모내기 노래

Culture's beginning

Rice-planting songs from

The heart of the country

296

里人は

稲に歌詠む

都かな

마을 사람들

모내기 노랫소리

도시 못잖네

Singing, planting rice

Village songs more lovely

Than famous city poems

마쓰오 바쇼가 남긴 두 개의 하이쿠

요시마사라면 월러의 시에 담긴 뜻을 이해했을 것이다. 월러의 시는 '한창일 때 생을 즐기라gather ye rosebuds while ye may'는 의미가 아니다. 그보다는, 만물에 깃든 한시성을 인정하고, 그렇게 인정하는 데서 아름다움과 위안을 구하려는 시도다.

전 세계의 수많은 사람은 자신과 자신이 가진 모든 것이 언젠가 사라지고 만다는 생각을 애써 회피하며 한평생을 보낸다. 오직 몇몇 시인만이 그 사실을 직시한다. 그리고 그걸 기념하고 찬양하는 것은 아마도 일본인들뿐이다.

기념에는 여러 형태가 있지만 가장 흔한 것은 거울을 들여다보는 행위다. 한 가닥 더 늘어난 흰 머리를 보고, 한 줄 더 생긴 주름을 발견하며 스스로에게 이렇게 말하는 것이다. "다행이군. 세상은 제대로 돌아가고 있어."

이런 태도(미용실에 가는 것과 반대의 태도)는 또한 기쁨을 가져다준다. 자신의 얼굴에서 이토록 위대한 변화에 관한 자연법칙의 확실한 증거를 발견한다는 기쁨이다. 이런 태도는 또 외부세계로 확장되어, 초연하고도 만족스러운 우수를 불러온다. 벚꽃은 활짝 피어 있을 때가 아니라 나중에 흩날리는 꽃잎이 허공에 가득 흩날릴 때 더 사랑받는다.

297

저 꽃들 또한 한때는 찬란했으나 이제는 반드시 소멸해야 한다는 사실을 어쩔 수 없이 일깨운다.

드물기는 하지만 일본에서 불멸성을 추구할 때는, 이 또한 자연 법칙에 따라 구현된다. 내용은 증발되어 사라지더라도 형식을 남기는 것이다. 화강암이나 대리석으로 된 건물, 피라미드, 파르테논 신전처럼 유형의 물질을 통해 영원을 구축하려는 시도는 거의 없다. 불멸성에 대한 경의는 그런 것이 아닌 다른 방식으로 표해진다. 이세신궁이 그 좋은 패러다임이다. 평범한 나무로 지어진 이세신궁은 20년마다 한 번씩 완전히 허물어지고, 동시에 근처의 땅에 다시 지어진다. 나중에 살펴보겠지만 유겐, 와비, 사비는 모두 사물의 마땅한 유한함을 통해서만 영원성을 구한다.

우아함에 대한 집착 덕분에 우아함을 말로 표현할 기회는 많아졌다. 아시카가 쇼군이 미학적 기틀을 세운 이래로, 이후의 시대에는 바람직한 심미적 특성을 묘사하는 많은 단어가 부활되거나 새로 만들어졌다. 이 중 하나가 무로마치室町 시대(1333~1568)의 단어인 시부이澁い다.

명사 시부사澁さ(또는 시부미澁み)의 형용사 형태인 시부이는 원래 떫거나 텁텁한 맛을 가리켰다. 전통적으로 시부이가 어떤 특성을 묘사하는가에 대한 사례로 덜 익은 감의 맛을 든다. 시부이는 지금도 아마이甘い(달다)의 반대말이다.

우아함, 적어도 마쓰오 바쇼와 같은 인물들이 완성한 종류의 우아함은 본질적으로 감수성을 극한으로 응축해낸 것이다. 우아함에 그 어떤 종교적 혹은 철학적 색채가 더해져 있건 간에, 우아함은 그에 앞서 우선 철저히 예술적이다. 문학에서 우아함의 기법을 가장 잘 드러내는 것은 침묵에 가장 가까운 즉흥시이고, 미술에서는 공백에 가장 가까운 수묵화다.

_ 사토 하루오佐藤春夫(1892~1964), 「풍류론風流の論」

299 시부이가 우아함을 암시하는 용어가 된 데에는, 평범한 민중의 취향인 달콤함이나 화려함과 구별하기 위한 의도가 있었는지도 모른다. 시부이한 것은 비록 떫고 쓰게 느껴질 지라도 그 미묘함과 소박함에 담긴 우아함이 있고, 민중에 게는 그것을 알아차릴 만한 안목이 없다. 얼마 지나지 않 아 시부이라는 말은 색감이나 디자인이나 좋은 맛을 가리 키는 데 그치지 않고, 인간관계의 전반적인 행동을 묘사하 는 데도 쓰이게 되었다.

미학자 야나기 소에쓰柳宗悅(1889~1961)는 시부이가 의미 하는 바에 대해 이렇게 말했다. "시부이라고 하는 것은 안 에 은근히 감추어진 아름다움이다. 창작자가 감상자 앞에 잘 보이도록 펼쳐놓은 아름다움이 아니다. (…) 감상자는 스스로의 힘으로 그 아름다움을 읽어내야 한다. 취향이 점점 더 세련되어질수록 우리는 필연적으로 시부이라고 하는 아름다움의 경지에 도달하게 된다."

시부이는 원래 미학적 감수성에 관한 단어였지만(따라서 와비나 사비, 한참 뒤에는 이키와 같은 용어와도 관련성을 가진다), 결국에는 일종의 태도를 가리키게 되었다. 은은한 색깔과 단순한 문양을 사용한 예술품, 꾸밈없는 목소리로 노래하는 가수, 극에 자연스럽게 섞여 들어가는 배우 같은 것을 생각하면 된다. 우에다 마코토에 따르면, 필드에서 화려한 플레이를 보여주지는 않지만 조용히 팀에 공헌하는 야구 선수도 시부이하다고 할 수 있다.

야구 선수를 시부이하다고 형용한다는 것은 이 단어가 현대에도 쓰이고 있다는 뜻이다. 시부이라는 말은 일상적인 대화에도 종종 등장하고, 아직도 다들 그게 어떤 의미인지 어렴풋이 알고 있다. 나는 최근에 넥타이가 시부이하게 보인다며 칭찬받은 일이 있다. 갈색 톤에 약간 탁한 느낌이 나는 소박한 넥타이였지만, 짙은 녹색의 라인 패턴이 거의 눈에 띄지 않을 만큼 미묘하게 들어가 있었다.

심미적으로 아름다운 것들도 다른 모든 사물과 마찬가지로 역시 상업화로부터 자유로울 수 없다. 역사학자 이토 데이지는 그 사례로, 어느 차항아리가 상업화되었던 과정을 얘기한다.

1581년, 어느 하급 사무라이가 교토의 한 성읍에서 휴식을 취하며 차를 마시다가, 찻집 여주인이 차를 보관하던 작은 항아리에 눈길이 갔다. 그것은 불그스름한 갈색 토기였는데 매끄럽고 검은 유약이 옆으로 흘러내리고 있었다. 무광택의 붉은 토기에 반짝이는 검은 유약이 흘러내린 것은 우연이었으나, 사무라이는 그 강렬함에 이끌려 여주인에게 차항아리를 팔지 않겠냐고 물었다.

사무라이는 결국 7몬文의 돈을 주고 차항아리를 샀다. 도공이 하루 버는 일당의 3분의 2 정도 되는 금액이었다. 사무라이는 기쁜 마음으로 차항아리를 집으로 가져가서, 나중에 그것을 어느 상급 관리에게 보여주었다. 예술품에 어느 정도 조예가 있었던 그 관리는 차항아리를 자기가 사겠다고 우겼다. 관리 또한 차항아리를 사서 기쁜 마음에, 그것을 자신의 주군이자 지역의 군주였던 호소카와 다다오키細川忠興(1563~1646)에게 보여주었다. 호소카와는 차항아리를 자신의 소장품에 포함시켜야겠다고 했다.

호소카와의 손에 들어간 차항아리는 다도 모임에서 유명세를 탔다. 호소카와 가문 대대로 전해지던 차항아리는 나중에 마쓰다이라松平 가문에 350~500료兩에 팔린다. 당시 최고급 장인이 3~4년 일해야 벌 수 있는 수입에 맞먹는 가격이었다. 이 차항아리는 여전히 전해져 내려오며, 유명한 다구들을 모아놓은 도감에서도 가장 아름다운 차향아리로 소개되어 있다.

시부이라는 말이 그토록 오래도록 널리 사용된 또 하나의 이유는, 사회적으로 인정받는 취향을 가리키는 용도로 그만큼 자주 쓰이는 또 다른 단어와 운율이 잘 맞기 때문이다. 바로 지미地味라는 단어다. '지미'는 '수수한 취향' 정도로 번역되는데, 약간 경멸적인 어감을 포함하고 있다. 화려한 옷을 입은 사람들 사이에서 평범한 기모노를 입고 있다면, 가까운 친구가 다가와(웃음을 띠고) 이렇게 말해줄 법하다. "그 옷 약간 '지미'한 것 아니니?"

'지미'가 자주 사용되는 데는 그와 정반대의 취향을 뜻하는 반대말 단어가 존재하기 때문인 것도 있다. '하데派手'라고 하는 단어인데, 영어로는 '요란하다loud'라고 번역할 수밖에 없다. 하지만 일본어의 하데에는 'loud'와 같은 경멸적인 어감은 있다. '하데데 이이派手で良い(화려해서 좋다)와 같은 문구로 자주 쓰인다.

세월이 흐름에 따라 시부이는 그보다 더 널리 쓰이던 '지미'에 어느 정도 수렴되었고, 이 두 단어는 이제 생산적으로 섞여 쓰인다. 하지만 시부이는 여전히 더 특정한 무게감을 유지하고 있다. 시부이의 근본에는 어두운 느낌이 존재하고(시부이는 본래 주로 부정적인 특성들을 표현하던 말이지 않은가), 그렇기 때문에 약간의 심오함이 남아 있다. 형용하는 대상을 원래 의도했던 것보다 어딘가 더 신비스럽게 느껴지도록 만드는 단어다.

시부이澁い와 시부미澁み의 개념은 모두 미국과 유럽에서 상업화되었다. 이 단어들이 서양에 처음 알려진 것은 1960년, 미국의 『하우스 뷰티풀』지의 두 페이지짜리 별지에 등장했던 일이다. 이로 인해 시부이는 미용 제품과 관련된 이미지를 갖게 되었다. 일본에서 시부이가 일반 회화에 쓰이는 용어가 된 것은 에도 시대(1600~1868)에 성읍의 부유한 사람들이 본인들의 세련된 취향에 대해 자부심을 갖기 시작하면서다. 그렇게 에도 시대 일본에서 널리 유행했던 시부이의 의미는 이제 국제적으로도 퍼져나가게 되었다.

이제 우리는 서양에서 가장 잘 알려진 일본의 미학 용어인 와비侘び와 사비寂び를 살펴보도록 하자. 와비사비가 이렇게 유명해진 것은 어쩌면, 두 단어의 운율이 우연히 맞아떨어지면서 둘 사이에 무언가 풍부한 연관성이 있는 것처럼 보여서일 수도 있다. 물론 두 단어는 그 유사성에 있어서도 역사에 있어서도 서로 관련되어 있다.

사비는 관심의 대상이 되는 구체적인 사물에 관한 미학 용어다. 특정한 사물의 연륜, 시간이 그 사물에 미치는 영향과 상관이 있다. 와비는 이에 비해 좀더 철학적인 용어

303

로, 단지 어떤 사물에 국한된 개념이 아니다. 사물보다는 태도나 과정, 지향점을 다룬다.

이 둘 중 먼저 쓰이기 시작한 용어인 사비에는 그 어원이 되는 여러 단어가 있다. 쇠퇴한다는 뜻을 가진 동사 '사부荒ぶ', 8세기 말의 시집 『만요슈萬葉集』에서 보이듯 황량함이라는 의미로도 쓰일 수 있는 명사 '스사비すさび'(소일거리라는 뜻—옮긴이) 같은 단어다. 또 다른 어원인 '사비테루錆びてる'는 녹슬다는 뜻이고, 따라서 늙는다는 의미가 있다. '사비시이寂しい'는 옛날에도 지금도 외롭다는 뜻으로 쓰이는 형용사다.

초창기에 사비는 가마쿠라 시대의 대표적 가인歌人 후지와라노 슌제이藤原俊成(도시나리俊成, 1114~1204)의 작품과, 승려이자 가인인 사이교西行櫻 법사(1118~1190)의 작품으로 알려진 시들에 등장해서, 서정적인 우수를 불러오는 쓸쓸하고도 황량한 광경을 표현했다. 사이교 법사는 이렇게 읊었다.

304

산골 마을에
사람은 찾아올 리 없네
외로움마저 없었다면
얼마나 고통스러웠을까

계속해서 훗날 미학 이론가인 제아미 모토키요世阿弥元淸
(1363~1443) 같은 이들도 쓸쓸하고 황량한 풍경 속에서
이런 특별한 종류의 아름다움을 보았다. 더 훗날에 이르
면 마쓰오 바쇼가 이런 것들을 높이 샀다. 다도 철학자 히
사마쓰 신이치久松眞一(1889~1980)는 바쇼의 하이쿠를 놓고
"외로움 속에 존재하는 고요함"이라고 표현했다.

실제로 바쇼는 사비의 개념을 다시 불러내 근대화시키는
데 큰 역할을 했다. 그는 때로 고요함을 사비라는 특징을
이루는 기본 전제로 삼곤 했는데, 이는 잘 알려진 하이쿠
모음집 『오쿠노호소미치奧の細道』(동북의 시골로 가는 좁은 길)
의 한 구절에 잘 드러나 있다.

고요함이여

바위에 스며드는

매미의 울음

閑さや

巖にしみ入る

蟬の聲

서양에서는 로버트 브라우어(1923~1988, 미시간대학 극동 어문학 교수)가 낭만파 시인들의 사색적 감상에서 이와 비슷한 정서를 발견했다. 예를 들어 영국의 낭만시인 워즈워스의 아래 시구를 보면, 사이교 법사가 그랬던 것처럼 외로움은 음미하는 것이라는 정서가 드러나 있다.

즐거운 생각들이 슬픈 생각들을
마음속에 자아내는 그 감미로운 기분에 젖어서
Sweet mood when pleasant thoughts
Bring sad thoughts to the mind
(「이른 봄에 지은 시Lines written in early spring」의 한 구절—옮긴이)

차이점이라면 워즈워스의 감정은 (시의 나머지 부분이 암시하듯이) 인간과 우주 사이의 관계에 대한 사색에서 나온다는 점이다. 일본 시인들이 보여주는 감정은 철학적이라기보다 본능적이고, 자연과의 관계가 아닌 자연 그 자체에서 직접적으로 비롯되었다.

사비에 대한 또 하나의 어원은 번역하자면 '시간의 개화開花'다. 이러한 해석은 차갑고 서늘하지만 아름답다. 외로움을 인간이라는 종의 한 부분으로 인식하여, 그것을 받아들이고 그 안에서 일종의 아름다움을 찾는다는 불교적

306

정신에 잘 들어맞는다. 12세기의 승려이자 시인 자쿠렌寂蓮 (1139~1202)은 이렇게 말한다. "외로움(사비시사寂しさ)은 아름다움의 바탕이 되는 색채로, 따로 정의할 필요가 없다."

훗날 중세의 작가들은 사비를 히에冷え라고 하는 관련 단어와 동의어로 사용했다. 히에는 차가운 아름다움을 가리키는 것으로 번역돼왔다.(여전히 그런 의미로 쓰인다. 술집에서 히에자케冷え酒를 주문하면 차가운 술을 갖다준다.) 무로마치 시대의 승려시인 신케이心敬는 히에사비冷え寂び라는 말을 사용했다.

307　사비의 다양한 의미는 근현대에 와서도 거의 그대로 유지되었다. 세월에 따라 녹이 스는 것도 그 의미 중 하나다. 시어도어 드배리(1919~2017, 미국의 동아시아 문학자—옮긴이)는 1950년대의 방화로 소실된 긴카쿠사金閣寺가 재건되었을 때 우연히 들었던 얘기를 회상한다. 새로 지어진 긴카쿠지의 화려함은 눈부셨지만 누가 이렇게 말하는 것이 드배리 교수에게 들렸다. "10년쯤 더 지나 저기 사비가 좀 생길 때까지 기다려봅시다."

사비와 마찬가지로 와비 또한 소박한 아름다움을 높이 사고, 삶의 냉혹한 우여곡절을 대하는 침착하고 수용적인 태도를 강조한다. 와비는 동사인 와부侘ぶ(희미해지다, 사라지다)에서 나온 말이고, 그 형용사인 와비시이侘しい(버림받은,

저버린)는 원래 불쾌하다는 뜻으로 쓰였다. 이것이 가마쿠라 시대(1185~1333)에 오면 좀더 긍정적인 의미로 바뀐다. 차이점이라면 사비시이(외로움)가 주로 감정의 상태를 가리킨 반면, 와비시이는 화자가 살아가고 있는 삶의 실제적인 조건을 묘사하는 데 쓰였다는 점이다.

선불교 사상의 탁월한 해설자였던 불교학자 스즈키 다이세쓰鈴木大拙(1870~1966)는 와비를 가리켜 "가난에 대한 적극적인 심미적 인정"이라고 하며 이렇게 덧붙였다. "와비는 헨리 데이비드 소로가 살던 통나무집과도 같은 작은 오두막의 삶에 만족하고 (…) 근처의 밭에서 먹는 절인 야채 한 접시에 만족하고 혹은 점잖게 후두둑 내리는 봄비 소리를 들으며 만족하는 것이다."

가난과 외로움은 부와 명예를 차지하기 위해 애쓰는 몸부림으로부터의 해방으로 여겨진다. 와비의 어근이 되는 글자인 와는, 조화와 고요함과 평화를 뜻하는 와和를 뜻한다. 단순함에서 아름다움을 찾을 수 있고, 가난에서 풍족함을 찾을 수 있다. 이러한 생각이 나중에 다도의 이상적인 형태를 만들어내고, 나아가 소박함과 같은 선禪의 속성과 관련지어 이를 한 단계 승화시켰던 사람들의 사상적 기반이 되었다.

그중 한 명인 다케노 조武野紹鷗(1502~1555)는 후지와라

노 데이카藤原定家(사다이에定家, 1162~1241)의 다음과 같은 시에 와비의 정수가 담겨 있다며 흡족해하면서 인용했다.

아무리 둘러봐도 벚꽃도 단풍도 보이지 않고
늦가을 석양만 깊어가는 포구의 오두막
見渡せば花も紅葉もなかりけり浦の苫屋の秋の夕暮

사다이에는 주위 풍경을 면밀히 관찰하고 나서, 분홍색의 화려한 벚꽃이나 강렬하고 붉은 단풍을 시의 소재로 선택하지 않았다. 벚꽃과 단풍은 조금 요란할지('하데') 몰라도 일본에서 가장 사랑받는 두 가지 계절적 풍경이다. 대신 그는 계절 중에 통상 가장 어두운 것으로 알려진 늦가을과, 대낮의 화려한 색이 흑백으로 소멸해가는 석양을 골랐다.

그 뒤에는, 우아함은 꾸며지고 복잡하고 의도된 무엇이라는 식의 생각은 옳지 않다는 사상이 숨어 있다. 진정한 우아함은 오히려 그런 것들과 정반대에 놓여 있는 가치에서 발견된다. 그리고 그 사상은 차노유茶の湯라고 알려진 다도를 통해 정교화된 것으로 잘 알려져 있다.

무라타 주코村田珠光(1422~1502)는 그의 소박한 네 장 반의 다다미 단칸방에서 귀족 손님들에게 다도를 행함으로서 이를 내비쳤다. 그의 '개혁'은 다케노 조를 통해 이어졌고, 가장 유명한 다도의 대가이자 미학의 대가인 센노리큐에 이르러 완성된 형태를 띠게 된다.

센노리큐의 다도는 와비차侘び茶라고 불렸다. 그는 와비차를 통해 가난에는 가난만이 지니고 있는 우아함이 있다고 가르쳤다. 그 우아함은 농가의 소박한 다도실에서, 흔한 찻잔의 지극한 단순함에서, 그리고 비록 고양되어 있고 의식적일 수는 있으나 다도를 행하는 주인과 손님의 평범하고 바른 매너에서도 드러난다.

풍족함은 불필요할 뿐만 아니라 심지어 저속하게까지 여겨진다. 하나를 가지면 모든 것을 가진 것과 마찬가지고, 310 모자란 것이 풍족한 것이다. 히데요시는 아마도 센노리큐로부터 이런 가르침들을 얻었을 터다. 이는 또한 훗날 하이쿠 시인들의 가르침이기도 했다. 이들 중 잘 알려진 인물인 마쓰오 바쇼에게 있어 와비는 너무나 중요한 시적 원칙이었던 나머지 와비즈마이侘び住まい(와비의 삶)라고 불리는 삶의 태도가 되었다.

이러한 의도된 소박함, 역설적으로도 보일 수 있던 소박함은 한편 베르사유궁의 신하들에게는 낯설게 느껴지지 않았을 것이다. 일본의 예술 애호가aesthete들과 다도의 대가들 중 실제로 '바닷가의 소박한 오두막'에 살았던 사람은 아무도 없다. 센노리큐와 마찬가지로 이들은 부유한 군벌의 영지 안에 사치스런 저택을 소유하고 있었다.

미학 용어들은 다른 방식으로는 규정할 수 없는 것들을 규정하기 위한 시도에서 생겨난다. 미학 용어들은 우리가 감정을 포착해내고 통제하기 위해 사용하는 수많은 단어 중 일부다. 하지만 감정을 규정한다는 일은 결코 간단치 않다. 그래서 때로 다른 수단들이 동원되는데, 서술하기보다 암시하는 방식이 그것이다.

그렇게 해서 고안된 것 중 하나가 바로 예술 애호가aesthete라는 화려한 단어다. 우리가 절반쯤은 경외의 대상으로, 절반쯤은 재미의 대상으로 사용하는 이 단어와 친숙해진 것은 주로 19세기 유럽의 인물들을 통해서다. 이들은 삶보다는 예술을, 혹은 삶의 대안으로서 예술을 좇는 것을 강령으로 삼았다. 예술을 위한 예술을 추구했다.

오스카 와일드는 태도에 있어서도, 그가 남긴 격언에 있어서도 초기 영국을 대표하는 예술 애호가다. "삶의 첫 번째 의무는 가능한 한 예술적인 삶을 사는 것이다. 두 번째 의무가 무엇인지는 아직 아무도 모른다." 프랑스 위스망스(19세기 프랑스의 작가)의 소설에는 완벽하게 예술적인 삶을 추구했으나 성공하지 못하는 주인공 제셍트가 등장한다. 빌리에 드 릴라당(19세기 프랑스의 작가)의 소설에는 이런 대사가 나온다. "일상을 살아간다고? 그런 것은 하인들이 대신해주면 되는 거야."

일본 역사에서는 이처럼 괴짜인 인물들은 찾기 어렵지만 대신 문인文人(분진)들이 있었다. 문인은 학식을 갖춘 중국의 아마추어 풍경화가를 모델로 삼았던 사람들로, 사조나 학파에 얽매이지 않고 놀랄 만큼 개성적인 예술을 창조해냈다. 일본의 문인들은 학문적 사조를 거부하는 글쟁이의 전통을 이해하고 있었다. 따라서 얽매임 없이 스스로를 위해 더 개인적인 형태의 예술을 창조했고, 창조의 과정 또한 괴짜스러웠다. 이들의 이야기에는 기괴한 행동과 과도한 음주, 과도한 성적 일탈이 넘쳐난다. 계절감을 놀랄 만큼 표현하기 위해 꽃꽂이에 살아 있는 거미들을 풀어놓는 시도를 하기도 했다.

일본과 유럽에서 각각 이러한 예술지상주의를 추구하게 만들었던 동력은 거의 비슷했다. 영국에서는 말기 빅토리아 시대의 물질주의와 자본주의에 대항해 예술적 삶을 추구하는 경향이 생겨났다. 일본에서는 에도 시대 및 그 이후에도 만연했던 사회적 억압에 대한 대항이었다. 억압과 나태와 위선의 시대에 예술지상주의는 새로운 활력을 불어넣는 힘이었다. 예술지상주의는 아름다움에 대한 진정한 탐구였고, 그 아름다움에 독자적인 가치를 부여하고자 했다.

빅토리아 시대의 영국에서는 작가 맥스 비어봄이 이렇게 말했다. "아름다움은 1880년 이전에도 줄곧 존재했다. 하지만 그녀를 세상에 데뷔시킨 것은 오스카 와일드다."

무로마치 시대의 일본에서는 취향이라는 것을 통해 아름다움을 재발견했다. 그리고 유럽의 예술 애호가들이 고풍스런 유행을 되살리고 오래된 언어(초서, 스펜서)를 재발견했듯이, 일본의 예술 애호가들은 헤이안 시대의 언어와 문학작품을 재발견했다. 이들은 모두 스스로가 살고 있던 시대를 규정하고 또 호되게 비판하기 위해 자신들만의 황금시대를 창조했다.

소박해지고자 하는 미적 충동의 일부는 요란하고 복잡한 삶에 대한 반작용에서 비롯된 것이라고도 감히 말할 수 있다. 또는 현대의 젊은이들이 패션을 통해 추구하는 모방된 소박함에서도 엿볼 수 있다. 닳고 찢어지거나 혹은 그렇게 보이도록 처리된 청바지, 시골 벌목꾼 스타일의 셔츠, 농사꾼의 것처럼 투박한 신발, 육체노동자들처럼 검게 태닝한 피부가 그것이다. 이런 것을 추구하는 젊은이들은 물론 밭을 갈아본 적도 없고, 이들의 피부는 태닝 살롱에서 비싼 돈을 주고 태운 것이다.

이러한 노동자 계층에 대한 모방(베블런의 유명한 표현이다)은 현대의 우리에게는 정치적인 함의를 가질지 모르나, 14세기 일본 다도의 대가에게는 전적으로 미학적인 행위였다. 그것이 설혹 다도라는 직업을 더욱 존중받게 만들고 싶었던 정치적인 욕망에 기반하고 있었을지라도 말이다.

일본의 미학 용어 중에 아와레ぁゎれ는 여러 번의 변형을 통해 점점 더 중요한 의미를 갖게 된 특별한 표현이다. 헤이안 시대에 아와레는 원래 '아'나 '오'처럼 감정을 절제하며 내뱉던 감탄사에 가까웠다. 무라사키 시키부는 『겐지 이야기』에서 이 표현을 1000회 이상 사용했다고 전해진다. 결국 아와레는 우아함과 페이소스 사이의 무언가를 뜻하게 되었다.

위로하다나 연민하다를 뜻하는 동사 형태의 아와레哀れ·憐れ는 아마도 사비에 가장 가까운 단어일 것이다. 아와레에 서도 사비에서도, 연민의 반응을 보일 때의 안타까운 우수가 강조된다. 하지만 로버트 브라우어가 말했던 것처럼 "사비의 이미지에는 의도적인 고립과 쓸쓸한 느낌이 동반되고 있어서, 아와레보다는 훨씬 더 제한적일뿐더러 개념적으로도 크게 다르다."

일본에는 여러 다른 미학 용어도 존재한다. 수요가 컸던 탓인지 아름다움에 대한 느낌을 정의한 단어들이 널리 그리고 긍정적으로 퍼졌다. 그중 몇 개를 나열해본다.

가루미軽み 단순미. 아무런 꾸밈이 없는 표현을 통해 심오한 진실을 드러내는 하이쿠 용어.

구라이位 　조용하고 때로 차갑도록 아름다운 품위 혹은 고
상함

다케다카시丈高し 　힘과 고상함이 어우러졌음을 뜻하는 매우
오래된 시절의 용어. 슌제이나 데이카와 같
은 중세의 가인들이 추구하던 미학적 이상.

레이요麗容 　자연스럽고도 우아한 아름다움.

무몬無文 　글자 그대로의 뜻은 패턴이나 디자인이 없
는 민무늬. 간단하고도 망설임 없는 태도로
도달하는 경지.

아테貴 　상류계층에 기반한 세련됨과 고상함을 뜻하
는 헤이안 시대의 용어.

야사시이優しい 　원래는 보는 사람을 기분 좋게 만드는 쑥스
러움을 뜻하던 말로, 나중에는 부드러운(여성
스러운) 아름다움을 뜻하게 되었다. 현대에도
이어져 내려와 여전히 같은 뜻으로 쓰인다.

엔艷 　또다른 헤이안 시대의 용어로, 풍부하면서
도 단번에 눈에 띄는 자신감 넘치는 아름다
움을 뜻함.

오카시이可笑しい 　원래는 매력적이고 멋짐을 뜻하는 헤이안 시
대의 단어. 훗날에는 재미있거나 재치 있는

315

	것을 가리키게 되었다. 현대에도 '웃기거나' 어처구니없다는 뜻으로 남아 있다.
유優	'품위 있거나' 또는 '세련됨'을 뜻하는 또 다른 용어. 보통 '우아하다'는 의미로 읽힌다.
후가風雅	우아함(유비優美), 웅대함雄大
호소미細み	감정의 미묘한 경지. 만물의 아름다움을 이해하기 위해 아주 사소한 것까지도 놓치지 않으려는 마음 상태. 하이쿠 용어.

아와레는 감성이 예민한 사람으로 하여금, 변치 않는 유 316
일한 것이라고는 만물은 변화한다는 사실뿐인 이 세상의
덧없는 아름다움을 깨닫게 하는 자연(혹은 인생이나 예술)의
측면을 가리키는 말이다. 깨달은 사람의 반응은 체념에서
오는 우수일 수도 있고, 감탄일 수도 있고, 또는 숙고 끝에
나온 수용적인 쾌락일 수도 있다. 그동안 아와레를 엉어로
번역하려는 다양하고 과감한 시도들이 있었으나, 영어라는
언어에는 이것을 제대로 표현할 방법이 없다.

좀더 근대의 단어인 '모노노아와레物の哀れ'는 에도 시대의
국학자인 모토오리 노리나가本居宣長(1730~1801)로부터 비
롯된 말이다. 그는 일본 전통의 사상이, 수입된 중국 사상
에 비해 더 우월하고 사실은 '고유하다'는 점을 증명하기 위

한 목적으로 이 단어를 부활시켰다.(혹은 그가 만들어냈다고도 한다.)

근대적 의미로 보면 모노노아와레는 일본 문화의 정수를 규정하기 위해 그 뜻이 확장된 용어다. 단어가 정치적인 목적을 띠게 된 것이다. 그러나 그 와중에도 모노노아와레라는 말은 분명히 무언가를 가리키는 바가 있었다.

아와레는 그 누구라도 경험할 수 있다. 하지만 모든 사람이 그걸 언어로 규정하려고 애쓰지는 않는다. 일본인들은 그런다. 그리고 아와레(아와레가 뜻하는 모든 것)로부터 그와 관련된 미학 개념의 다른 범주들이 탄생한다. 와비와 사비가 그것이고, 그 외에도 여러 가지가 있지만 유겐幽玄이 그것이다.

유겐이라는 개념은 '신비와 깊이'를 가리킨다. 유幽는 '희미함, 어슴푸레함'을 뜻하고, 겐玄은 '어둠'을 뜻한다. 이 단어는 너무 심오하여 이해할 수도, 심지어 볼 수도 없는 것을 뜻하는 중국어 단어 유쉬안幽玄에서 나왔다. 로버트 브라우어는 이 단어가 일본으로 건너와 다음과 같은 의미를 갖게 되었다고 말했다. "신비하고 형언할 수 없는 예술적 효과의 이상향. 단어에 숨겨진 암묵적 함의와, 시적인 상황이 암시하는 바를 강조해서 얻어지는 미묘하고도 복잡한 톤." 유겐에 대한 이런 모호한 해석은 윌리엄 러플러

(1936~2010, 미국의 종교학자—옮긴이)가 말했듯, 삼라만상이 다 연결되어 있다는 천태종 불교의 교리로부터 비롯되었다. 그로부터 하워드 레인골드(1947~ , 미국의 작가—옮긴이)는 유겐에 대해 "매우 심오하고 신비하여 말로는 표현할 수 없는 감정을 불러일으키는 우주에 대한 자각"이라는 정의를 만들어냈다.

이반 모리스(1925~1976, 영국의 일본학자—옮긴이)는 아와레를 '애처롭고, 감동적인 무엇'으로 보았고, 모노노아와레를 로마 시인 베르길리우스가 말했던 라크리마에 레룸lacrimae rerum, 즉 "사물의 슬픔"과 같은 의미로 받아들였다. 얼 마이너(1927~2004, 미국의 일본문학 연구자—옮긴이)는 다음과 같은 해석을 내렸다. "(아와레는) 아름다움에 동반되는 불안함 또는 극도로 섬세하고 서글픈 아름다움에 대한 감수성이다. 이 단어에는 아름다움이 갖추어야 할 조건과 그것을 음미할 수 있는 감성이 모두 내포되어 있다." 쓰노다와 도널드 킨과 시어도어 드배리는 아와레가 "문장에 의미를 더한다기보다는 색채나 향기를 더하는 것처럼 잔잔한 슬픔을 표현한다"고 했다. 우에다 마코토는 아와레를 또 이와 같이 설명했다. "아와레는 자연과 인간사에 나타난 덧없는 아름다움에 대한 깊은 공감이자 이해다. 그렇기 때문에 흔히 슬픈 감정이 희미하게

318

가미되지만, 경우에 따라서는 감탄이나 경외 심지어 기쁨이 동반되기도 한다." 마이클 마라(1956~2011, 미국의 일본 미학자—옮긴이)의 설명은 이렇다. "모노노아와레는 바깥세상 현실의 감동적인 힘을 깨닫고, 그 결과 타인을 이해하고 타인과 소통할 줄 아는 능력이다." 좀더 현대적인 해석으로는 프랑스어의 "그것이 인생이지c'est la vie"와 영어의 "세상사가 다 그런 거야that's the way the cookie crumbles"와 같은 표현들이 있다.

유겐은 또한 시가의 형식에 관한 용어이기도 하다. 후지와라노 데이카가 제안한 열 가지 시가의 형식(사다이에 주타이定家十体—옮긴이) 중 하나다. 그리고 슬픔을 동반한 아름다움을 묘사하기 위해 후지와라노 슌제이가 사용했던 사비와 초기부터 연관이 있었다. 이러한 해석은 『호조키』의 저자인 가모노초메이(1155~1216)로부터 인정받았다. 가모노초메이는 『무묘쇼無名抄』(Treatise without a Name, 브라우어 마이너 공역)라는 책에서, "유겐은 하늘색이 모두 사라지고 아무런 소리도 들리지 않는 가을 저녁에 발견할 수 있다. 그런 때에 우리는 딱히 아무런 이유도 없이 감동에 겨워 눈물을 흘리게 된다"고 말했다.

보통 사람이라면 그런 광경을 보고 전혀 감동을 느끼지 못할 것이다. 보통 사람들은 벚꽃과 단풍 같은 것에만 감탄한다. 이는 유겐이 뿜어내는 아름다운 비애를 알아차릴 만한 감성이 없기 때문이다. 유겐이 드러나는 것은 "수많은 의미가 하나의 단어로 응축될 때, 깊은 감정들을 다 동원해도 미처 표현하지 못한 바가 있을 때, 보이는 것 너머의 세계가 공기 중에 맴돌고 있을 때, 평범한 보통의 단어들로 우아함이 표현될 때, 보기 드문 아름다움에 대한 시적인 개념이 단순하고 꾸밈없는 묘사를 통해 최대한 발현될 때뿐이다."

유겐의 특성은 이제 가무극 노能와 가장 흔히 연관지어진다. 노에서는 풍부하고 때로 신비로운 아름다움의 분위기 뒤에 가려진 본성이 엿보인다. 노의 유겐은 작가이자 배우이며 미학자였던 제아미 모토키요世阿弥元清(1363~1443)가 말의 유겐, 춤의 유겐, 노래의 유겐을 통합하여 집대성했다. 라이머와 야마사키가 공역한 내용에 따르면 제아미는 이렇게 말했다. "노의 배우는 다양한 종류의 유겐을 파악하여 그것을 스스로의 내부에 흡수해야만 한다. 어떤 배역을 맡고 있을지라도(군주, 농민, 천사, 악마), 손에 꽃가지를 하나씩 들고 있는 것처럼 보이도록 해야 한다. 배우는 이처럼 신선하고도 신비스러운 현실을 관객에게 제공해야 한다."

아서 웨일리(1889~1966, 영국의 동양학자)는 제아미가 유겐을 설명한 것에 대해 다음과 같이 평하고 자신만의 정의

320

를 내렸다. "유겐은 '겉으로 보이는 것 뒤에 숨겨져 있는 것'을 뜻한다. 명백함이 아니라 미묘함이고, 진술이 아니라 암시다. 어린 소년의 우아한 몸놀림에서 유겐을 볼 수 있고, 귀족의 언어와 몸가짐에서 드러나는 점잖은 절제에서 유겐을 볼 수 있다. (…) '꽃으로 뒤덮인 언덕 뒤로 저무는 태양을 바라본다든가, 되돌아갈 마음 없이 거대한 숲을 끊임없이 헤맨다든가, 해변에 서서 저 멀리 섬들 사이로 사라져가는 배 한 척을 물끄러미 바라본다든가' 하는 것들이 유겐으로 가는 관문이다."

321   이처럼 미학의 개념을 여러 범주로 분류하려던 시도는 서양에도 있었던 것 같다. 플라톤, 조지프 애디슨 (1672~1719, 영국의 작가—옮긴이), 헤겔, 흄, 칸트를 비롯한 많은 이가 그런 시도를 했지만 완전히 성공하지는 못했다. 그러나 일본에서는 무리 없이 분류가 이루어지는 것 같다. 미학의 범주가 넘쳐난다.

모토오리 노리나가가 잘 이해하고 있었듯 (미학 개념이 추상적으로 세분화되어 있었다고 해서) 일본의 미학에 정치적 측면이 없음을 의미하지는 않는다. 노, 서예, 꽃꽂이 등과 같은 일본의 '순수 미술'은 사회적인 권력과 부를 가진 계층이 몰두하던 행위였다. 또한 미학적 개념과 정의는 점점 더 정치적인 의미에 도움이 되는 쪽으로 진화되어왔다.

데이비드 보드웰(1947~ , 미국의 영화학자—옮긴이)은 이 점에 대해 다음과 같이 말했다. "일본 예술을 형성하고 있다고 알려진 미학적 개념들(와비, 유겐, 이키, 모노노아와레)은 사실 다양한 목적을 위해 그 의미가 거듭 변형되었던 복잡하고 양면적인 역사를 갖고 있었음이 종종 드러난다. 좀더 넓게는, 천황 숭배에서부터 스모의 규칙에 이르는 수많은 '일본 고유'의 전통도 19세기와 20세기에 일본 사회를 근대화시키기 위해 새로운 국가적 정체성을 급조해내던 엘리트 지도층에 의해 고안된 것이다. (…) 지금의 서양은 근대 이전의 관심과 사고 방식으로부터 단절되어 있는 반면, 일본에는 과거의 전통이 살아 있다고 주장할 수도 있다. 하지만 이러한 주장 자체가 20세기 일본 민족학과 문화 이론에 기반을 두고 있는 발명된 전통일 뿐이다."

322

범주 안에 또 하위 범주들이 세분화되기도 한다. 이 중 하나는 흔히 간과되기도 하지만 일본의 미학적 감각이 어떻게 작동하는지에 대한 통찰을 주기 때문에 여기서 언급하려 한다. 이것은 꽃꽂이, 다도, 서예, 정원 디자인, 기모노 염색, 몸가짐 등 그 무엇이 되었건 우리가 하고 있는 행위의 '무드'라고 할 수 있는 것을 규정해준다. 이는 사전에 정의된 세 단계로 이루어진 분류 체제로, 초기 미학자들은 이를 통해 행위와 사고에 드러난 모든 속성을 설명하려고 했다.

이 세 단계는 신眞-교行-소草라고 불린다. 첫 번째 단어인 신眞은 형식적이고, 느리고, 대칭적이고, 중후한 것을 나타낸다. 세 번째인 소草는 반대로 형식을 벗어나고, 신속하고, 비대칭적이고, 느긋한 것이다. 두 번째인 교行는 이 두 극단 사이에 있는 모든 것의 표현이다.

이 용어들이 적용되는 방식은 대상이 무엇인지, 용어를 사용하는 예술 애호가가 누구인지에 따라 다르다. 가령 신眞의 정원은 보통 절이나 고급 저택에 속하는 공공의 장대한 정원이다. 교行에 속하는 정원은 세련된 개인 저택에 있는 정원처럼 어떤 면에서는 형식적이고 또 어떤 면에서는 형식을 벗어나 있다. 소草의 정원은 확실하게 형식에 얽매이지 않고, 보통 시골지역의 농가에서 볼 수 있는 종류의 정원이다.

꽃꽂이(이케바나生花)에서 신은 형식적이고, 길고 가느다란 형태이며, 의례적인 위치에 놓는다. 다실의 도코노마 위에 움푹 파인 벽 같은 곳에 놓는다.

교의 꽃꽂이는 표현의 범위가 더 넓고, 일종의 움직임이 암시되기도 한다. 가령 계절의 효과를 위해 낙엽을 사용한

다듬지 하는 식이다. 소의 꽃꽂이는 작품의 형태와 그것이 놓이는 공간 모두에서 분명히 형식을 벗어나 있다. 벽에 걸린 꽃병 안에 놓이기도 한다.

도코노마에 꽃꽂이 또는 작은 분재와 함께 그림을 배치하는 경우, 그림 족자를 정중앙에 걸어놓는다면 신이고, 가운데에서 살짝 벗어나 있다면 교이고, 좀더 벗어나 있거나 분명한 비대칭의 위치라면 소를 나타낸다.

이케바나의 대가인 데시가하라 소후勅使河原蒼風 (1900~1979)는 전통적인 도코노마가 다다미가 깔린 방에 있고, 장식이 놓일 자리가 옻칠되어 있으며, 모든 비율이 정확하고 형식을 따랐다면 신이라고 말한 적이 있다. 반면 도코노마가 있는 방이 여전히 결이 드러나 보이는 나무 바닥으로 되어 있고, 장식이 놓일 자리가 나무의 자연스러운 그루터기 같은 것으로 되어 있다면 교라고 했다. 그는 소의 방식에 따르는 도코노마는 들어본 적이 없다고 했다. 도코노마라는 것이 애초 자유로운 소의 방식으로 만들어지지 않기 때문이다. 하지만 어딘가 농가의 다실 오두막에 소박한 도코노마가 존재한다면 아마도 소의 방식을 따라 격식에 얽매이지 않고 만들어졌을 것이다.

또 다른 해석으로는 신을 인간이 인위적으로 만든 형태로, 소는 자연 그대로의 형태로 정의하는 것이 있다. 교는 신과 소의 상호 보완을 가리키는 것으로 본다. 외국인으로서 최초로 신-교-소를 설명한 것은 조사이아 콘도어(1852~1920, 메이지 시대 일본 건축의 기초를 다진 영국의 건축가—옮긴이)의 『일본의 조경Landscape Gardening in Japan』(1893)인데, 여기서도 이런 해석을 받아들였다. 콘도어는 이 책에서 신을 "완성된 것finished", 교를 "중간의 것intermediary", 소를 "다듬어지지 않은 것rough"이라고 했다.

이외에도 여러 해석이 가능하다. 궁도弓道에서는 신을 "진실을 따르는 것"으로 본다. 즉, 기본 원칙이 되는 궁도의 기술이다. 교는 이를 실제로 행하여 활을 쏘는 행위, 즉 원칙의 시범이다. 소는 활이 때와 장소와 사람과 조화를 이루도록 하는 자연스러운 형태다.

신-교-소의 덜 알려진 용례는 무예에 존재하며 활쏘기를 지배하는 논리가 된다. 앉아서 활을 쏜다면 신은 시위를 당긴 손이 이마에 닿아야 한다. 서서 활을 쏜다면 신은 적어도 45도 각도로 활을 들어올리는 동작을 요구한다. 이는 윗사람과 연장자들을 위한 것이다. 아랫사람과 약한 사람들에게는 소의 활이 적합하다. 소의 활은 머리와 등을 살짝만 젖혀도 된다. 교의 활은 신과 소를 적절히 섞은 것이다.

구분의 복잡함은 여기서 끝나지 않는다. 신-교-소는 또

각기 세 개의 개념으로 나뉜다. 신-노-신眞의眞이 가장 예를 갖춘 '형식'의 활이다. 교-노-신行의眞은 반쯤 예를 갖춘 '형식'이고, 소-노-신草의眞은 격식을 차리지 않은 '형식'의 활이다.

이렇게 3단계로 이루어진 미학적 체계는 일찍이 일본에 들어온 중국 서예의 셋으로 구분된 서법이 그 기원으로 보인다. 서예에는 반듯한 스타일로 한자를 쓰는 서법인 해서楷書(또는 진서眞書)가 있었고, 그보다 훨씬 더 흘려 쓰는 스타일인 행서行書는 일본에서 가나(가타카나, 히라가나)를 쓰는 데 사용되었으며, 초서草書는 글자의 부분을 생략해가며 가장 흘려 쓰는 스타일이다.

일본의 서도書道는 원래의 반듯한 한자를 신(해서楷書 또는 진서眞書)으로 보고, 그 아래에 행서(반흘림-교)와 초서(흘림-소)가 있다.

스티븐 오그던은 이러한 초기 서도의 형성 과정에 대해 쓴 글에서, 신을 "진실한 것true", 교를 "움직이는 것moving", 소를 "들풀과 같은 것grass-like"이라고 해석했다. 그는 신-교-소의 체제를 가리켜 "외래 문물을 마주쳤을 때 반응하는 일본 고유의 방식을 해설하는 도식"이라고 했다.

이 모든 것은 너무 구식이며 제대로 이해하기 위해서는 특별한 종류의 지식이 필요한 것처럼 보일 수 있다. 하지만 사실은 그렇지 않다. 신-교-소의 체제를 가까운 미국으로 옮겨와서 응용해보도록 하자.

위싱턴 모뉴먼트는 신이다. 대칭을 이루고 있고, 형식을 차렸고, 올바르고, 공식적이고, 중후하고 또한 정교한 아름다움이라고 할 만한 것을 지니고 있다. 그와 대조되는 소는 공공의 모뉴먼트(기념탑)에서는 그 형식을 찾아볼 수 없지만(기념탑이라는 개념 자체 때문에 모두 신일 수밖에 없다), 프랭크 로이드 라이트(1867~1959, 미국의 건축가—옮긴이)의 생가가 하나의 예가 될 수 있다. 비대칭이고, 형식을 따르지 않으며, 느긋하고 또한 단순하며 아름답다.

신-교-소의 구분법은 강함과 따뜻함에 관한 무드를 설명하는 데도 쓰일 수 있다. 고양이는 신이고 개는 소다. 같은 의미에서 숀펜은 매우 신이고, 브래드 피트는 상당히 소라고 할 수 있다. 모차르트는 매우 적극적인 소가 신을 통하여 완화되어 있다. 베토벤은 거꾸로 신이 소를 통해 완화되어 있고, 브람스는 순전히 교다. 이런 식의 응용은 얼마든지 가능하다.

신-교-소의 공식은 역사 및 지리와 관련된 위상을 가리키는 데도 유용하다. 앞서 살펴본 것처럼 신은 인공의 것이고, 소는 자연 상태의 것이며, 교는 이 두 가지를 섞어놓은 것이다. 역사적으로 신은 일본으로 수입되어온 것(주로 중국과 한국을 통해)의 원래 형태를 가리킨다. 소는 이것이 일본

327

에 정착하게 된 이후의 상태다. 정착하는 과정에서 개량되고, 길들여지고, 형식적이던 것이 형식을 벗어나거나 '자연스럽게' 되고, 그렇게 해서 일본에 흡수되었음이 확인되었다고 여긴다.

전통 아시아의 미학에서는 신-교-소와 같은, 분류와 설명을 위한 공식을 흔히 볼 수 있다. 일본에도 여러 가지가 존재하며, 대부분 신-교-소와 마찬가지로 중국에서 유래한 것이다. 가장 흔히 등장하는 두 가지로는 덴天-지地-진人, 그리고 조序-하破-규急가 있다.

덴-지-진의 개념은 전통 예술에서 많이 볼 수 있다. 덴天은 하늘을 의미하고, 지地는 땅을 의미한다. 사람을 뜻하는 진人은 하늘과 땅을 매개한다. 꽃꽂이(이케바나)에서 꽃이 만드는 다양한 선을 덴-지-진에서 이름을 따오곤 한다. 병법에 쓰이는 용어들도 여기서 그 이름을 따온다.

조-하-규는 예술 영역에서 훨씬 더 보편적으로 사용된다. 중국에서 그대로 가져온 개념으로, 처음에는 일본의 초기 궁정 음악인 아악雅樂에서 사용되었다. 보통 도입, 전개, 결말이라고 해석한다.

하지만 이런 일반적인 언어로는 조-하-규에 담긴 풍부한 의미를 조금도 제대로 담아내지 못한다. 도입에 해당되는 조序

는 (음악과 연극에서) 느리지만 자유로운 리듬을 담고 있다. 플롯이 드러나는 하破에서는 리듬이 확실히 자리잡는다. 규急에 가면 리듬이 비교적 빠른 속도로 절정에 달했다가 다시 조序의 템포로 돌아와 끝을 맺는다. 영어의 라르게토, 콘 브리오, 알레그로, 마지막인 디미누엔도로 비교되기도 한다. 제아미는 이것을 폭이 좁은 개울물이 커다란 강이 되었다가, 폭포로 쏟아져 내려 고요한 호수가 되는 것으로 비유했다.

많은 것을 조-하-규의 틀로 설명할 수 있다. 다수의 시인이 경연을 통해 완성하는 렌가連歌의 진행 방식을 포함해, 어떠한 길이로 이루어진 어떠한 창작물에도 적용 가능하다. 제아미는 조-하-규를 비단 음악이나 극의 형태뿐 아니라, 악기와 목소리로 표현되는 모든 소절에서 발견할 수 있다고 강조하기도 했다. 모든 소절과 모든 단어에 조-하-규가 깃들어 있다고 했다.

예를 들어 다도에서는 중국에서 들여왔거나 거기서 영감을 받아 만든 청동 또는 다른 가공 소재로 된 다구 세트를 신眞이라고 규정한다. 이와 비교하여 보통 흙이나 나무 또는 대나무로 만든 일본식 다구들은 소草이고, 일본에서 만들었으나 중국의 것을 따른 것은 교行다.

앞서 얘기했던 것처럼 이 세 무드를 다양한 배합으로 섞어서 여러 조합을 만드는 것도 가능하다. 헤밍웨이는 교 중의 소라고 해야 맞을 것이고, 윌리엄 포크너는 신 중의 소라고 할 수 있다. 이런 식으로 세어보면 아홉 가지 조합이 가능하고, 아미타불의 아홉 가지 손 모양처럼 일본에서는 이를 통틀어 삼체구식三体九式(세 가지 몸, 아홉 가지 형식)이라고 한다.

서양인들에게 일본의 이 모든 미학 용어는 시시콜콜하게 들릴 수 있다. 하지만 에밀리 포스트(1872~1960, 미국의 작가─옮긴이)나 심지어 마사 스튜어트(1941~ , 미국의 살림 작가 겸 방송인─옮긴이)의 책들처럼 덜 알려진 글들을 잠깐만 훑어보아도 이와 비슷한 구성을 발견할 수 있다. 사실 신-교-소와 같은 3단 체계는 서양에서도 일부 같은 목적으로, 즉 복잡한 예술을 간결하게 논하기 위한 목적으로 사용된다.

15세기의 일본인들은─그 뒤 21세기까지의 일본인들도 마찬가지지만─이러한 규정과 분류를 즐겁게 여겼다. 그들이 모여서 예술작품에 대해 이야기하던 행사의 분위기는 아마도 최근 구입한 패션을 자랑하는 뉴욕이나 파리의 오프닝 행사 분위기와 비슷했을 것이다. 항아리나 접시나 이케바나가 신 중의 신인지 아니면 그저 신 중의 교인지 등을 감정하는 이야기들이 바쁘게 오갔을 것이다. 이때 동원되는 감정이자, 행사를 갖는 진짜 목적은 낯익다. 그것은 바로 아름다움의 추구다.

이러한 행사에서는 모두가 동의하는 취향에 대한 기준이 존재한다. 따라서 좋은 취향은 함께 발견하는 것이고, 그것은 금세 확신으로 바뀐다. 그 기준은 사람이 살지 않는 자연 상태에서 기원했을지 모르나, 곧 격식을 갖춘 인간 사회의 것이 된다. 일본에서, 특히 17세기 이후의 일본에서는, 쇼군 요시마사의 우아한 행위들이 결국 부유층 일반의 행위가 되었다.

여기서 우아함雅(가)과 속됨俗(조쿠)이라는 편리한 이분법의 말이 생겨났다. 둘 다 가난한 노동자 계층과는 아무런 상관이 없었고, 사교활동을 하는 계층의 근심을 반영했다. 시인이자 화가이던 문인 기온 난카이祇園南海(1676~1791)는 "가雅는 단정함, 적절함, 우아함이고 조쿠俗는 천박함이다"라고 설명했다. 기온은 아무런 구체적인 예를 들지는 않았지만, 또 다른 미학 용어 이키いき가 남긴 많은 예가 있다.

우에다 마코토가 지적한 것처럼 이키는 미학 용어일 뿐 아니라, 어떤 도덕적 이상을 의미한다. "미학적으로 이키는 관능미가 숨겨져 있는 도시적이고, 세련되고, 부르주아 스타일의 아름다움을 가리킨다. 도덕적으로 이키는 부유하지만 돈에 집착하지 않고, 관능적 쾌락을 즐기지만 육욕에 휩쓸리지 않는 고아한 삶을 추구한다⋯⋯."

331

이 주제에 대해 책을 써낸 구키 슈조九鬼周造(1899~1941, 일본의 철학자—옮긴이)는 "스탕달이 말한 소위 격정적 사랑 amour-passion에 중독되는 것은 이키와 그야말로 상반된다"고 했다. 이키에 좀더 근접했던 것은 색깔을 원하지 않고 "오직 그 음영만을 바랐던" 폴 베를렌(1844~1896, 프랑스 시인 —옮긴이)이다. 동시에 구키는 콩스탕탱 기, 드가, 케이스 판 동언 등 그가 아는 동시대 파리 화가들이 정말 "이키의 미묘한 뉘앙스를 포착할 감수성을 갖고 있었는지" 의문을 가졌다. 그는 아마도 그렇지 않다고 생각했던 것 같지만, 그보다는 그런 질문을 던질 생각을 했다는 사실이 더 중요 하다.

이 모든 것은 이제 지나간 얘기다. 이키는 '쿨한 것'으로 변했고, 자연은 잊혔으며, 방법론은 수단으로 전락했다. 그러므로 역사의 긴 복도를 되돌아보는 일은 가치가 있다. 아름다움을 추구하던 세상, 아름다움의 특징들을 분류하던 세상, '미학'이라는 단어가 필요 없던 세상을 돌아보는 일은 가치를 갖는다.

일본의 예술적인 충동은 다른 나라 문화에서는 흔히 찾아보기 어려울 정도로 내재화되어 있었다. 미학적인 관심이 그토록 당연하게 여겨졌기 때문에 미학적 요소가 비길 데 없이 손쉽고 자연스럽게 사용되었다. 헤이안 시대의 대표적인 두 예술작품에 이 점이 잘 드러나 있다. 소설 『겐지 이야기』와, 나중에 『겐지 이야기』를 묘사한 어느 무명 작가의 족자 그림이 그것이다. 가토 슈이치加藤周一(1919~2008)는 소설 속의 시간이 그림 속의 공간과 같은 역할을 하고 있다고 지적했다. "소설에 묘사된 시간은 일상세계의 시간이다. 구체적이고, 실제적이며 종국의 결말에 대해 무심하다. 영원에 대한 이러한 무관심으로 인해 소설 속의 시간은 예민하게 흐른다. 족자 그림의 공간은 일상세계의 감각적이고 미묘한 공간이다. 합리적인 대칭성이 전혀 없다. 기하학에 대한 바로 이러한 무관심으로 인해 그림은 공간의 구조에 대해 무한한 민감성을 띠게 된다."

이러한 일본의 이례성은 어디에서 오는가? 이 주제에 대해 깊은 사고를 했던 학자가 가토 슈이치다. 그의 이론은 이렇다. 일본은 오랜 세월 외부세계와 단절되어 있어서 스스로의 내부로 침잠한 나머지, 다른 나라에서 종교가 했던 역할의 상당 부분을 예술적 충동과 미학이 대신하게 되었다. "일본 문화는 그 중심에서 미학적 가치와 구조적으로 얽히게 되었다. 미학적 관심사가 심지어 종교적 믿음이나 의무보다 흔히 우선시되곤 했다." 가토는 헤이안 시대 후기의 불교 조각에 이르면 "예술이 종교를 묘사한 것이 아니라 종교가 예술이 되어 있었다"고 했다.

나중에 젠(선불교)의 영향이 커지면서 젠이라는 원래의 신비스러운 계율은 "점차 해체되어 시로, 연극으로, 그림으로, 다도의 미학으로…… 한마디로 예술로 녹아들어가는 과정을 거쳤다."

그리고 더 나중이 되면 "무로마치 시대의 예술은 젠의 영향을 받은 것이라고 할 수 없다. 그보다는 젠이 예술이 되었다고 하는 편이 옳다."

일본은 예술에 대해 실용적인 접근을 한 유일한 나라다.(그러므로 거의 모든 다른 나라에서 미학을 다룰 때 등장하는 '이상적인' 측면들을 기꺼이 무시할 수 있었다.) 통일 국가를 이루었던 시기의 일본에도 예술을 가장 자연스러운 방식으로 삶의 한 부분으로 만든 놀라운 사람들이 등장했다.

에도 시대에는 미학적 행위에 대한 추구가 비범한 경지에 올랐다. 사무라이의 법도를 뜻하는 부시도武士道가 이때 처음으로 이론화되고 규범화되었다. 언제라도 아름답고 고귀한 죽음을 맞을 준비(이는 미학적인 결심이다)가 되어 있다는 뜻으로 부시도가 처음 언급하기 시작된 이 시기는, 공교롭게도 사무라이가 칼에 죽어야 할 더 이상의 군사적 이유가 사라졌던 때다. 완전하고도 엄정한 미학의 완성을 위해

334

서는 에도 시대처럼 강제적인 쇄국과, 의무화된 평화와, 정체에 가까운 사회가 필요한 것이었을까.

하지만 급변하는 현시대에 그때와 같은 정체는 더 이상 가능하지 않다. 당시의 미학적 개념을 바탕으로 존재하던 예술은 이제 대부분 화석화되었다. 그리고 화석화되지 않고 남아 있는 것은 통속화되었다. 일본 미학에 관한 어떠한 논의도 이러한 관점에서 본다면 부질없는 것이 되고 말았다.

그러나 기본적인 전제는 여전히 유효하다. 미학적 취향은 미야모토 무사시宮本武藏가 말했던 오륜五輪(땅, 물, 불, 바람, 하늘이라는 다섯 가지 자연의 소재를 비유삼아 검을 쓰는 방법을 논했다—옮긴이)처럼 하나의 방식일 뿐이며, 여전히 희망 비슷한 것을 보여준다. 그러리라 생각되지 않겠지만 라 브뤼예르가 했던 이 말은 아직 유효하다. 좋은 취향을 즐기고 싶다면 우리는 먼저 자신이 느끼기에 무엇이 좋은 감각인지를 정하기만 하면 된다.

용어 사전

- **가**雅 단정함, 적절함, 우아함(기온 난카이의 정의)
- **가레이**華麗 우아한 빛남(마이클 던의 정의)
- **가루미**軽み 단순미. 아무런 꾸밈이 없는 표현을 통해 심오한 진실을 드러내는 하이쿠 용어
- **고다이**古代 오래됨
- **구라이**位 조용하고 때로 차갑도록 아름다운 품위 혹은 고상함
- **다케타카시**丈高し 힘과 고상함이 어우러졌음을 뜻하는 매우 오래된 시절의 용어. 슌제이나 데이카와 같은 중세의 가인들이 추구하던 미학적 이상
- **덴-지-진**天地人 '하늘' '땅' '사람'으로 각각 다른 스타일을 표현하는 3단 패턴. 특히 꽃꽂이에서 많이 쓰임

- **레이요**麗容 자연스럽고도 우아한 아름다움
- **모노노아와레**もののあはれ 존재의 부질없음에 민감한 사람들이 느끼는 약간 달콤하고도 슬픈 상태; '사물의 슬픔'(이반 모리스의 정의)
- **무조**無象 덧없음을 뜻하는 불교의 개념
- **무몬**無文 글자 그대로의 뜻은 패턴이나 디자인이 없는 민무늬. 간단하고도 망설임 없는 태도로 도달하는 경지
- **미야비**雅 아름다움, 세련됨, 우아함에 대한 강한 공감을 의미하는 헤이안 시대의 용어
- **비가쿠**美學 근대 일본에서 만든, 영어의 aesthetics에 해당되는 단어.
- **사비**寂び 연륜과 쇠락과 시간의 흐름을 암시하는 어딘가 우울한
- **소보쿠**素朴 기교 없는 단순함(마이클 던의 정의)
- **시부이**澁い 떫고 드라이하고 은은함
- **신-교-소**眞行草 엄격한 형식을 따르는 스타일, 혼합 스타일, 자유로운 스타일로 이루어진 3단 패턴
- **아와레**哀れ 감수성 예민한 인간으로 하여금 변화만이 유일하게 불변인 세상에서 그 덧없는 아름다움을 깨닫도록 하는 자연(또는 인생이나 예술)의 일면
- **아테**貴 상류계층에 기반한 세련됨과 고상함을 뜻하는 헤

헤이안 시대의 용어

- **야사시이優しい** 원래는 보는 사람을 기분 좋게 만드는 쑥스 러움을 뜻하던 말. 나중에는 부드러운(여성스러운) 아름 다움을 뜻하게 되었음

- **엔艶** 헤이안 시대의 용어로, 풍부하면서도 단번에 눈에 띄는 자신감 넘치는 아름다움을 뜻함

- **오카시이可笑しい** 원래는 매력적이고 멋짐을 뜻하는 헤이안 시대의 단어. 요즘에는 웃기거나 어처구니없다는 뜻

- **와비侘び** 단순함과 소박한 가난에서 아름다움을 찾는 세 련된 심미감

- **유優** '품위 있음' 또는 '세련됨'을 뜻하는 용어. 보통 '우아 하다'는 의미로 읽힘

- **유겐幽玄** 풍부하고도 신비로운 아름다움. 대체로 가무극 노能와 연관되어 쓰임

- **조쿠俗** 천박함(기온 난카이의 정의)

- **이키いき** 관능미가 숨겨져 있는 도시적이고, 세련되고, 부 르주아 스타일의 아름다움(우에다 마코토의 정의)

- **조-하-규上破急** 도입, 전개, 결말의 3단 패턴

- **즈이히쓰随筆** 특정한 형식 없는 에세이; 히츠는 '붓'을, 즈 이는 '따라가기' '좇아가기'를 뜻함. 즉, 글자 그대로 '붓 을 따라간다'는 뜻.

- **지미**地味 절제되고 수수한 스타일을 추구하는 좋은 취향

- **하데**派手 요란하고 과시적인. 그러나 천박한 것은 아님

- **하이쿠**俳句 시간과 자연에 대한 응축된 관찰을 보여주는 짧은 시

- **호소미**細み 감정의 미묘한 경지. 만물의 아름다움을 이해하기 위해 아주 사소한 것까지도 놓치지 않으려는 마음 상태. 하이쿠 용어

- **후가**風雅 우아함(유비優美), 웅대함雄大

- **후류**風流 고상하고 우아한 사물에 반영된 세련된 매너

- **히에**冷え 차가운 아름다움. 어떤 의미에서 사비와 비슷

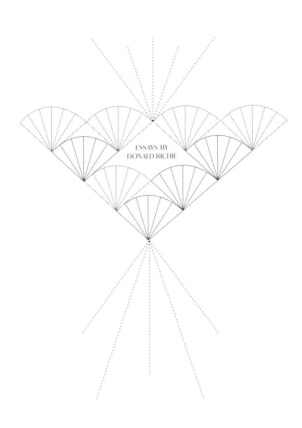

ESSAYS BY
DONALD RICHIE

도널드 리치의
일본 미학

1판 1쇄 2022년 8월 8일
1판 2쇄 2024년 12월 9일

지은이 도널드 리치
옮긴이 박경환 윤영수
펴낸이 강성민
편집장 이은혜
마케팅 정민호 박치우 한민아 이민경 박진희 황승현
브랜딩 함유지 함근아 박민재 김희숙 이송이 박다솔 조다현 배진성 이서진 김하연
제작 강신은 김동욱 이순호

펴낸곳 (주)글항아리
출판등록 2009년 1월 19일 제406-2009-000002호
주소 10881 경기도 파주시 심학산로 10 3층
문의전화 031) 955-2689(마케팅) 031) 941-5161(편집)
팩스 031) 941-5163

ISBN 979-11-6909-024-7 03900

www.geulhangari.com